film:12

Sabine Horst (Hg.)

Robert De Niro

BERTZ

Die Deutsche Bibliothek – CIP-Einheitsaufnahme
Sabine Horst (Hg.).
Rudolf Worschech .... - Berlin : Bertz, 2002
(Film: ; Bd. 12)
ISBN 3-929470-82-9

Redaktionelle Mitarbeit:
Stefanie Büther, Gesine Ehm, Maurice Lahde

Bildsequenzen:
Katrin Fischer, Wiltrud Hembus, Dieter Bertz

© Photographs: original copyright holders

Mit freundlicher Unterstützung von:
HERBERT KLEMENS
(Filmbild Fundus Robert Fischer)

Ein herzliches Dankeschön an:
Frank Arnold, Rolf Aurich, Herbert Klemens (Filmbild Fundus Robert Fischer),
Peter Latta (Filmmuseum Berlin – Deutsche Kinemathek), Milan Pavlovic,
Kai Schmidt (*tip*), Frank Schnelle, Sibylle Vogelsang (*Zitty*), Sascha Westphal
und das *Videodrom*-Team.

Alle Rechte vorbehalten
© 2002 by Bertz Verlag GbR, Berlin
Wrangelstr. 67, 10997 Berlin
Druck und Bindung: druckhaus köthen, Köthen
Printed in Germany
ISBN 3-929470-82-9

Inhalt

Vorwort   7
Von Sabine Horst

Getting into Character: 11
Die frühen Filme – Eine Spurensuche
Von Rudolf Worschech

Das italo-amerikanische Jahrhundert –   35
Die ethnisch geprägten Rollen
Von Daniela Sannwald

Gesichter des Verbrechens –   57
De Niro und der Kriminalfilm
Von Sabine Horst

Der Mann im Spiegel –   85
Über Robert De Niros multiple Persönlichkeit
Von Michael Althen

Der unsichtbare Amerikaner –   99
De Niro und die Kunst, gewöhnlich zu sein
Von Gerhard Midding

Der tiefgekühlte Mann –   123
De Niros Helden und ihre Frauen:
eine hoffnungslose Beziehung?
Von Katja Nicodemus

Ein Schauspieler spannt die Muskeln an –   147
Anmerkungen zu De Niros Over-acting
Von Lars-Olav Beier

De Niro, Inc. –   169
Der Schauspieler als Produzent: Tribeca Films
Von Ulrich Sonnenschein

Amerikanische Albträume – 191
De Niro als Darsteller des Neurotischen,
Abgründigen und Gewalttätigen
Von Norbert Grob

Robert De Niro's Waiting ... 221
... und kein Erbe in Sicht
Von Georg Seeßlen

Filmografie 243

Bibliografie 267

Über die Autoren und Autorinnen 272

Fotonachweise 273

Index 274

Vorwort

Der »Appeal«, den ein Schauspieler aufs Publikum ausübt, lässt sich nicht wirklich messen, auch wenn Hollywoods Produzenten das gerne glauben würden. Ginge es nach den Einspielergebnissen ihrer Filme, dann wären zwar Mickey Rooney und Shirley Temple Stars gewesen, nicht aber Katherine Hepburn und Marlene Dietrich. Wenn die Höhe des Honorars etwas über die Leistung und den Status eines Schauspielers verriete, dann würde man sich in 30 Jahren noch an Sylvester Stallone und Demi Moore erinnern, nicht aber an Robert De Niro oder Meryl Streep. Und selbst wenn bei De Niro, um den es hier ja gehen soll, die Kasse einmal stimmt, müsste noch geklärt werden, was den Zuschauer ins Kino treibt: Besucht man einen De Niro-Film, um sich den Mann anzuschauen? Oder weil mit dem Namen seit den 70er Jahren automatisch bestimmte Assoziationen verbunden sind: die Vorstellung von einer kompromisslosen, oft extremen Art des Filmemachens, die Hoffnung, etwas zu sehen, das es so noch nicht zu sehen gab?

Unbestritten ist De Niros informeller Einfluss auf das amerikanische Kino der letzten 30 Jahre. Er ist ein Schauspieler, der seine Filme oder wenigstens seine Rollen selbst zu schreiben scheint – womöglich der einzige zeitgenössische Darsteller, über den man sprechen kann wie über einen Regisseur, sagen wir, vom Format Hitchcocks oder John Fords: *The Cinema of Robert De Niro* heißt ein Buch des englischen Autors James Cameron-Wilson. De Niro wurde oft als *actor's actor* bezeichnet, und tatsächlich hat er, ähnlich wie Spencer Tracy und Marlon Brando, das Bild vom Filmschauspielen für eine bestimmte Generation geprägt. Ein Bild, das sich, unter den Bedingungen zeitgenössischer Filmproduktion, allerdings gerade durch seine Unschärfe auszeichnet: Das Paradox ist die Leitfigur in De Niros Karriere. Er ist ein Star, der seinen Aufstieg dem Zusammenbruch des traditionellen Star-Systems verdankt, sein Image besteht darin, dass er sich weigert, eines anzunehmen, er gilt einerseits als Darsteller, der auf der Leinwand ein Höchstmaß an Glaubwürdigkeit und Unmittelbarkeit entwickelt, andererseits aber auch als jemand, bei dem die Anstrengung des Schauspielens allzu sichtbar wird. Vom Mobster bis zum romantischen Helden, vom großstädtischen Psychopathen bis zur Cartoonfigur, vom provinziellen Jedermann bis zum Monster des gotischen Horrors hat er so ziemlich jede Rolle gespielt, die einem weißen männlichen Darsteller im amerikanischen Kino irgend zugänglich ist. Und doch sind bestimmte Typen für ihn kennzeichnend geblieben: der *Taxi Driver* (1975/76; R: Martin Scorsese) und der Boxer in RAGING BULL (Wie ein wilder Stier; 1979/80; R: Martin Scorsese), der Italogangster und der Professional. Für jeden Part hat De Niro sich spezifische Tics, ein eigenes gestisches und mimisches Register, wenn nicht einen neuen Stil zugelegt. Aber natürlich gibt es auch in seinem Spiel jene unverwechselbaren Eigenheiten, die den Star vom Charakterdarsteller unterscheiden: dieses Grinsen, das die Augen beinahe verschwinden lässt – ein Markenzeichen, so bekannt wie Bogarts Art, eine Zigarette zu misshandeln –, die verächtlich herabgezogenen Mundwinkel, das Zurückstreichen der Haare mit beiden Händen, das Schieflegen des Kopfes beim Zuhören.

Zum Katalog der Paradoxien gehört schließlich ein Widerspruch zwischen Vita und Rollenprofil, auf den zuerst Autoren wie Ian Penman und Mark Le Fanu aufmerksam gemacht haben. Biografisch gesehen gehört De Niro zur intellektuellen Mittelschicht. Am 17. August 1943 in New York geboren, ist er im Boheme-Milieu von Greenwich Village aufgewachsen, als Kind eines Künstlerpaars, in einem Haushalt, in dem auch nach der Trennung seiner Eltern Journalisten und Maler verkehrten; er hat, anders als sein Freund und Regisseur Martin Scorsese, keinen persönlichen Bezug zu irgendeiner Religion, und sein ethnischer Background ist praktisch undefinierbar. Umso auffallender wirkt die Tatsache, wie Le Fanu Mitte der 80er in *Sight & Sound* bemerkte, dass er in seinen Filmen immer wieder den »Zorn der städtischen, besitzlosen Klassen« artikuliert hat, dass seine wichtigsten Parts den Lebensstil der Unterschicht vorstellen: »Es ist, als überbrücke De Niro – wie Scorsese, wie viele andere Amerikaner – utopisch die Kluft zwischen den beiden größten Klassen unserer Gesellschaft. Und das gelingt ihm, weil ein schwer zu begreifendes amerikanisches Gesetz die *Wahrnehmung* dieser Kluft gar nicht erst zulässt.«

De Niros charakteristischste Ausdrucksform, seine Körpersprache, wird auf diesem Hintergrund erst recht beredt: Sie ist die Sprache einer Klasse – und zugleich die des amerikanischen Kinos selbst, das typischerweise die Tat dem Wort, die Emotion dem Intellekt, das Elementare dem Artifiziellen vorzieht. Einzigartig an De Niros Verwendung dieses Idioms ist die Redlichkeit, mit der er verfährt – anders als Schauspielern wie Dustin Hoffman oder Al Pacino, bei denen das vorsprachliche Moment der Darstellung oft nur die Virtuosität des Darstellers annonciert, ist es ihm immer wieder gelungen, seine Charaktere sozial und kulturell zu situieren, zu einer Wahrheit vorzudringen, die über die Anschauung einer momentanen Gefühlslage hinausgeht. Und vielleicht ist es diese, ja: intellektuelle Unbestechlichkeit, die De Niros an sich nicht liebenswerten, oft geradezu peinigenden Figuren, die Typen wie Johnny Boy, Travis Bickle oder Rupert Pupkin schließlich doch so etwas wie Identifikationspotenzial verleiht: De Niro macht das Angebot, die Welt durch ihre Augen zu sehen, zu einem, das man nicht ablehnen kann.

De Niros Einstieg in die Filmproduktion Anfang der 90er hat ihn dazu gezwungen, sein Repertoire noch zu erweitern und beim Mainstreamkino anzuheuern; Kassenerfolge wie ANALYZE THIS (Reine Nervensache; 1999; R: Harold Ramis) und MEET THE PARENTS (Meine Braut, ihr Vater und ich; 2000; R: Jay Roach) haben seinen Box-Office-Wert in den letzten Jahren nahezu verdoppelt. Man mag eine gewisse Wahllosigkeit bei der Auswahl der Projekte konstatieren, aber immerhin hat diese Phase seiner Karriere einen De Niro gezeigt, der vorher nicht denkbar gewesen wäre: entspannt, komisch, als großzügigen Ensemblearbeiter, trocken wie in WAG THE DOG (1997; R: Barry Levinson) oder lustvoll dumpf wie in JACKIE BROWN (1997; R: Quentin Tarantino).

Auch die Zeiten, in denen er Interviewer mit seiner Einsilbigkeit zur Verzweiflung treiben konnte, sind vorbei, und wenn seine Biografen bisher kaum zu dem Privatmann De Niro vorgedrungen sind, ist doch genug über ihn bekannt, um ein Projekt zu rechtfertigen, das den Blick ausschließlich auf seine Kunst richtet. Die zehn Essays in diesem Band beschäftigen sich mit De Niros Filmen, mit wiederkehrenden Rollenmustern, Themen und Motiven, mit seiner Arbeit als Produzent und schließlich auch mit den Details, die seinen Stil und seine Wirkung auf der Leinwand ausmachen. Was bei einem so differenzierten, vielseitigen Schauspieler einerseits natürlich besonders lohnend ist, andererseits aber auch gewagt erscheint: ein Versuch, den Blitz in der Flasche zu fangen.

Frankfurt, im November 2001   *Sabine Horst*

Getting into Character:
Die frühen Filme –
Eine Spurensuche
Von Rudolf Worschech

Der erste Film mit Robert De Niro, der in Deutschland irgendwie auffiel, war GREETINGS (1968) von Brian De Palma. Der lief 1969 auf der Berlinale, die damals noch zu einer besseren Jahreszeit stattfand, im Sommer, und hatte gleich einen Silbernen Bären kassiert, »für die Spontaneität und Unkonventionalität des Regisseurs und seiner Darsteller«, wie die Jury bemerkte. Die Berichterstatter der großen Tageszeitungen standen dem Film wohlwollend bis enthusiastisch gegenüber, lobten ihn als eine Entdeckung – aber De Niro selbst kam mit keiner Zeile vor.

1969 war im Kino ein noch entscheidenderes Jahr als das legendäre '68, weil in Europa immer mehr Filme der jungen Generation ins Kino drängten. Das Programm der Berliner Filmfestspiele spiegelte durchaus das Bemühen der Festivalleitung, dem (etablierten) Autorenfilm ein Forum zu geben: Es liefen Filme von Zelimir Zilnik (RANI RADOVI / Frühe Werke), Godard (LE GAI SAVOIR / Die fröhliche Wissenschaft), Satyajit Ray (GOOPY GYNE BAGHA BYNE / Die Abenteuer von Goopy und Bagha) und Fassbinder (LIEBE IST KÄLTER ALS DER TOD), aber auch von Richard Lester und John Schlesinger. 1969 war zudem das Jahr, in dem Dennis Hoppers EASY RIDER seinen Siegeszug begann. Dieser Film belegt wie kein anderer, dass die Gegenkultur und der Untergrund in Hollywood eingebrochen waren – und dass sich damit auch viel Geld verdienen ließ. Ende der 60er Jahre schienen die Studiogewaltigen geradezu auf die neue Generation gewartet zu haben, und die ersten Arbeiten von Martin Scorsese, Francis Ford Coppola, George Lucas, Warren Beatty oder Peter Bogdanovich entstanden.

Getting into Character

De Niro in GREETINGS

De Niros Karriere ist untrennbar mit dieser Generation verbunden. Martin Scorsese, der Ostküsten-Regisseur, hat ihn mit MEAN STREETS (Hexenkessel; 1972/73) bekannt gemacht und Francis Ford Coppola in THE GODFATHER: PART II (Der Pate – Teil II; 1973/74) schon ein Jahr später unsterblich. De Niros weitere Zusammenarbeit mit Scorsese bis hin zu CASINO (1995) ist heute legendär.

Zum Zeitpunkt von GREETINGS konnte allerdings noch niemand ahnen, dass aus Robert De Niro einmal der vielleicht wandlungsfähigste Schauspieler des amerikanischen Kinos werden sollte, einer, der wie niemand sonst ambivalente Figuren darstellen kann. Es gibt vor MEAN STREETS kein einheitliches Rollenmuster bei De Niro, aber Nuancen und Linien, die seine frühen Filme verbinden und schließlich vorausweisen auf seine späteren Verkörperungen.

Nouvelle Vague in New York

GREETINGS ist, wie viele von De Niros frühen Produktionen, ein Straßenfilm. Es geht um drei junge Typen in New York, von denen einer, Paul (Jonathan Waden), die Einberufung nach Vietnam erhalten hat, jene titelgebenden Grüße, die alle damals so fürchteten. Ganz brav wirken diese Jungs noch, nur Lloyd (Gerrit Graham) hat ein bisschen längere Haare, und wie Hippies schauen sie nun gar nicht aus. De Niro als Jon Rubin erinnert mit seinen dunklen Haaren und der Nickelbrille an John Lennon, und tatsächlich hat das erste Drittel des Films viel von der Ungezwungenheit und Spontaneität von Richard Lesters Beatles-Filmen. Die drei überlegen, wie sie Paul vor der Einberufung bewahren können. In einem Geschäft versuchen sie, ihn als Schwulen einzukleiden (»We are making you a fag«) und üben das im Zoo vor dem Bärenkäfig genauer ein. Dann eine neue Idee: Paul soll sich als Rechtsradikaler ausgeben. De Niro spielt den Freunden einen Typen vor, der zur – erfundenen – CRPU (Civilian Reserve for the Protection of the Union) gehört. Sie verwerfen auch das und beschließen, so lange durch die Stadt zu ziehen, bis Paul physisch ein Wrack ist. Sie kriechen über Mauern, marschieren durch den Regen, rennen und hüpfen

Brian De Palmas GREETINGS

durch den Park, was die Polizei zum Eingreifen zwingt, bewegen sich so, als hätten sie schon den Monty-Python-Sketch über das »Ministry of Silly Walks« gesehen – und können doch nur zwei Wochen Aufschub herausschinden.

Hinausgehen auf die Straße und Filme machen, das war das Credo der französischen Regisseure der Nouvelle Vague. Brian De Palma zeigt sich zumindest im ersten Drittel von GREETINGS stark von diesen Vorbildern beeinflusst. Der Film ist größtenteils mit Handkamera gedreht, und De Palma experimentiert auch mit Doppelbelichtungen und Zeitraffersequenzen. GREETINGS markiert De Palmas erste Zusammenarbeit mit Charles Hirsch, der damals Talentsucher bei Universal war und auf dessen Idee das Projekt zurückging. 43.100 Dollar soll der Film nur gekostet haben.

GREETINGS war aber nicht die erste Kooperation zwischen Regisseur und Schauspieler: Beide gaben ihr Debüt

Getting into Character

De Niro in THE WEDDING PARTY

mit THE WEDDING PARTY, der schon 1963 gedreht wurde, aber erst nach dem Erfolg von GREETINGS 1969 ins Kino kam. THE WEDDING PARTY ist eine improvisierte Komödie um eine Hochzeit auf Long Island, zu der die Freunde des Bräutigams anreisen. Obwohl die beiden Filme von De Palma unterschiedlicher nicht sein könnten – THE WEDDING PARTY strahlt noch eine gewisse ungebrochene Vor-Vietnam-Naivität aus –, verbindet sie doch der Wille zum Experiment: THE WEDDING PARTY arbeitet mit Slapstick und Zwischentiteln wie eine Stummfilmkomödie (De Palma hatte zuvor den stummen Kurzfilm WOTAN'S WAKE [1962] gedreht), außerdem, wie später GREETINGS, mit Zeitlupen- und Zeitraffer-Aufnahmen. De Palma gelingt es auch, mit diesen Effekten ein eher schlichtes Drehbuch zu überdecken, das seinen Witz aus der Etikette und den Absonderlichkeiten der reichen Familie bezieht, in die der Bräutigam einheiraten wird. Ein *running gag* des Films besteht darin, dass die beiden Liebenden ein bisschen für sich bleiben wollen, aber immer von der Familie daran gehindert werden.

Den beiden Freunden bleibt nur die Rolle von *sidekicks*, die den Bräutigam suchen müssen, ihm ihre Meinung zum weiteren Ausbau seines zukünftigen Heims mitteilen und die Schlüssel für ihre Apartments anbieten. De Niro als Cecil ist einer der beiden, und er sieht in diesem Film fast wie Chris Penn heute aus, mit einem pausbäckigen Gesicht und einer adretten Frisur. Er hat noch nichts an sich, was ihn über die anderen herausheben würde, er ist ein Ensembleschauspieler wie auch in GREETINGS, in dem er dann allerdings die interessanteste Rolle hat.

Erste Schritte

Zum Zeitpunkt der Dreharbeiten von THE WEDDING PARTY war Robert De Niro nach damaligem amerikanischen Recht noch nicht einmal volljährig. Seine Mutter musste den Vertrag unterschreiben, der mit 50 Dollar nicht gerade hoch dotiert war. De Niro kam zu dieser seiner ersten Rolle durch ein Casting, das er im ersten Anlauf schmiss und im zweiten durch eine Lee-J.-Cobb-Nummer für sich entscheiden konnte. Der Sohn eines Künstlerehepaars, das sich trennte, als er zwei Jahre alt war, hatte mit 16 die Schule verlassen, um als professioneller Schauspieler zu arbeiten. Ein erstes Engagement bekam er in einer Inszenierung von Tschechows *Der Bär*, die auf Tournee ging. De Niro hat in seinen Anfangsjahren häufiger auf der Bühne als vor der Kamera gestanden, in Stücken wie *Cyrano de Bergerac* oder *A Long Day's Journey into Night*. 1968 wirkte er in der Off-Off-Broadway-Produktion *Glamour, Glory and Gold* mit, geschrieben von Jackie Curtis. In dem bizarren Camp-Drama um die Schauspielerin Nola Noonan, die in Hollywood bekannt wird, aber ihren Ruhm versäuft, hatte der Transvestit und Andy-Warhol-Star Candy Darling die Hauptrolle. Robert De Niro spielte insgesamt fünf Rollen, Nolas Ehemänner, Freunde und Kollegen.

Spätestens seit diesem Stück gibt es die Legende Robert De Niro. *Village Voice* lobte den Schauspieler ausdrücklich für seine Wandelbarkeit. Seit 1960 hatte De Niro an Schauspielkursen an Stella Adlers Conservatory teilgenommen; von 1973 bis 1976 war er Gasthörer am Actor's Studio, jener legendären Schauspielerschmiede, an der schon Stars wie James Dean, Montgomery Clift oder Marlon Brando ihre Impulse erhalten hatten. De Niro hat das Method Acting zur Perfektion erhoben, jenes Sich-Einfühlen in eine Figur, das auch physische Verschmelzen mit ihr und das Ausagieren ihrer Innenwelten.

So war GREETINGS für De Niro auch eine erste Spielwiese als Filmschauspieler. Er kann Facetten einer Persönlichkeit darstellen, kann naiv-fröhlich sein, sich in Rollenmodellen versuchen. Am Ende von GREETINGS muss sich auch De Niros Jon Rubin bei der Musterungskommission melden. Nun hat er den Rechtsradikalen vollkommen internalisiert, zumindest scheint es so, er kommt im Paradeschritt an, salutiert einem vorbeigehenden Polizisten, spricht schon richtig militärisch und trifft auf einen jungen Mann, der auf den Stufen des Büros lümmelt. Den nennt er »Son«, und er bringt ihm erst einmal die richtige Haltung bei, bevor er zackig die Stufen hochmarschiert. De Niro spielt das so überzeugend, dass seine Leinwandperson als echter Militarist durchgehen

Die richtige Haltung: Jon Rubin bei der Musterungskommission

Unverhohlen lüstern: *Peep Art*

könnte. So oder so, vor der Einberufung nach Vietnam hat es Jon Rubin nicht gerettet.

Peeping Jon

Die Bemühungen von Paul, Lloyd und Jon, der Einberufung zu entgehen, sind freilich nur ein Strang in GREETINGS. Die Wege der drei trennen sich, als Paul seine zwei Wochen Aufschub bekommen hat. Schon zuvor waren Mädchen ein Gesprächsgegenstand – wie überhaupt das Anbaggern weiblicher Wesen ein Topos im Kino der späten 60er Jahre ist –, und dieses Thema bildet so etwas wie den kleinsten gemeinsamen Nenner der drei. Paul trifft zu Hause auf eine sehr direkte Freundin, die das Truffaut-Hitchcock-Interviewbuch in der Hand hat und ihn nachgerade überfällt. Später versucht er sich in *computer dating* (worauf De Palma in den Zwischentiteln hinweist), trifft auf eine Sekretärin aus der Bronx, die sich darüber beschwert, dass er sie gleich ausziehen will, wo sie doch so lange gebraucht habe, um sich anzuziehen, und hat ein Rendezvous mit einer Esoterikerin, die ihn zu Sitar-Klängen enthusiastisch von »Mother Energy« berichtet. Lloyd dagegen ist besessen von der Kennedy-Ermordung und spürt, unter anderem auf Fotos, dem Geschehen in Dallas nach. Wie in Antonionis BLOW-UP (1966) lässt er Vergrößerungen anfertigen, die er stolz der Kamera – uns – präsentiert, auf denen jedoch nichts zu sehen ist. Wie viele andere De-Palma-Filme ist auch GREETINGS voll mit selbstreferentiellen Anspielungen auf das Medium Film, doch De Niros Jon Rubin ist es vorbehalten, gewissermaßen eine Reflexion über das Kinematographische zu führen, über den Zwang zu beobachten und über den Moment, wenn auf der Leinwand das Private öffentlich wird.

Jon Rubin wird zum Spanner. Er liest ein psychologisches Buch über Voyeurismus, beobachtet in der Buchhandlung, in der er offensichtlich arbeitet, eine Frau beim Stehlen und verabredet sich mit ihr. Er sei auf der Suche nach »privaten Momenten«, erklärt er ihr, die er in *Peep Art* umwandeln wolle (»Do you have heard of *Pop Art*?«), für eine Installation im Whitney Museum. Es gehört zur Tragik des Voyeurs Jon

Rubin, dass sich im Haus hinter ihm gerade ein privater Moment abspielt: Eine Frau kämmt sich. Später dann filmt er sein Modell auf seinem Bett, und wir Zuschauer nehmen Rubins Blick ein, während er die Frau aus dem Off mit herrischer Stimme auffordert, sich auszuziehen. Was sie dann auch tut. Die Perspektive dieses Films-im-Film, den es bei De Palma ja oft gibt, ist unverhohlen lüstern, pornographisch, aber die Atmosphäre durch ihren dilettantischen Striptease und Rubins Aufforderungen, schneller zu machen, weil das Filmmaterial zu Ende geht, ironisch: eine Lektion über das Gerichtetwerden des Blicks im Kino.

GREETINGS zeigt De Niro schon als einen Darsteller obsessiver Charaktere, als einen Mann mit abgründigen Neigungen, die hier aber gewissermaßen noch domestiziert werden können. De Niro hat später immer wieder Voyeure gespielt: In THE FAN (1996) von Tony Scott vergöttert er einen Baseball-Spieler, und auch sein Travis Bickle in Scorseses TAXI DRIVER (1975/76) ist im Grunde ein Voyeur, der die Welt aus dem Autofenster beobachtet. Dabei dauert es meist eine Weile, bis De Niro seine Neurosen offenbart: Hinter sein Geheimnis zu kommen, ist nicht leicht. In GREETINGS trägt er ein Allerweltsgesicht zur Schau, ganz zurückgenommen und ohne jenes *razorblade smile*, das er später kultivieren wird.

GREETINGS wirft auch, gerade mit der Figur des Jon Rubin, einen ironischen Blick auf die *counterculture* der späten 60er Jahre. De Palma spinnt den Aspekt des Beobachtens weiter, wenn Rubin einer Sixties-Schönheit mit langen Haaren und einer runden Nickel-Sonnenbrille durch den Central Park folgt. Wie in seinem Meisterwerk BODY DOUBLE (Der Tod kommt zweimal; 1984), in dem der Hitchcock-Bewunderer De Palma die Motive seines Vorbilds, auch den Aspekt des Beobachtens, vom Kopf auf die Füße stellt, verbindet die Kamera die beiden, die nie miteinander sprechen. Als die Schöne in einem Museum verschwindet, wartet Jon sozusagen in Lauerposition davor und kommt mit einem Mann ins Gespräch, der ihm einen Pornofilm verkauft. Auf dem ist sein Freund Paul mit einer Frau zu sehen: *The Delivery Boy and the Bored Housewife*.

Jon Rubin in Vietnam

Immer tiefer blickt GREETINGS, wenn man so will, in Jon Rubins Abgründe, und am Ende verbindet der Film die Lust am Schauen mit der Gewalt. Ein TV-Team trifft auf Jon Rubin im Dschungel von Vietnam. Sein Auftrag: »Search and Destroy«. Der Reporter interviewt Private Rubin, bis der im Hintergrund eine Frau durch sein Zielfernrohr entdeckt. Wie ein Svengali im Kampfanzug umkreist er seine Gefangene und inszeniert sie mit den gleichen Worten für einen Striptease vor der Kamera, wie er das zuvor in New York getan hatte. »Take off your shoes!«

Die nächste Zusammenarbeit von De Niro und De Palma, HI, MOM! (1969/70), knüpft direkt an GREETINGS an: Jon Rubin is back. Brian De Palma soll die Idee zu diesem Sequel gekommen sein, als er beobachtete, wie das Publikum vor einem Kino für GREETINGS Schlange stand, und sich überlegte, was die Leute hinter den Fenstern des Nebenhauses wohl machen. Auch HI, MOM! entstand als Low-Budget-Produktion eines Eastcoast-Teams: Wieder fungierte Charles Hirsch als Produzent, der auch an der zugrunde liegenden Story mitschrieb.

Doch HI, MOM!, der den Arbeitstitel *Son of Greetings* trug, geht ein ganzes Stück weiter als sein Vorläufer, sowohl in der Reaktion auf die Zeit als auch in der Entwicklung der Leinwandpersona Robert De Niros und des Themenkosmos von Brian De Palma. War GREETINGS, zumindest an der Oberfläche, noch ein Film über die Vietnam-Ära und wie deren Jugend sich fühlt – die *New York Post* schrieb: »an overground sexy-protest film« –, so funktioniert HI, MOM! als Diskurs über die Kommerzialisierung der Ideale der späten 60er, vor allem der sexuellen Revolution.

Jon Rubin ist aus dem Vietnam-Krieg zurückgekehrt und bewegt sich in der Subkultur des Pornobusiness. Er hat eine Visitenkarte in der Hand (*Contemporary American Film Salon. Instant $ for Erotic Art*), die ihm den Weg weist zum Büro und Kino des professionellen Porno-Unternehmers Joe Banner (Allen Garfield). Jon Rubin hat seine Unschuld verloren in Vietnam, das sieht man auf den ersten Blick: War er im ersten Teil von GREETINGS noch in John-Lennon-Pose, so gibt er sich hier adrett, mit Mittelscheitel, Sonnenbrille

Adrett: De Niro mit Jennifer Salt in HI, MOM!

und braunem Cordjackett. Es ist bezeichnend, dass De Niro in seinen frühen Jahren nie zu einem Exponenten der *counterculture* wurde, wie etwa Peter Fonda oder Terence Stamp. Jon Rubin lässt sich von Joe Banner, der sich als Fellini des Pornos sieht, ein neues Werk vorführen und versucht dann, auf dem Dach eines Hauses, Geld für ein neues Projekt zu bekommen. Die Unterhaltung zwischen den beiden verweist direkt auf GREETINGS zurück: Immer noch ist Jon mit *Peep Art* und dem Einfangen privater Momente beschäftigt, und er ködert Banner mit dem Blick durch das Teleskop auf den Wohnblock gegenüber. Er kriegt Geld und eine Kamera.

HI, MOM! ist eine böse Replik auf Hitchcocks REAR WINDOW (Das Fenster zum Hof; 1953). Während James Stewart zufällig und eher gelangweilt das Haus gegenüber beobachtet, dringt Rubins Kamera aus Berechnung in die Fenster-

Replik auf REAR WINDOW:
Jon beobachtet seine Nachbarn

front ein – ein Mann, der mit seinen Obsessionen Geld verdienen will. Jon Rubin sieht durch den Sucher seiner Super-8-Kamera: eine Wohngemeinschaft mit drei attraktiven Mädchen, die sich beständig an- und ausziehen, einen weißen Revolutionär (Gerrit Graham, der Darsteller des Lloyd in GREETINGS) mit Che-Guevara- und Malcolm-X-Plakaten an den Wänden, der sich aus Solidarität schwarz anmalt, einen Vater, der seine Kinder permanent filmt, einen Playboy und seine Freundin.

Und in Jon wächst ein Plan. Fasziniert von einem der Mädchen gegenüber, Judy Bishop (Jennifer Salt), will er sich mit ihr beim Sex filmen. Er gibt vor, durch eine Computer-Partnervermittlung auf sie gekommen zu sein (auch das ein Verweis auf GREETINGS), nutzt eine Gelegenheit in ihrer Wohnung zur Prüfung der Ausleuchtung und führt sie zum Kino und Abendessen aus. Dass sie ihn bei diesem ersten Rendezvous im Taxi schon zu sich nach Hause einlädt, kommt ihm ungelegen. Seine Kamera ist noch nicht bereit. Später dann entwirft er zu Hause ein Drehbuch, übt die Dialoge ein und schätzt die Zeit ab, bis er sie so weit hat: 26 und eine halbe Minute. Für das neuerliche Rendezvous koppelt er die Kamera mit einer Uhr. Er hat allerdings nicht damit gerechnet, dass Judy viel schneller zur Sache kommen will, und er muss Zeit schinden durch einen aberwitzigen Präservativkauf in der Apotheke. Dass die Kamera dann verrutscht und nur die Hauswand zeigt, ist ein weiterer tragischer Moment im Werk von »Peeping Jon« Rubin.

HI, MOM! ist eine Komödie im Geiste des von De Palma damals sehr bewunderten Godard, mit Verweisen auf andere Filme, Distanzierungselementen – und mit einem Robert De Niro, der sich selbst nicht ernst nimmt. Die amerikanische Kritikerin Pauline Kael hat auf das parodistische Moment in der Darstellung De Niros in diesem Film hingewiesen. Er hat großartige Momente in Slapstick-Manier, wenn er von der Apotheke zu Judy heimrennt und, immer mit Blick in die Kamera, mit ihr herumstrampelt; noch komischer sind aber die Sequenzen, in denen er mit Understatement arbeitet. Schon in GREETINGS kommentierte sein Gesicht den psychologischen Text über Voyeurismus mit einem Räuspern,

Jon will sich beim Sex filmen: HI, MOM!

einem *tongue in cheek*-Grinsen oder einem sinnierenden Blick in die Kamera bei besonders heiklen Stellen. In HI, MOM! nun läuft De Niro beim Essen mit Judy zu Höchstform auf. Ein Gespräch könnte man dieses Beisammensein gar nicht nennen, denn er hört nicht recht zu und geht nur zum Schein auf das ein, was sie sagt. Aber De Niro spielt es nie allzu deutlich aus – so scheint es zwar plausibel, dass Judy nichts merkt, aber die Szene wirkt zugleich wie die Karikatur eines Dates.

GREETINGS, HI, MOM! und THE GANG THAT COULDN'T SHOOT STRAIGHT (Wo Gangster um die Ecke knallen; 1971; R: James Goldstone) sollten De Niros einzige Komödien für mehr als ein Jahrzehnt bleiben; er hat sein Talent zum Witz erst richtig kultiviert, als er schon zur Väter-Generation gehörte. Die Figur des Jon Rubin in HI, MOM! war auch De Niros erste und einzige Hauptrolle für eine längere Zeit.

Blutsbande

Dem Pornogeschäft blieb er allerdings auf der Leinwand verbunden. 1969, zwischen GREETINGS und HI, MOM!, spielte er in SAM'S SONG mit, einem Film, den ein gewisser Jordan Leondopoulos für die berüchtigte Firma Cannon drehte. Die Handlung des – mit etwa zwei Stunden damals eher langen – Werks lässt sich nur erahnen: Sammy Nicoletti (Robert De Niro), ein junger idealistischer Filmemacher, verbringt ein Wochenende auf einem Landsitz reicher und korrupter Leute, die einen Film von ihm finanzieren wollen und in deren Machenschaften er sich verfängt. 1971 war der Film, der als unverleihbar galt, kurz im Kino, dann landete er in den Regalen. Ein paar Jahre danach erhielt der Filmemacher John Broderick den Auftrag, SAM'S SONG für den Videostart zu bearbeiten. Er drehte eine komplett neue, zehn Jahre später situierte Rahmenhandlung mit einer anderen Schauspielerin – Sybil Danning – und räumte der De Niro-Episode nur einen begrenzten Raum ein, als Rückblende.

De Niro selbst hat sich abfällig über diese Version, die nun THE SWAP betitelt wurde, geäußert, was sicherlich auch daran lag, dass der Film bei seinem Videorelease mit Slogans bedacht wurde, die er gar nicht einlösen konnte. THE SWAP, manchmal auch unter dem Titel IN THE LINE OF FIRE im Videoverleih, wird aber zu Unrecht meist links liegen gelassen. Broderick hat ein ordentliches B-Picture aus dem Material gemacht, einen klassischen Whodunit, der zwar durchaus Trash-Qualitäten besitzt (die Anschlüsse zwischen den Schauspielern erfordern ein hohes Maß an Einfühlungsvermögen), aber geradlinig zur Sache kommt. THE SWAP ist nun die Geschichte einer Suche und einer Rache, und man merkt, dass etwa Don Siegels THE KILLERS (Der Tod eines Killers; 1964), oder, noch stärker, John Boormans POINT BLANK (1967) bei der Konstruktion der Handlung Pate gestanden haben. THE SWAP hat eine ausgefeilte Rückblendenstruktur, in der sich das zurückliegende Geschehen mehr und mehr als Puzzle zusammensetzt, wobei in der Art von RASHOMON (1950; Akira Kurosawa) verschiedene Perspektiven ineinander verschränkt werden.

Robert De Niro — Blutsbande

De Niro in THE SWAP

Zehn Jahre nach der Originalhandlung und frisch aus dem Knast entlassen, macht sich Sams Bruder Vito Nicoletti auf, verbliebene Spuren zu suchen und den Mörder zu finden. Denn dass es ein Mord war, davon ist er überzeugt. Die Beteiligten von damals erzählen Vito von jenem entscheidenden letzten Wochenende auf Long Island, zu dem Erica und Andrew, seinerzeit ein Ehepaar, ihren Freund Sam mitnahmen. Die Rückblenden entlarven ein komplexes Beziehungsgeflecht und zeigen, wie Sam hinters Licht geführt wurde. Denn auf einer Party verliebt er sich in die attraktive Carol, die ihrerseits ein Verhältnis mit Andrew hat. Als Zuschauer glaubt man immer mehr zu merken, wie sich die Schlinge um Sams Kopf legt – aber dennoch ist das Wochenende als Ganzes gewissermaßen ein »roter Hering«, der mit der Lösung des Falles nichts zu tun hat.

THE SWAP kontrastiert die zwei Brüder. Während Vito direkt und geradeheraus wirkt – Anthony Charnotta spielt ihn ohne aufwändige Mimik und Gestik, ein Lee Marvin für Arme – erscheint De Niros Sam weich, schüchtern, intellektuell, auf sich bezogen. Sam liest auf der Fahrt nach Long Island Bazins *What Is Cinema?* (wer weiß, vielleicht war dieses Requisit De Niros eigene Idee, schließlich war ja De Palma ein genauer Kenner des französischen Films jener Jahre). Er bleibt zunächst auf seinem Zimmer, mit dem Buch, während unten eine Party im Gange ist, zu der er eingeladen wurde, um geschäftliche Kontakte zu knüpfen. Ein Außenseiter, eigentlich sehr sympathisch, aber der Zuschauer weiß, womit dieser Sam sein Geld verdient: mit den *skinflicks*, den Pornos, bei deren Montage ihn schon die Exposition des Films gezeigt hatte.

Es gelingt De Niro sehr überzeugend, diese zwei Seiten des Charakters auszudrücken. Immer wieder, in seinem Büro und Schneideraum oder als er die Treppe zur Party hinunterläuft, krempelt Sam sich die Ärmel seines Jeans-Hemds hoch – die Geste eines Menschen, der innerlich unsicher ist, der Halt in der Körperbewegung sucht. De Niro perfektioniert diese kleinen Gesten, die nicht aufdringlich, aber ausdrucksvoll sind. Gleichzeitig bleibt Sam aber immer auch dubios. Wie Jon Rubin ist er ein Beobachter, einer, der von ferne das Geschehen verfolgt. Als er sich unter die Leute mischt, nimmt er Zuflucht zu einem Rollenspiel und schwingt sich in einen Rollstuhl, mit dem er gekonnt am Rand des Swimming-Pools entlangfährt und, auch wieder abseits, rückwärts »einparkt«. Carol, auf die er ein Auge geworfen hat, erklärt er, das sei die Folge einer Kriegsverletzung (»Which war?«, fragt sie zurück), und er wird auch weiterhumpeln, wenn er aus dem Rollstuhl aufsteht.

Es gibt noch eine weitere Szene zwischen ihm und Carol, die die beiden Seiten seiner Persönlichkeit zum Ausdruck bringt, und die zu den beeindruckendsten Momenten in Robert De Niros Frühwerk überhaupt gehört. Carol und Sam liegen am Strand in der Abendsonne auf Long Island, und mittlerweile wissen wir, dass Sam mit seinen Pornos auch Geld verdient hat: durch Erpressung. »This place reminds

THE SWAP

Robert De Niro   Blutsbande

me of the first movie I've seen once – it really knocked me off«, sagt Sam, und dann sehen wir ihn, wie er in Zeitlupe mit einer imaginären Pistole anlegt und schießt. Es ist wie eine Szene aus einem Gangsterfilm, eine Pose, wie sie das französische Kino dieser Zeit so sehr liebte. Und im Schnitt sehen wir auch das Opfer: Sam selbst, der getroffen zusammenbricht. Täter und Opfer in einem. Immer neue Varianten des schießenden und zusammenbrechenden Sam reiht der Film aneinander, die einem auch den Gegensatz zwischen seinem intellektuellen Look und seiner durchtrainierten Physis vor Augen führen. Diese Sequenz, ein Todesballett fast wie bei Peckinpah, fungiert auch als Vorahnung: Sam muss sterben, weil er den mächtigen Andrew erpresste, der selbst in einem von Sams Pornos mitgewirkt hatte. Und schließlich ist diese Szene, bezogen auf De Niros Œuvre, die nachgeholte Bestrafung von Jon Rubin, dem Spanner, der seine Obsession zur Kunst machen wollte.

Es gibt ein enges Band, das die beiden Brüder Sam und Vito verbindet, und das heißt: Rache. »I'll find whoever did this to you, kill them with my bare hands«, schwört Vito und lässt sich auch von dem Priester, der die beiden Brüder in ihrer Jugend betreut hatte, nicht davon abbringen. Zu Erica, die mittlerweile von Andrew geschieden ist und eine Agentur betreibt, sagt er: »Blood for blood – an old Italian tradition«. Es ist das erste Mal, dass De Niro sich im italoamerikanischen Milieu mit seinen archaischen Traditionen bewegt. Das unbedingte Einstehen füreinander findet sich wieder in der Freundschaft zwischen Johnny Boy (De Niro) und Charlie (Harvey Keitel) in MEAN STREETS, und De Niro wird zum populärsten Darsteller italoamerikanischer Rituale werden.

In THE SWAP parodiert De Niro auch den italoamerikanischen Habitus. Als er sich vor Carol auszieht, wenn sie das erste Mal miteinander schlafen, stolziert er wie ein Hahn vor ihr herum und sagt mit eindeutig italienischem Akzent und sardonischem Grinsen: »As you like it, Baby«. Diesen Akzent kultiviert er später in THE GANG THAT COULDN'T SHOOT STRAIGHT (1971), einer von James Goldstone inszenierten und von Waldo Salt (von ihm stammte das Drehbuch

Mit Leigh Taylor-Young in THE GANG THAT COULDN'T SHOOT STRAIGHT

zu MIDNIGHT COWBOY [Asphalt-Cowboy; 1968; R: John Schlesinger]) geschriebenen Mafia-Burleske. De Niro hat wieder nur eine Nebenrolle – er hätte zu jener Zeit alles angenommen, was ihm angeboten wurde, hat er später einmal gesagt. THE GANG THAT COULDN'T SHOOT STRAIGHT spielt nun ganz dezidiert in Little Italy, wo sich zwei Gangstergruppen bekämpfen: Kid Sally und seine Jungs treten an, um die Vorherrschaft des großen Mafia-Paten Baccala zu brechen.

Die Kritiker mochten den Film damals überhaupt nicht, und bei De Niros Biografen ist das bis heute so geblieben. Das hängt sicherlich damit zusammen, dass der Film die mythischen Dimensionen der Mafia, die Coppola im ersten Teil von THE GODFATHER (Der Pate; 1971) zur selben Zeit so oscar-trächtig ausstellte, ad absurdum führt. Man warf THE GANG eine anti-italienische Tendenz vor, und tatsäch-

Getting into Character

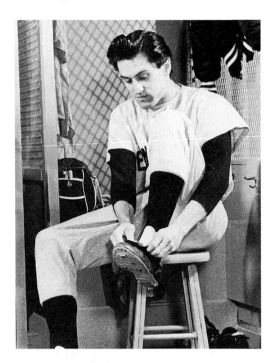

De Niro in BANG THE DRUM SLOWLY

BANG THE DRUM SLOWLY

lich funktioniert der Film als Spiel mit den Klischees, das wir heute, nach Komödien wie etwa THE FRESHMAN (1990; R: Andrew Bergman), unbefangener goutieren können. Was Sie schon immer über die Mafia wissen wollten, aber nie zu fragen wagten – da bleibt kein gutes Haar an Lasagne, Frömmigkeit und italienischem Geschäftsgebaren.

Auch De Niro verkörpert ein Person gewordenes Klischee: den stehlenden Italiener Mario. Kid Sally, der für Baccala ein Radrennen organisieren muss, holt den italienischen Radrennfahrer in die USA. Schon im Hotel räumt der junge Mann alles ab, was er einstecken kann, Seife und Handtücher, und später verkleidet er sich als Priester, um die Italo-Amerikaner New Yorks abzuzocken. Sie sollen für ein angebliches Waisenhaus in Italien spenden, das ein Freund von ihm leitet. Vieles an De Niros Mario erinnert schon an seinen berühmten Johnny Boy in MEAN STREETS, das verschmitzte, leicht übertriebene Lächeln, das zur Grimasse erstarrt, das Gestikulieren mit den Händen und das Zucken mit den Schultern. Sicherlich war auch für Robert De Niro die Arbeit an THE GANG *comic routine*, und wahrscheinlich muss man nicht begnadet schauspielern können, damit ein Mann in Priesteruniform bei einem Date mit seiner Angebeteten (Kid Sallys Schwester) komisch wirkt. De Niro soll sich übrigens mit einer – aus eigener Tasche bezahlten – Reise nach Italien auf diese Rolle vorbereitet haben.

BANG THE DRUM SLOWLY (Das letzte Spiel; 1973) von John Hancock ist quasi die WASP-Version der italoamerikanischen Freundschafts- und Verwandtschaftsbande, die so dick sind wie Blut. In vielen der Filme von Robert De Niro spielen Männerbünde eine wichtige Rolle, und BANG THE DRUM SLOWLY ist ein ausgewiesenes *buddy movie*, die Geschichte einer Freundschaft zwischen zwei Baseball-Spielern, dem Pitcher Henry (Michael Moriarty) und dem Catcher Bruce (De Niro). Bruce ist dem Tod geweiht, er leidet

Robert De Niro — Blutsbande

Getting into Character

JENNIFER ON MY MIND

an einer unheilbaren Krankheit, und BANG THE DRUM SLOWLY (benannt nach dem Country Song *The Streets of Laredo* um einen jung gestorbenen Cowboy) handelt von den Versuchen Henrys, ihn noch einmal in die – fiktive – Mannschaft der New York Mammoths zu integrieren. Eine *Love Story* unter Männern gewissermaßen. Fortwährend kaut Bruce Tabak; er ist so etwas wie ein Fossil, frisiert sich immer eine Tolle, wirkt naiv, spricht mit ländlichem Akzent. Bruce ist einer der vielen Underdogs in De Niros Filmografie, ein nicht sonderlich begabter Sportler, der einmal noch das entscheidende Spiel seines Lebens machen muss. Und De Niro spielt ihn auch mit dem gesamten Arsenal mimischer und gestischer Zeichen, für das er später berühmt werden wird – ein verworfenes Lachen, ein stets verdrießliches Gesicht und ein permanentes Kopfnicken. Dieser Bruce, der im Grunde aber auch nur eine Nebenrolle war, bezeichnet De Niros Anfänge als *character actor*.

Psychopathen und Killer

In Scorseses MEAN STREETS hat Robert De Niro eine erste Szene mit einem sprichwörtlichen Knall. Johnny Boy, mit seinem obligatorischen Hut und der braunen Jacke, wirft etwas in einen Briefkasten, macht sich davon und duckt sich, als die Bombe explodiert. Sein Lächeln zeigt deutlich die Lust an der Zerstörung, die Lust an der Gewalt.

Das ist der vielleicht wichtigste Strang, der schon die frühen Filme von Robert De Niro durchzieht: eine latente bis offene Bereitschaft zur Gewalt. Selbst dann, wenn er auf der »richtigen« Seite des Gesetzes ist. Sein Polizist in Ivan Passers Drogenfilm BORN TO WIN (Pforte zur Hölle; 1971) – De Niro tritt das erste Mal nach einer halben Stunde auf – setzt den Drogensüchtigen Jay Jay (George Segal) so unter Druck, dass er zerrieben wird zwischen den Dealern und den Gesetzeshütern, die ihn als Spitzel ködern wollen. »The only good addict is a dead addict«, sagt De Niro, den Jay Jay *undercover* den Drogendealern vorstellen soll. Selbst für diese winzige Rolle, nur ein bisschen länger als die des Taxifahrers in JENNIFER ON MY MIND (1971; R: Noel Black), hat

BLOODY MAMA: Die Barker-Gang

De Niro einen charakteristischen Tic gefunden: das Stochern in den Zähnen.

Von allen Rollen seiner Frühzeit kommt die des drogensüchtigen Lloyd Barker in Roger Cormans BLOODY MAMA (1970) dem am nächsten, womit man Robert De Niro in den folgenden drei Jahrzehnten identifizieren sollte. Die Geschichte der Ma Barker (dargestellt von Shelley Winters, durch ihre Vermittlung hatte De Niro auch die Rolle erhalten) und ihrer vier Söhne ist eine blutige Reise durch die amerikanische Provinz der Depressionszeit, die an BONNIE AND CLYDE (1967; R: Arthur Penn) erinnert (die *Los Angeles Times* schrieb von »Mommie and Clyde«). De Niros Lloyd wirkt auf den ersten Blick verletzlich; er wird noch von Ma gebadet (wie die anderen erwachsenen Söhne auch), und man spürt förmlich den Druck, den die übergroße Mutterfigur auf ihn ausübt. Auch physisch: De Niro hatte für diese Rolle 30 Pfund abgenommen, so dass er ein fragiles Aussehen annahm, und Shelley Winters dürfte De Niro um viele Pfunde übertroffen haben.

In BLOODY MAMA gab De Niro zum ersten Mal einen Psychopathen, oder zumindest einen Mann, der langsam in den Wahnsinn abdriftet. Am Anfang ist er noch Teil des Brüder-Ensembles, macht mit, als die Barkers etwa einen Autofahrer auf einer Fähre ausrauben, und fällt eigentlich nicht weiter auf. Die Gewalt in BLOODY MAMA hat immer etwas Unwirkliches, Comichaftes, aber auch Zynisches, und erst als der Film sich auf De Niro fokussiert, wird sie gewissermaßen konkret. Die Barkers ruhen sich in einem Haus an einem See aus; Lloyd, von dem wir wissen, dass er drogensüchtig ist, sitzt am Bootssteg und lässt die Beine ins Wasser baumeln. Ein Mädchen kommt angeschwommen, von der anderen Seite des Sees, wie sie sagt, steigt in ihrem schwarzen Badeanzug an ihm vorbei auf die Planken, um sich zu sonnen. Eine Szene der Verführung, sommerlich, der Himmel ist blau. Zwar erahnt sie durch die Art, wie Lloyd redet, wie er ihr seine Einstichstellen zeigt, seine Gefährlichkeit hinter der smarten Maske. Aber da ist es schon zu spät. Lloyd ist ein Getriebener, er kann nicht anders, muss sie küssen, legt sich auf sie. Für ihn gibt es keine Schranken. Ihr Tod ist der einzige von vielen in diesem Film, der nahe geht, und Lloyd hat an ihm Schuld. Pamela muss sterben, nicht weil sich Lloyd und vielleicht auch seine Brüder an ihr vergangen haben, sondern weil sie durch Lloyd den Namen der Familie weiß.

In der Szene am Bootssteg kippt eine heitere Stimmung in ihr Gegenteil um. Aber die Gewalt, die Lloyd gegen das Mädchen gerichtet hat, richtet er auch gegen sich selbst, er wird zusehends depressiver, bis er durch eine Überdosis Drogen stirbt, ein gezielter »Goldener Schuss« vielleicht, ein Akt der Auflehnung gegen das Regime von Ma Barker. Dieser Lloyd bleibt in De Niros Verkörperung durchaus sympathisch, ein Täter, der auch Opfer ist. »Diese Charaktere sind nicht einfach schlecht oder böse. Es sind Menschen, die auf Messers Schneide leben. Ich ziehe die sogenannten ›Bösen‹

Mit Pat Hingle in BLOODY MAMA

vor, weil sie realistischer sind«, hat De Niro einmal zu seinen Gangster- und Psychopathenrollen gesagt, und sein Lloyd ist ein Paradebeispiel dafür.

BLOODY MAMA wirkt beim heutigen Sehen wie ein merkwürdiger Reflex auf die späten 60er Jahre: Ausdrücklich hat Roger Corman, der König des *exploitation films*, Motive wie Promiskuität (in Gestalt der Gangsterbraut Mona), Homosexualität, Drogenkonsum und Inzest in den Film eingearbeitet. Diesen Bezug kennen viele Filme De Niros, auch BORN TO WIN ist ein kritischer Abgesang auf die Tage von *love and peace*, deren übrig gebliebene Repräsentanten nun an der Nadel hängen. Am stärksten aber hat Brian De Palma die Skepsis am antiautoritären Aufbruch im Mittelteil von HI, MOM! akzentuiert, in der vielleicht interessantesten Filmsequenz aus De Niros Frühzeit. Jon Rubin, nach seinem gescheiterten Ausflug in die *Peep Art* ohne Beschäftigung,

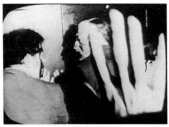

Illusionsbruch: De Niro als Cop in HI, MOM!

sieht einen Anschlag, auf dem eine revolutionäre schwarze Theatertruppe für ihr Stück *Be Black, Baby!* den Darsteller eines Polizisten sucht. Jon Rubin, der Vietnam-Veteran, spielt ihnen kurz einen Redneck in Polizeiuniform vor, der mit seinem Schlagstock gegen imaginäre junge Leute vorgeht – und hat die Rolle. Das Stück wird dann im Fernsehen übertragen, gefilmt im grobkörnigen Schwarzweiß des Cinéma vérité und mit dem runden Ausschnitt des Fernsehschirms als Bildbegrenzung. Im *N.I.T.-Journal* (National Intellectual Theater), einer Paraphrase auf das zeitgenössische NET-Programm, in dem häufig radikales Straßentheater übertragen wurde. Die schwarzen Mitglieder der Truppe haben sich weiß geschminkt und zwingen ihr intellektuelles Mittelstandspublikum, sich schwarz zu schminken; sie nehmen den Zuschauern, im Treppenhaus eines offensichtlich leer stehenden Hauses, Geld ab. Die Animosität zwischen den beiden Gruppen wächst zusehends, und eine Vergewaltigung liegt in der Luft.

De Palmas Inszenierung lässt beinahe vergessen, dass es sich bei *Be Black, Baby* um ein experimentelles Theaterstück handeln soll. Erst De Niro als Polizist fungiert als Illusionsbruch: Er stellt die vermeintlich Schwarzen an die Wand, fragt sie aus in jenem militärischen Duktus, den er schon in GREETINGS kultiviert hatte, und prügelt auf sie ein. Erst mit seinem Auftreten wird einem auch die radikale Authentizität bewusst, mit der *Be Black, Baby!* den Zuschauer bislang um den Finger gewickelt hatte. So ist das »Stück-im-Film« zum einen eine brillante Medien- und Revolutions-Satire – die Beteiligten versichern sich hernach der Wichtigkeit ihrer Erfahrungen –, zum anderen aber eine Lektion darüber, im welchem Maße der Zuschauer im Kino einbezogen werden kann. Lange vor THE BLAIR WITCH PROJECT (1999; R: Daniel Myrick, Eduardo Sánchez) hat De Palma in seinem *Be Black, Baby-Project* die Möglichkeiten des *fake documentary* auf die Spitze getrieben. Er selbst hat diese Theateraufführung einmal als sein wichtigstes Stück Film bezeichnet, und es ist sicherlich das klügste Stück Kino, in dem Robert De Niro bis, sagen wir einmal, BRAZIL (1984/85; R: Terry Gilliam) mitgemacht hat. ❑

Das italo-amerikanische Jahrhundert – Die ethnisch geprägten Rollen

Von Daniela Sannwald

Mehr als ein halbes Jahrhundert nach dem Ende der Prohibitionszeit brachte Brian De Palmas Film THE UNTOUCHABLES (1987) deren Haupt-, vielleicht sogar einzigen Konflikt auf die Leinwand: Kevin Costner als Eliot Ness, Repräsentant des weißen, protestantischen Nordamerika, und Robert De Niro als sein persönlicher Widersacher Al Capone verkörpern den sozialen Gegensatz, der durch das Alkoholverbot in den 20ern virulent wurde – und seine Sprengkraft gleich mit. Gerade die physische Differenz zwischen den beiden verweist auf diesen Kontext: Ness ist aufrecht, hochgewachsen, athletisch, trägt dreiteilige Anzüge aus soliden Wollstoffen in Braun- und Grau-Schattierungen, und diese Herbstfarben wiederholen sich in den Räumen, die ihn umgeben. Sein flächiges Gesicht ist sorgfältig rasiert, sein Haarschnitt korrekt und unauffällig. Das Bemerkenswerteste an ihm sind seine hellgrauen Augen, deren klarer Blick Entschlossenheit, Willenskraft, Weitsicht verheißt. »Kreuzritter« nennen ihn die Zeitungen, und sein asketischer Habitus und sein Sendungsbewusstsein rechtfertigen dieses Etikett.

Anti-WASP

Al Capone wird mit einem Topshot eingeführt, der den gedrungenen Mann liegend zeigt: auf einem nach hinten gekippten Sessel, um ihn herum ein in auffälligen Rottönen gemusterter Fußboden. Während sich ein Schuhputzer an seinen Füßen, eine Maniküre an seiner linken Hand und ein Friseur an seinem Kopf zu schaffen machen, schaut ein Leibwächter auf ihn herunter, und zwei Reporter kritzeln eifrig Notizen. Sein Gesicht ist vorerst noch unter einer Kompresse verborgen, und das heißt, dass er den sechs Personen, die um ihn herumwuseln, blind vertraut – weil er sie vollkommen unter seiner Kontrolle hat: gut bezahltes, gefügiges Dienstleistungspersonal. Er liegt behaglich auf diesem Stuhl, die freie Hand locker auf dem dicken Bauch platziert, sein Oberkörper im weißen Hemd ist zum großen Teil von einem weißen Tuch abgedeckt, ebenso die Stütze, auf der sein Kopf ruht. Die Hälfte seines Gesichtes schließlich wird, gleich nachdem er die Kompresse abgenommen hat, mit Rasierschaum bedeckt. Capones Farbe ist Weiß, eine Betonung des Stutzerhaften und die Verkehrung der klassischen Western-Ikonografie: Auch die Bösen können weiße Hüte tragen.

Trotz des behäbigen, ja beinahe gemütlichen Anscheins, den sich Capone in dieser Sequenz gibt, trotz seines Charmes, seines Witzes und seiner Überzeugungskraft lässt De Niro einen Moment lang die Brutalität durchschimmern, die, immer dicht unter der Oberfläche lauernd, seine Interpretation des Gangsters prägt. Als das Rasiermesser abrutscht und sich ein Blutstropfen in dem Weiß auf seiner Wange ausbreitet, berührt er sie mit dem Zeigefinger und blickt den dann prüfend an, während der Friseur mit vor Schreck geweiteten Augen erstarrt. Nur weil er auch anders reagieren könnte und das in einem beliebigen anderen Moment auch tun würde, und weil das jeder der Anwesenden weiß, lässt er es dabei bewenden, das Blut am Kittel des Friseurs abzuwischen.

Nebenbei demonstriert er, quasi mit ein paar Handgriffen und als ob sein übertrieben gepflegtes Äußeres dies nicht bereits täte, dass er Italiener ist. Ein Repertoire expressiver, männlicher, aber keinesfalls amerikanischer Gesten steht ihm zur Verfügung: Der fest ausgestreckte, in die Luft stechende Zeigefinger der linken Hand (auf deren kleinem Finger, wie bei allen Gangstern, ein Ring mit einem Stein sitzt) begleitet die Überzeugungsarbeit, mitunter wechselt diese Geste auf die rechte Hand über (sinngemäß: »Ich will Ihnen was sagen, und hören Sie mir jetzt gut zu, ich sag's nämlich nur ein Mal«). Die beiden nach innen gebogenen Handflächen, die

Expressive Gesten: De Niro in
THE UNTOUCHABLES

mit aneinander gedrückten Fingern auf den eigenen Leib deuten, unterstreichen das verbale Tiefstapeln oder konterkarieren es gelegentlich auch (»Seht mich an, ich bin ein einfacher Mann« oder »Was unterscheidet mich schon groß von euch?«). Die offenen, seitlich vom Körper weggestreckten Hände sollen Wehr- und Machtlosigkeit, auch Unschuld signalisieren (»Was kann ich denn dafür, wenn mich die Presse verunglimpft?«).

Das gestische Arsenal italienischer Männer, das vor allem Martin Scorseses Mafia-Filme zelebrieren, ist eine Konstituente der Gangster-Rollen, wie De Niro sie spielt. De Niro selbst ist genau genommen irisch-französisch-holländischitalienischer Herkunft, aufgewachsen nicht in Little Italy, sondern im nahe liegenden Greenwich Village – und wenn er auch als Jugendlicher auf Streifzügen durch die Nachbarschaft das Milieu kennen lernte, musste er sich das Italienische für seine Filme erst aneignen. Aber er hat sich intensiv mit der rituellen südeuropäischen Ausdrucksform auseinander gesetzt, weil sie seinem Verständnis vom Konzept des italo-amerikanischen Gangsters entgegenkommt. Und das zeigt vielleicht am ehesten seine Regiearbeit A BRONX TALE (In den Straßen der Bronx; 1993), wo er selbst als Vater des kleinen Protagonisten Calogero (Lillo Brancato) auftritt. Im italienischen Viertel Fordham, westlich vom Bronx Park, regiert Sonny (Chazz Palminteri), ein Mafioso aus den mittleren Rängen, dessen Aufstieg in der Mafia-Hierarchie bereits absehbar ist. Die Kinder lungern auf den Stufen der Brownstones herum und beobachten und imitieren die Großen – »Sonny hatte fünf Finger, benutzte aber nur drei.« Das von De Niro sorgfältig inszenierte und im Verlauf des Films mehrfach wieder aufgenommene Thema illustriert, dass die mafiose Existenz tatsächlich sehr viel mehr bedeutet als Broterwerb; sie bestimmt in jeder Minute Dasein, Lebensstil und Verhalten; sie ist, mit einem Wort, allumfassend.

In THE UNTOUCHABLES bezeugt nicht nur der erste Auftritt Capones genau diesen Aspekt. Capone nämlich ist, natürlich im Gegensatz zum erzprotestantischen Eliot Ness, ein Verschwender ohne schlechtes Gewissen. Während Frau Ness Möhrenschnitze und belegte Brote in eine Papiertüte packt, aalt sich Capone im Seidenpyjama in einem Hotelbett von gewaltigen Ausmaßen, und ein beflissener Diener bringt ein sehr appetitlich aussehendes Frühstück, das er mit milder Verachtung entgegennimmt, als ob darin schon ein Gunstbeweis läge. In dieser Szene lässt De Niro die Erinnerung an die Herkunft Capones mitschwingen – »street guys like us« heißt es in anderen Mafia-Filmen immer wieder –; es könnte nämlich sein, dass Capone auch lieber ein einfaches Sandwich hätte als das fragile Gebäck, das im Luxus-Hotel als Frühstück den Superreichen angeboten wird, aber da er sich das Teuerste leisten kann, leistet er es sich auch. Gangster

Robert De Niro

Anti-WASP

Lillo Brancato und Chazz Palminteri in De Niros Regiearbeit A BRONX TALE

sein verpflichtet zu einem bestimmten Auftreten in der Öffentlichkeit.

Aus der Rolle fällt er, wenn die Öffentlichkeit ausgeschlossen ist, zumindest aus der Rolle des Geschäftsmanns, die er für sich reklamiert. Beim Bankett unter Mafiosi, auch in THE UNTOUCHABLES eine Schlüsselszene für die Charakterisierung Al Capones, hält er, um seine an einer kreisförmigen Tafel versammelten Gäste herumschreitend, eine langatmige Rede, um plötzlich einen Baseballschläger zu ergreifen und damit den Kopf eines seiner Männer zu Brei zu schlagen. Der Mantel der Bonhomie und Jovialität fällt von ihm ab: De Niros verzerrtes Gesicht und seine ungebändigte, kein bisschen ungelenke, schlagkräftige Gestalt beweisen, was die Friseurszene bereits vermuten ließ: In jedem Moment ist Capone zu eruptiver, äußerster Brutalität fähig. Das hindert ihn nicht daran, sich – im glänzenden Frack, in einer mit rotem Samt ausgeschlagenen Opernloge – als Kunstmäzen zu gerieren; während auf der Bühne Leoncavallos *Bajazzo* die Vermischung von Schauspiel und Realität thematisiert, wischt sich in der Loge Al Capone, der gerade die Nachricht vom gelungenen Anschlag auf einen von Ness' Männern erhalten hat, die Augen bei der berühmten *Bajazzo*-Arie; gleichzeitig huscht ein selbstzufriedenes Lächeln über sein Gesicht – einmal mehr verweist De Niros Darstellung auf die Ambivalenz des Gangsters.

In THE UNTOUCHABLES verkörpern die Figuren Al Capone und Eliot Ness idealtypisch den Konflikt, der den Prohibitionsgesetzen und ihrer Umgehung durch die *bootlegger*, die Alkoholschmuggler, zugrunde lag: das letzte Aufbegehren des ländlich-protestantischen Amerika gegen die Vorherrschaft einer von ethnischer, religiöser und sprachlicher Vielfalt geprägten, urbanen Kultur. Ness und seine Männer führen einen entscheidenden Schlag gegen Capones Bande außerhalb der Stadt in den Bergen, wo sie, beritten, mit Lederjacken und Cowboyhüten, mit der Landschaft zu verschmelzen scheinen, während die Gangster in ihren eleganten, langen, pelzverbrämten Mänteln und riesigen Limousinen fehl am Platz wirken. Capone selbst ist außerhalb Chicagos nicht vorstellbar, und De Niro betont, wie die zeitgenössischen Darsteller der Prohibitionsgangster in den Produktionen der frühen 30er, den urbanen Aspekt: Er ist eine durch und durch städtische Erscheinung. Aber es gibt, in seiner Darstellung genauso wie in den Performances seiner berühmtesten Vorgänger – Edward G. Robinson in LITTLE CAESAR (Der kleine Cäsar; 1930; R: Mervyn LeRoy), James Cagney in THE PUBLIC ENEMY (Der öffentliche Feind; 1931; R: William A. Wellman) und vor allem Paul Muni in SCARFACE (1932; R: Howard Hawks) – einen Rest von Atavismus und Anarchie: Die Regeln der bürgerlichen Gesellschaft, zu der Capone dringend gehören möchte und für deren Anerkennung er in bar bezahlt, sind dem Prohibitionsgangster noch so wesensfremd, dass er die Lust- und Triebbefriedigung, die er bei seiner Arbeit verspürt, nicht immer verleugnen kann. Der Genuss, die Lust, das Vergnügen, die De Niros Al Capone der Beruf verschafft, gehören jedoch nicht zum vom Ethos des Verzichts geprägten protestantischen Verständnis von Erwerbsarbeit. Die Verbrecherfiguren, die De Niro bei Scorsese verkörpert, sind auf dem Weg zur Verbürgerlichung schon deutlich weiter.

Street Guys like Us

In MEAN STREETS (Hexenkessel; 1972/73) allerdings, der ersten Zusammenarbeit zwischen Martin Scorsese und Robert De Niro, 13 Jahre früher entstanden als THE UNTOUCHABLES, spielt De Niro die Rolle des Johnny Boy gerade, indem er deren anarchische Züge kultiviert: ein »punk kid, the biggest jerk-off around«. MEAN STREETS zelebriert die *italianitá* des Viertels in Lower Manhattan, und während rundherum langhaarige Hippies in Parkas Joints rauchen, bleiben die jungen Italo-Amerikaner ihrem Stil treu: akkurate Haarschnitte, sorgfältige Rasur, schicke taillierte Sakkos, schmale Mäntel und nur gelegentlich – als Zugeständnis an die Freizeitmode – ein Polohemd, das locker über die Hose fällt, aber nie ohne Jackett getragen wird. Die Älteren dagegen demonstrieren Heimatverbundenheit, indem sie ihre Treffpunkte entsprechend ausstatten: In einem Lokal hängen die Flaggen der USA und Italiens neben gerahmten Foto-

Das italo-amerikanische Jahrhundert

film:12

Eruptive Brutalität: ...

Robert De Niro Street Guys like Us

... De Niro als Al Capone in THE UNTOUCHABLES

Das italo-amerikanische Jahrhundert

Die jungen Italo-Amerikaner bleiben ihrem Stil treu: MEAN STREETS

grafien vom Papst und den ermordeten Kennedy-Brüdern; Kruzifix und Pin-up-Kalender vervollständigen das eklektizistische Ensemble. Diese ansonsten erschütternd tristen, neonbeleuchteten, karg möblierten Etablissements mit den Hinterzimmern, in denen Glücksspiel und allerlei andere verbotene Tätigkeiten stattfinden – sie kommen auch in Scorseses weniger auf Authentizität setzenden Ausstattungsfilmen GOODFELLAS (1989/90) und CASINO (1995) vor –, erinnern in ihrer Unwirtlichkeit an die Treffpunkte der männlichen türkischen Migranten in Deutschland. Auch dort verweisen Fotos von Atatürk, Nationalflaggen und Wimpel heimischer Sportclubs sowie gerahmte Koranauszüge auf die Wurzeln der Gäste: als ob das Transitorische ihres Aufenthaltes im fremden Land hervorgehoben werden sollte durch das Provisorische der ihnen vorbehaltenen Lokale, als ob man gerade dort dokumentieren und sich vor allem gegenseitig beweisen wollte, dass die Präsenz eines jeden von ihnen an diesem Ort und in diesem Land nur kurzfristig sei und deshalb keine Notwendigkeit bestünde, größeren Aufwand bei der Ausstattung der Interieurs zu treiben. Ähnlich wie in MEAN STREETS die junge Generation in diesen Lokalen nur geduldet ist und eigentlich Tonys Bar als *hangout* benutzt, haben die jungen Deutsch-Türken in den Großstädten eigene Treffpunkte, die allerdings ebenso exklusiv sind wie die Neoncafés ihrer Väter – eine Vermischung mit der angestammten Bevölkerung findet nicht statt. Orte, Rituale und Stil der jungen Italo-Amerikaner in New York beschreibt vor allem der wenige Jahre nach MEAN STREETS gedrehte Film SATURDAY NIGHT FEVER (Nur Samstag Nacht; 1978; R: John Badham), in dem John Travolta versucht, den für ihn vorgesehenen kleinbürgerlichen Lebensentwurf zu verlassen, ohne mafiose Kontakte zu pflegen.

De Niro als Johnny Boy zappelt, wippt, redet wirr, kaut Kaugummi. Er greift sich nervös in den Schritt, wie er in späteren Scorsese-Filmen stellvertretend die Krawatte zurechtrückt. Er verfügt über eine ganze Menge krimineller Energie, die – noch – nicht kanalisiert ist; und weil er sich außerdem nicht an die Regeln der *famiglia* hält, ist er den älteren Mafiosi suspekt. De Niro verleiht Johnny Boy aber auch eine Aura der Unberechenbarkeit, die sich in plötzlichen Ausbrüchen von Gewalt äußert. Wenn er bei einer Kneipenschlägerei vom Billardtisch herab mit einem abgebrochenen Queue auf seine Gegner eindrischt, scheint er dabei ein kaum verhohlenes Vergnügen zu empfinden; seine ständige Gewaltbereitschaft führt auch zu Akten des

Unberechenbar: De Niro als Johnny Boy

Vandalismus. Und während der Aufstieg seines erwachsenen, besonnenen Freundes und Beschützers Charlie (Harvey Keitel) innerhalb der Mafia-Hierarchie abzusehen oder zumindest vorstellbar ist, wird Johnny Boy zu den Opfern gehören.

Was De Niro in diesem Film bereits beherrscht, ist das hastige, atemlose und dabei gleichzeitig um Verständnis werbende Sprechen. Dem verkürzenden, verschliffenen Slang eignet ein lauernder Duktus: Stets muss man sein Gegenüber sehr genau beobachten, um die Reaktion antizipieren zu können. Denn es geht in solchen Dialogen fast immer um gebrochene Versprechen, um nicht gezahlte Schulden, nicht eingehaltene Termine. De Niros Johnny Boy schreckt nicht vor falschen Schwüren (»I swear to me mother I swear to Chris'«, mit abwechselnd gefalteten und über der Brust gekreuzten Händen) und ungerechtfertigten präventiven Anschuldigungen zurück (»C'mon 'ats the matt' 'th you«), und er begleitet seine Rede natürlich mit den obligaten Gesten falscher Herzlichkeit (der um die Schulter gelegte Arm, der den Umarmten stets sehr unbehaglich aussehen lässt) und demonstrativer Unschuld.

Während die Generation von 1968 in MEAN STREETS sich noch mit Kleinkriminalität begnügt, gelangt sie in Scorseses Mafia-Chroniken GOODFELLAS und CASINO an die Macht, und es gelingt ihr sogar, eine Fassade gepflegter Bürgerlichkeit zu errichten. Treffpunkte sind nicht mehr die kargen Hinterzimmer, in denen nur *the old guys* immer noch bei Maccheroni *con ziti* sitzen und miteinander Italienisch sprechen. Beide Filme beruhen auf wahren Begebenheiten, beide umfassen einen Zeitraum von etwa 25 Jahren, GOODFELLAS beginnt 1955, CASINO in den frühen 60ern.

In keinem der beiden Filme spielt De Niro richtige Italo-Amerikaner – Jimmy Conway in GOODFELLAS ist halb irisch, Sam Rothstein in CASINO jüdisch –, aber er bewegt sich in einem italienisch geprägten Umfeld. In beiden Filmen ist Joe Pesci De Niros *sidekick*: Klein, kräftig, wendig, impulsiv und zu äußerster Grausamkeit fähig, tritt er als Bewahrer des atavistischen Elements auf, das De Niros Figuren nun abgelegt haben.

In GOODFELLAS sieht man die *wiseguys* mit den Augen Henry Hills (Ray Liotta), der schon als kleiner Junge den Lebensstil und die sozialen Rituale der Herrscher des Viertels in Brooklyn bewundert: »As far as I can remember I always wanted to be a gangster.« De Niros Regiearbeit A BRONX TALE erinnert in diesem Aspekt stark an GOODFELLAS, nur dass der Regisseur De Niro, im Gegensatz zu Scorsese, seinem jungen Helden am Ende ein wenig Hoffnung lässt. Was Henry Hill sieht, sind zunächst die Insignien der Macht, denen Scorsese Detailaufnahmen widmet: die glänzenden Schuhe, die breiten Schlipse, die Ringe am kleinen Finger, die teuren Armbanduhren, die Zigarren und natürlich die Autos. Und er beobachtet die zärtlich-rauen Gesten der gegenseitigen Anerkennung: das Aufeinanderzugehen mit ausgebreiteten Armen, die schmatzenden Wangenküsse, die Umarmungen, die in gegenseitiges Rückenklopfen

Umarmungen und Rückenklopfen: De Niro, Ray Liotta und Paul Sorvino in GOODFELLAS übergehen, die freundschaftlichen Knüffe und Püffe, das dazugehörige »Good to see you«-Gebrummel: Dass diese Gesten jederzeit auch Verrat bedeuten, das nächste Opfer eines Hits in Sicherheit wiegen können, bevor es kaltblütig ermordet wird, weiß der Junge noch nicht. Vor allen anderen bewundert er Jimmy »The Gent« Conway, denn der hat das, was Henry so gern möchte: sehr viel Geld, das er sehr schnell ausgibt. Eine der schönsten Sequenzen von GOODFELLAS, gedreht in einer einzigen langen Einstellung, zeigt, was es heißt, diesen Status erreicht zu haben. Als Henry sich dem Mentor Jimmy Conway angeschlossen hat und mit ihm Diebstähle im großen Stil begeht, wird er reich. Mit seiner neuen Freundin besucht er einen Nachtclub, vor dessen Eingang sich eine lange Menschenschlange gebildet hat. Das Paar betritt das Lokal durch einen Hintereingang, Türen werden eilfertig vor ihnen aufgerissen, Bedienstete mit strahlendem Lächeln empfangen von Henry üppige Trinkgelder; der Weg führt durch unterirdische Gänge und die weitläufige Küche ins Lokal, wo für Henry ein Tisch direkt vor der Bühne aufgebaut wird: ein früher Höhepunkt in der Gangster-Biografie.

Obwohl Jimmy Conway – wie Henry – Halb-Ire ist und deswegen nicht ganz akzeptiert bei den *bigshots*, kennt er die Regeln, und er drängt auch Henry, sie einzuhalten. Man kann zwar eine Geliebte haben, aber man darf die Ehefrau und die Kinder nicht verlassen und auch nicht offensichtlich vernachlässigen. GOODFELLAS thematisiert den strengen sozialen Kodex der Mafiosi: Die *famiglia* ist eine geschlossene Gesellschaft; man feiert, isst und trinkt zusammen, macht Urlaub und begeht die kirchlichen und weltlichen Festtage gemeinsam. Außenseiter sind nicht gern gesehen. So ist es kein Wunder, dass Aggressionen entstehen: Joe Pesci demonstriert die Vulgarität und Obszönität der expressiven italienischen Gestik, wobei er mit krächzender, überschnappender Stimme *four-letter-words* ausspuckt. Die ausgestreckten Zeigefinger beider Hände, wütend auf den Gegner oder nach unten deutend, sind vernichtend in verschiedener Hinsicht: Wer seinen »you fock'n pieco' shit«-Tiraden ausgesetzt wird, ist allein durch den Schwall verbalen Schmutzes gede-

De Niro mit seinem *sidekick* Joe Pesci in CASINO

mütigt und wird sich nicht mehr widersetzen, denn der ist nur ein Vorgeschmack des physischen Sadismus der Joe-Pesci-Figuren.

Robert De Niros Jimmy Conway dagegen vermeidet nach Möglichkeit den eigenen physischen Einsatz, duldet aber den anderer. Nur wenn es wirklich nötig ist, wird er gewalttätig – dann aber auf explosive Weise. In CASINO, in dem De Niro einen (zwar noch an den Fäden der *old guys back home* hängenden, aber geographisch weit von ihnen entfernten) gesellschaftlich integrierten Gangster zeigt, legt er selbst überhaupt nicht mehr Hand an. Dafür hat er seine Leute, deren Einsatz er befiehlt und ungerührt beobachtet. Dass er dazu in der Lage ist, bringt ihm die Verachtung der Frau ein, die er zu lieben meint und als Eigentum betrachtet: die glamouröse Ginger (Sharon Stone), die er als *hustler* großen Stils im Casino kennen gelernt hat. Seine obsessive Seite äußert sich ihr gegenüber in rasenden Eifersuchtsanfällen, in absurden Überwachungsmaßnahmen, schließlich auch in obszönen Beschimpfungen, denn das Vokabular beherrscht er als ehemaliger Straßenjunge immer noch, obwohl er es aus seinem offiziellen Wortschatz verbannt hat. Ähnlich wie Sam Rothsteins Verbindung zu Ginger in CASINO ist die von Jake La Motta zu Vickie (Cathy Moriarty) in RAGING BULL (Wie ein wilder Stier; 1979/80; R: Martin Scorsese) angelegt, und das Prinzip dieses mehrfach variierten obsessiven, unreifen Umgangs mit Frauen war bereits in De Niro-Alfredos Verhältnis zu Ada (Dominique Sanda) in NOVECENTO (1900; 1974-76; R: Bernardo Bertolucci) erkennbar.

Sam Rothstein wird so lange von den alten italienischen Paten als Casino-Manager geduldet, wie er ihnen sehr viel Geld einbringt und sich ihren Kodices entsprechend verhält. Als durch eine selbstherrliche, unkluge Personalentscheidung seine Verbindungen zum organisierten Verbrechen offensichtlich werden, lässt die Society von Las Vegas ihn fallen. Politiker hofieren ihn nicht mehr, sondern distanzieren sich; er bekommt Schwierigkeiten mit der Lizenz.

Die Paten *back home* beauftragen Nicky Santoro (Joe Pesci), ein Auge auf Rothstein zu haben. Nicky, der seinerseits zum Teil auf eigene Rechnung in Las Vegas agiert und ebenfalls bemüht ist, in der Öffentlichkeit als liebevoller Vater und Ehemann aufzutreten, beginnt mit Rothsteins Frau ein Verhältnis. Auch das ist den *old guys* nicht recht: Die Familie zählt, »fucking around«, jedenfalls mit der Frau eines Freundes, ist verpönt. Aber während Rothstein nur fallen gelassen, nicht eliminiert wird, wie es Nicky erwartet (»he wasn't one of us, he wasn't Italian«), trifft es Pescis Nick mit aller Härte. Er wird brutal ermordet, während Rothstein noch einmal ganz unten anfängt: als Zocker beim Pferderennen.

Die wirkliche Integration der Italiener, so erzählen Scorseses Mafia-Chroniken, ist auch in den 80er Jahren des 20. Jahrhunderts immer noch nicht gelungen. Das mag daran liegen, so lassen sich zumindest diese Filme interpretieren, dass die Gangster es immer noch nicht geschafft haben, wirklich cool zu sein. Immer noch sind sie zu impulsiv und emotional, immer noch zelebrieren sie den Reichtum mit kindlichem Vergnügen; sie protzen und klotzen; und sie haben – das unterscheidet sie vielleicht am ehesten von ihren Vorfahren, den Mobstern der Prohibitionszeit – inzwischen gelernt, das, was sie sich leisten, weil sie es können, tatsächlich zu genießen. Hemmungsloser Genuss aber gilt in der WASP-Gesellschaft immer noch als dekadent, widerspricht dem – trotz gesetzlich verankerter ethnischer Quoten im öffentlichen Dienst und politischer Korrektheit allenthalben – nach wie vor protestantisch geprägten Arbeitsbegriff. Dass die italienischen Gangster an der Einheit von Beruf und Freizeit festhalten, sieht man in Scorseses Filmen vor allem an ihrem über die Jahrzehnte wenig veränderten Kleidungsstil: Die Gangster tragen korrekte, manchmal ein wenig geckenhafte Anzüge, Oberhemden und Krawatten, egal in welchem Alter, bei welcher Tätigkeit, zu welcher Tageszeit und an welchem Ort. Im Gegensatz zur Uniform anderer ethnisch-krimineller Subkulturen – dem extravaganten Freizeit-Look der amerikanisch-chinesischen Triaden, dem glamourösen Gangsta-Rap-Outfit der Afroamerikaner, die etwa Andrzej Bartkowiak in ROMEO MUST DIE (2000) und EXIT WOUNDS (2001) porträtiert – haben die glänzenden Seidenanzüge der Italiener nicht die Jugendmode beeinflusst. Aber immerhin entwerfen italienische Designer – spätestens seit Richard Gere in AMERICAN GIGOLO (Ein Mann für gewisse Stunden; 1979; R: Paul Schrader) mit unübertroffener Eleganz Armani-Anzüge trug – regelmäßig Kostüme für Hollywood; und so wirken die klassischen italienischen Herrenanzüge auf dem Umweg über die Leinwand doch noch stilbildend, Mafia hin oder her ...

Es war einmal in Italien

THE GODFATHER: PART II (Der Pate – Teil II; R: Francis Ford Coppola) und NOVECENTO, 1974 beziehungsweise 1974-76 gedreht und der elfte und zwölfte Film in Robert De Niros Filmografie, sind zwei Chroniken, die den gleichen Zeitraum abdecken und nur wenig früher enden, als die Mafia-Filme von Scorsese einsetzen. Nimmt man RAGING

Das italo-amerikanische Jahrhundert film:12

Noch ganz Italiener: De Niro mit Dominique Sanda ...

BULL noch dazu, stellt man fest, dass Robert De Niro italienische oder italo-amerikanische Rollen gespielt hat, die sieben Dekaden des 20. Jahrhunderts abdecken – von den 10er bis in die 80er Jahre hinein.

In NOVECENTO und THE GODFATHER: PART II ist De Niro noch ganz Italiener. In seiner Verantwortungslosigkeit und Verspieltheit als Alfredo Berlinghieri in Bernardo Bertoluccis Film knüpft er direkt an die Rolle des Johnny Boy in MEAN STREETS an. Aber der Part des jungen, verwöhnten Landedelmannes ist schwach und nicht richtig konturiert, was einerseits an der schwierigen Zusammenarbeit zwischen Bertolucci und De Niro gelegen haben mag, wie der Schauspieler später selbst anmerkte, andererseits an dem sehr starken Partner Gérard Depardieu als Olmo, Alfredos Freund seit Kindesbeinen und Landarbeiter. Die Balgereien der beiden und ein gemeinsamer Besuch bei einer Prostituierten

... und Gérard Depardieu in NOVECENTO

zeigen, dass in südeuropäischen Gesellschaften weniger Berührungsängste zwischen Männern bestehen als nördlich der Alpen: Bertolucci inszeniert – durchaus mit dem Anklang von Homosexualität – die rituellen Zärtlichkeiten zwischen ihnen als aus der Kindheit herübergerettete Reminiszenzen an ein leichteres Leben. Als Angehörigen verschiedener sozialer Klassen ist ihnen der physische Kontakt eigentlich verwehrt, als Angehörigen derselben *famiglia*, in diesem Fall der Großfamilie, deren Padrone und Vorarbeiter Alfredos und Olmos Großväter waren, mag er jedoch akzeptabel sein. NOVECENTO ist die perfekte Ergänzung, fast ein Prolog zu allen anderen hier diskutierten Filmen, denn er erzählt von den harten Lebensbedingungen im »alten« Land, von dessen Schönheit, dessen Grausamkeit, von den Verhältnissen, die die Armen zur Emigration zwangen, von den autoritären Strukturen, die ihnen so vertraut waren, dass sie sich in der

Das italo-amerikanische Jahrhundert

De Niro als junger Vito Corleone: ...

Neuen Welt sofort wieder einer *famiglia* anschlossen, dem Paten gehorchten wie früher dem Padrone und es als selbstverständlich hinnahmen, dass man abgeben musste, wenn man selbst existieren wollte.

De Niro in NOVECENTO ist ein unentschlossener, eitler Schwächling, der sich gern als Bohemien gibt, seinen Freund verrät und seine Frau enttäuscht. Der nähert er sich zunächst mit Gewalt und später, so deutet der Film an, gar nicht mehr, jedenfalls ist er ihr gegenüber nicht zu ähnlicher Zärtlichkeit fähig wie gegenüber Olmo. Seinen sadistischen Gutsverwalter (Donald Sutherland in einer ähnlichen Rolle wie später Joe Pesci) lässt er gewähren, und da er zum Selbstmitleid neigt, verliert er nach und nach seine Vitalität. Am Ende, nach dem Zweiten Weltkrieg, ist er mit 45 Jahren ein gebückter, grauhaariger Mann, ein lebender Toter, der nicht weiß, was man einem wie ihm vorwerfen kann: »Ich habe nie jemandem was getan.«

Das kann der junge Vito Corleone in THE GODFATHER: PART II nicht von sich behaupten, und er tut es auch nicht. »Er konnte nicht Marlon Brando als jungen Mann spielen, aber er konnte Vito Corleone als jungen Mann darstellen«, sagte Francis Ford Coppola über Robert De Niro in dieser Rolle. Dabei versuchte De Niro doch ein bisschen, sich Marlon Brandos Stil anzupassen: Die Kopfhaltung, das schwere Gehen, die eher zurückhaltende Gestik, das leise, heisere Sprechen erinnern an Brando in THE GODFATHER (Der Pate; 1972; R: Francis Ford Coppola), obwohl De Niro eine ganz andere Statur hat. Der Handlungsstrang, der von der Jugend des Paten erzählt, setzt 1917 wiederum in Little Italy ein. Als Einwanderer der ersten Generation in einem rein italienischen Viertel spricht Vito im ganzen Film nur acht englische Worte; und seine Weigerung, den »Nachbarschaftstribut« an Don Fanucci zu zahlen, verschafft ihm ringsum Respekt. Nachdem er ihn dann umgebracht hat, avanciert er zum König des Viertels. Er tut das während eines geräuschvollen kirchlichen Straßenfestes, bei dem die Flaggen der alten und der neuen Heimat geschwenkt werden.

Später kann er zurückgehen nach Sizilien und den inzwischen uralten Don Ciccio hinrichten, der 25 Jahre zuvor Vitos ganze Familie niedermetzeln ließ. Diese Begegnung offenbart noch einmal das Rituelle innerhalb der mafiosen Strukturen, wozu merkwürdigerweise auch immer ein Moment von Unberechenbarkeit gehört. Don Ciccio hört und sieht schlecht, wundert sich aber nicht darüber, dass ein junger Mann von jenseits des Ozeans kommt (»Wir liefern Olivenöl an seine Firma«, klärt ihn ein Bediensteter auf), um seinen Segen zu erbitten. De Niro steht da, barhäuptig, mit ehrerbietig gesenktem Kopf und küsst respektvoll die dargebotene Hand. Gleich darauf wird er sein Messer in den dicken Bauch Don Ciccios stechen. Eine alte Rechnung ist beglichen. An der neuen schreibt bereits die nächste Generation.

Respekt

Eine Vokabel, die im Umgang der Mafiosi untereinander, aber auch beispielsweise bei den La-Motta-Brüdern, dem Boxer Jake und seinem Manager Joey (De Niro und Joe Pesci) in RAGING BULL besondere Bedeutung hat, ist »Respekt«. Er wird ständig eingefordert und demonstrativ erwiesen oder verwei-

... Der rituelle Mord in THE GODFATHER: PART II

gert. Ehemänner verlangen ihn von ihren Frauen, wenn die nicht unterwürfig genug sind. Aber die verschiedenen Arten, ihn zu bezeugen, gehören zu den sozialen Ritualen der Mafiosi. Respekt wird etwa erwiesen, indem pünktlich gezahlt wird. Respekt erweisen die Jungen den Alten, indem sie die Ohren ganz dicht an deren Lippen bringen, so dass die schweren Paten sich nicht bewegen müssen. Respekt wird demjenigen erwiesen, der nur eine müde Handbewegung zu machen braucht, um zu erreichen, dass man ihm zuhört. Körperliche Auseinandersetzungen beginnen oft mit der Anschuldigung, der Gegenüber habe nicht genug Respekt gezeigt. Dessen Todesurteil ist damit häufig schon gesprochen.

Dass »Respekt« nicht nur im Slang der afro-amerikanischen Gangsta (»Don't you show me no disrespect, man«) ein Schlüsselwort ist, sondern auch in der Kanaksprak, jener Mischung aus Deutsch und Türkisch und Serbisch und Jugendsprache, die die Migrantenkinder der zweiten und dritten Generation in deutschen Großstädten sprechen (»Mann, Alta, zeig ma'n bisschen Respekt, Mann«), beweist, dass es daran offenbar fehlt. Nicht innerhalb der ethnisch geprägten Subkulturen, sondern ganz zweifellos im Verhältnis zwischen ihnen und den Einwanderungsgesellschaften. Daran scheint sich seit hundert Jahren nichts geändert zu haben. ❑

Gesichter des Verbrechens – De Niro und der Kriminalfilm

Von Sabine Horst

»I do what I do best. I take scores«, sagt Neil McCauley, der Professional in Michael Manns Kriminalfilm HEAT (1995) einmal. Etwas Ähnliches könnte man von Robert De Niro selbst behaupten. Schließlich hat er einen erheblichen Teil seiner Karriere darauf verwendet, die Längen- und Breitengrade des Gangstertums, die Dimensionen des Verbrechens auszumessen. Von frühen Auftritten in BLOODY MAMA (1970; R: Roger Corman) und THE GANG THAT COULDN'T SHOOT STRAIGHT (Wo Gangster um die Ecke knallen; 1971; R: James Goldstone) bis hin zu neuesten Filmen wie, genau, THE SCORE (2000/01; R: Frank Oz) zieht sich die Spur des Unheils; zusammengenommen haben De Niros Leinwandcharaktere mehrfach lebenslänglich abgesessen, und selbst wenn er nicht damit beschäftigt ist, ein Ding zu drehen, ist es ziemlich wahrscheinlich, dass wir ihn in zweifelhafter Gesellschaft finden. Die stilbildende, auratische Wirkung seiner Auftritte als Gangster lässt sich tatsächlich nur mit der von klassischen Genredarstellern wie James Cagney, Paul Muni oder Edward G. Robinson vergleichen: Spätestens die emotional aufgeladenen Close-ups, die Sergio Leones epischen Mafiafilm ONCE UPON A TIME IN AMERICA (Es war einmal in Amerika; 1984) orchestrieren, legten den Gedanken nahe, dass diesem Gesicht mit dem markanten Muttermal, den dunklen Augen und dem scharfen Haaransatz die Semantik des Kriminalfilms schlechthin abzulesen sei. Was De Niros Genrebeitrag auf symptomatische Weise von dem seiner Vorgänger unterscheidet, ist die Breite seines Repertoires. Schon unter dem Etikett des Italogangsters, das ihm anfangs angeheftet wurde, firmieren schließlich so unterschiedliche Figuren wie der bewusstlos plappernde, schier unkontrollierbare Johnny Boy aus MEAN STREETS (Hexenkessel; 1972/73; R: Martin Scorsese) und der beherrschte Vito Corleone in Coppolas THE GODFATHER: PART II (Der Pate – Teil II; 1973/74).

Tatsächlich ist ja auch der Krimi selbst schwer auf eine Formel zu bringen. Zu seiner Definition lässt sich im Grunde nur sagen, dass er im weitesten Sinne vom Verbrechen handelt, sein Sujet die Überschreitung einer Grenze ist, die das Gesetz, die je aktuelle Rechtsnorm der bürgerlichen Gesellschaft, vorgibt. Als eminent zeitgenössisches Genre reagiert der Kriminalfilm auf jede Verschiebung im Wertgefüge dieser Gesellschaft, er ist ständig in Bewegung und hat im Laufe seiner Geschichte ein ungeheures Korpus an variationsfähigen Themen, Schauplätzen und Motiven hervorgebracht. Sprach der klassische Krimi noch von der Lust an der Aufklärung, der Durchdringung der Welt durch den überlegenen Intellekt des Detektivs, oder vom Heroismus des Gangsters, der sich selbst ermächtigt, das Gesetz zu missachten, so neigt der moderne Kriminalfilm dazu, die Handlungen des Einzelnen als fremdbestimmt zu beschreiben; er verlagert den Fokus vom Individuum auf das Koordinatensystem, die Eigentums- und Machtstrukturen, innerhalb dessen es handelt. Die Gefühlskälte des Professionals, die Gesichtslosigkeit des organisierten Verbrechens, die Tristesse des mittelständischen Gangsterlebens finden sich gespiegelt in den formalen Entscheidungen jüngerer Genrefilme: den scheinbar verselbstständigten, furchtbar smarten Bewegungen der Kamera in GOODFELLAS (1989/90; R: Martin Scorsese) oder CASINO (1995; R: Martin Scorsese), den erstarrten Architekturen von Michael Manns HEAT, den lachhaften Übertreibungen von CAPE FEAR (Kap der Angst; 1991; R: Martin Scorsese), den artifiziellen, überdeterminierten Erzählungen Coppolas und Leones. Sie finden sich aber auch in De Niros Entwicklung vom nervösen Johnny Boy über den in Melancholie versteinerten jüdischen Racketeer Noodles bis zu dem pedantischen CASINO-Manager »Ace« Rothstein, der die Blaubeeren in den von seinem Restaurant servierten Muffins zählt, und dessen Ego sich irgendwie in die Revers seiner flamingo- und swimmingpoolfarbenen Jacketts verkrümelt

Robert De Niro — Gesichter des Verbrechens

Breite des Repertoires: MEAN STREETS, THE GODFATHER: PART II, ONCE UPON A TIME IN AMERICA, THE UNTOUCHABLES (linke Spalte); GOODFELLAS, HEAT, JACKIE BROWN, THE SCORE

zu haben scheint. Richard Dyers These, dass Stars »typische«, sozial, kulturell, historisch konstruierte Arten des »Benehmens, Fühlens und Denkens in der zeitgenössischen Gesellschaft« repräsentieren, dass sie ausdrücken, was es heißt, unter bestimmten Bedingungen ein Individuum zu sein [1], könnte bezogen auf Robert De Niro zu Nachdenklichkeit Anlass geben. Der emblematische Filmstar unserer Zeit ist einer, dessen Bereitschaft, sich den verschiedensten Charakteren anzuverwandeln, auf beinahe unheimliche Art mit der Entwicklung eines Genres korrespondiert, das seine Bilder für den Zustand unserer Gesellschaft in den sich wandelnden Gesichtern des Verbrechens sucht.

Der Sound der Straße

De Niros markantester früher Auftritt als Gangster folgt noch weitgehend dem Paradigma, das sich in den 50ern mit den neurotischen Anti-Helden wie Marlon Brando und James Dean herausgebildet hatte. Zwar unterwarf das New Hollywood das Genresystem einer Revision und lancierte offenere, auf die Präsentation von Charakteren und Milieus zielende Erzählformen; der Schauspieler wurde in diesem Zusammenhang zum Teil eines künstlerischen Kollektivs oder gar zum Koautor der Produktionen, in denen er mitwirkte. Die Darstellungsweise selbst aber war im Wesentlichen eine Weiterentwicklung des Method Acting, wie es sich im Umfeld von Lee Strasbergs 1947 gegründetem Actor's Studio herausgebildet hatte. Im New Hollywood wurde der ursprünglich theatralische Stil, der von der kontrollierten Reaktivierung realer Emotionen im Schauspiel ausgeht und die Arbeit des Darstellers in psychoanalytischen Kategorien fasst, zunehmend mit Idiomen des Alltags, dem Sound der Straße angereichert. Bis zu dem Punkt, an dem es, wie in MEAN STREETS, scheint, als redeten die Charaktere auf der Leinwand gar nicht mehr, um vom Publikum verstanden zu werden.

In Scorseses erster kommerzieller Arbeit hat sich das Verbrechen zu einem allgegenwärtigen Hintergrundrauschen ausgewachsen; es ist für die Hauptfiguren – die sich selbst wohl kaum als kriminell bezeichnen würden – ein Teil des

Johnny Boy in MEAN STREETS

Alltags zwischen Spielen, Trinken, Herumhängen, eine Erfahrung, die sich von Normalität nicht trennen lässt. Der Koautor Mardik Martin hat bemerkt, das Skript zu MEAN STREETS sei praktisch im Auto entstanden, in der New Yorker Nachbarschaft, »wo immer gerade ein Parkplatz frei war« [2]. Und obwohl natürlich auch dieser Film vom Genre überformt ist – schon beim Titel handelt es sich schließlich um ein Chandler-Zitat –, hat er sich einen rauen, unmittelbaren Charakter bewahrt: MEAN STREETS wirkt streckenweise wie das Home-Movie der Szene – und tatsächlich heißt es, der Film gehöre neben dem PATEN zu den Favoriten der real existierenden *wiseguys*. Das authentische Moment der Geschichte wird vom gesamten Ensemble durch naturalistische Mittel gestützt, aber es ist De Niro, der sich die Nägel beißt und – gleich bei seinem ersten Treffen mit Harvey Keitels Charlie – improvisiert, als würde er pro Zeile

Vito Corleone in
THE GODFATHER: PART II

bezahlt. Selten ist ein Schauspieler mit so viel Verve ins Kino geplatzt. Doch der Schatten Brandos hing bedrohlich über dem jungen De Niro; der Kritiker Foster Hirsch etwa bezeichnete seine Vorstellung als »imitative« [3].

Das naturalistische Moment und die emphatische, auf den ersten Blick immer virtuose Variante der *method*-Praxis prägen das amerikanische Kino immer noch. Ein zweiter Entwicklungsstrang in der Geschichte des Stars und der Schauspielkunst sollte sich allerdings als folgenreicher erweisen. Die seit den 60ern vorherrschende, zunächst mit Regisseuren wie Kubrick und Altman verbundene Tendenz zur Selbstreflexivität im Genrefilm ging einher mit dem, was Fredric Jameson plastisch als »Tod des Subjekts« in der Institution des Stars beschrieben hat – ein Verlust von Persönlichkeit in der Erscheinung des Schauspielers, der die Leinwand öffnet für »ein Spiel mit historischen Allusionen auf sehr viel älterer Parts [...], so dass der schiere Schauspielstil als Konnotationssystem für die Vergangenheit dienen kann« [4]. De Niro, der sich zwar weigert, die Funktionen eines Stars zu erfüllen, vom Publikum aber dazu gemacht wurde, hat diesen Prozess eingeleitet und wesentlich bestimmt. Dass er so beharrlich mit der Methode identifiziert wird, hat vielleicht weniger mit dem zu tun, was auf der Leinwand zu sehen ist, als mit dem Wissen darüber, wie seine Performances zustande kommen. Tatsächlich sagt De Niros Arbeitsweise, seine Form der Versenkung in das Milieu oder den soziokulturellen Hintergrund einer Fabel – die nicht einmal dem Method Acting eigentümlich ist: Auch im brechtschen Theater kann es nicht schaden, wenn einer, der einen Busfahrer spielt, weiß, wo beim Bus die Schaltung sitzt –, noch nichts über die Konstruktion der jeweiligen Filmfiguren aus. Lee Strasberg etwa hat die Methode ausdrücklich als eine Form des Trainings verstanden, die unterschiedliche stilistische Optionen zulässt. Mit De Niros Auftritten in THE GODFATHER: PART II und ONCE UPON A TIME IN AMERICA, den ambitioniertesten retrospektiven Kriminalfilmen der 70er und 80er, wird jene Flexibilität sichtbar, die ihn für das moderne Projekt der Inventarisierung, Kommentierung und Reflexion des Genrekinos in besonderem Maße prädestiniert hat.

Im Herzen des Mobstertums

Auf der Präsentation des jungen Vito Corleone lasten praktisch die gesamten historischen und genre-immanenten Bezüge der GODFATHER-Trilogie. Coppola hat den Mafioso der ersten Einwanderergeneration nachträglich zum Vater aller Filmgangster gemacht, in einer schwindelerregenden Konstruktion, die das zentrale mythologische Modell des amerikanischen Kriminalkinos, das organisierte Verbrechen als Bild für den kapitalistischen Verteilungskampf und die Akkumulation der großen amerikanischen Vermögen, auf beinahe phantasmatische Weise neu belebt.

Oberflächlich betrachtet, war THE GODFATHER: PART II die Produktion, die De Niro als Kronprinzen der *method-*

Dynastie installierte. Mit der Erinnerung an Marlon Brandos gealterten Paten befrachtet, mit Al Pacino als Hauptdarsteller und dem von ihm verehrten Lee Strasberg in einer weiteren tragenden Rolle, scheint der Film geradezu eine Hommage an die Lehre zu sein. De Niro, an dem der Part des Sonny im ersten PATEN vorbeigegangen war, stand denn auch *in line* – und bereitete sich mit der typischen Gründlichkeit vor, indem er nach Sizilien reiste, um den Dialekt zu lernen. Die Rolle des Vito Corleone stellte indes kein psychologisches Problem dar, sondern, wie De Niro bemerkte, ein »mathematisches« – es handelte sich um eine dieser Aufgaben, »bei denen man das Ergebnis hat und versucht, den Anfang passend zu machen« [5]. Zweifellos verdanken sich viele Züge seiner Darstellung dem Vorbild, das Brando geliefert hatte – von der tiefer gelegten Stimme bis zum raumgreifenden Charakter mancher an den Habitus eines älteren und schwereren Mannes angelehnten Bewegungen: zum Beispiel, wenn der junge Vito seinen Erstgeborenen Santino aus der Wiege hebt, als befürchte er, ihn zu beschädigen. Darüber hinaus aber lässt die Vorstellung der »Mathematik« etwas von dem vermittelten, artifiziellen Charakter des Parts ahnen.

Den Stil für die Rückblenden im zweiten GODFATHER-Film prägt die Theateraufführung – ein billiges kleines Melodram –, bei deren Besuch Vito zum ersten Mal auf seinen späteren Kontrahenten Fanucci aufmerksam wird. Die historischen Passagen des Films haben insgesamt etwas Theatralisches, sie wirken mit Bedacht *staged*, inszeniert, und anders als im Original, anders auch als im Handlungsstrang um den älteren Michael, der reichlich mit Nahaufnahmen bedacht wird, bleibt die Kamera hier meist auf Distanz. Der Effekt wird von De Niros beherrschter, auf mehreren Ebenen operierender Performance unterstrichen. Den gleichen sprechenden Gesten, die bei Brando noch charakteristisch, vital, gelegentlich anrührend und insgesamt identifikatorisch wirkten, gibt der Jüngere etwas Studiertes, eine Ahnung von Leblosigkeit, die gerade im Kontext des bühnenhaften Charakters der Rückblenden weniger an den mit dem Method Acting assoziierten emotionalen Überdruck denken lässt als an die im 19. Jahrhundert gängigen dramatischen Lehrbücher, in

THE GODFATHER: PART II

Robert De Niro   **Im Herzen des Mobstertums**

Gesichter des Verbrechens

George Raft

denen jede Bewegung des Schauspielers katalogisiert und mit einer festgelegten Bedeutung ausgestattet war: Tippt Vito sich an die Stirn, so heißt das unweigerlich »I won't forget it«, erhebt er die Hand, drücken sich darin »Stärke, Kraft und Macht« aus. Der Machismo des Mobsters, seine Gewalttätigkeit, familiäre Autorität und trügerische Jovialität sind durch diese Formalisierung schon darstellerisch als etwas Tradiertes gekennzeichnet: eine Kultur, die sich buchstäblich in den Körper eingeschrieben hat, die dem Mann in den Knochen steckt. Der britische Autor David Prothero hat nicht umsonst die *ghostliness* in De Niros Auftritten als Schlüssel zu den GODFATHER-Filmen bezeichnet [6]: Sie färbt auf die Interpretation von Brandos und Pacinos Parts ab; indem sie die Persönlichkeitsdefizite der beiden Paten gewissermaßen an der Basis, in ungemilderter Form vorführt, gibt sie Coppolas Perspektive ihre epische Dimension und korrigiert die glamouröse Note nicht nur des ersten Films, sondern womöglich des gesamten Subgenres, wie es sich bis dahin dargestellt hatte. Das mafiose Milieu wird hier, wie der Regisseur selbst einmal bemerkt hat, endgültig zur Metapher für Amerika.

Mit den GODFATHER-Filmen war über die Genese des organisierten Verbrechens und den Gangster als Selfmademan das Wesentliche gesagt, hatte sich der historisierende Mafiafilm als Modell für eine von Korruption und mühsam camouflierter Gewalt geprägte Politik weitgehend erschöpft. Sergio Leones zehn Jahre nach dem zweiten GODFATHER entstandenes Epos ONCE UPON A TIME IN AMERICA geht denn auch einen anderen Weg. Im Unterschied zu Coppola konnte Leone mit einem Hauptdarsteller rechnen, dessen Star-Persona bereits voll ausgeprägt war, und er nutzt De Niros Charisma dazu, die Konstruktion der GODFATHER-Fortsetzung umzukehren. Fungierte De Niros Technik bei Coppola als Verweissystem, erschien seine Figur als Abstraktion, so sorgen die auffälligen, wiederkehrenden Nahaufnahmen des Schauspielers in ONCE UPON A TIME IN AMERICA im Gegenteil für Momente der Intimität und Introspektion, wie sie kaum ein anderer Gangsterfilm hat. Mit der etwas vordergründigen Wucht seiner historischen Tableaus mag der Film zunächst an eine bloße Stilübung denken lassen.

Noodles in ONCE UPON A TIME IN AMERICA

Robert De Niro Im Herzen des Mobstertums

Mehr als wir sehen dürften: ...

Dazu passt De Niros Erscheinung in den Rückblenden, in der Totalen oder Halbtotalen. Im schwarzen Anzug oder voluminösen Mantel, mit seinen zurückgestrichenen, gescheitelten Haaren, schmalen Lippen und umflorten Augen evoziert sein Noodles überdeutlich die Erinnerung an die streetsmarten Prohibitionsgangster der klassischen Ära – der Maskenbildner hat ihn praktisch zum Wiedergänger von George Raft gemacht.

Doch mit der Verlegung der Handlung aus dem italo-amerikanischen ins jüdische Milieu und der Verschiebung des Fokus von der mafiosen Geschäftspraxis auf die kriminellen Charaktere und ihre Beziehungen fügt ONCE UPON A TIME IN AMERICA dem desillusionierenden Bild des Gangsters neue Aspekte hinzu. Ein zentraler thematischer Komplex beschäftigt sich mit jener Korrelation von Gewalt, *homosocial desire* und Misogynie, die das Genre seit den Zeiten von LITTLE CAESAR (Der kleine Cäsar; 1930; R: Mervyn LeRoy) und THE PUBLIC ENEMY (Der öffentliche Feind; 1931; R: William A. Wellman) begleitet, aber selten so beharrlich und präzise ausgeleuchtet wurde wie hier. Wir befinden uns in einer Gesellschaft, in der Morde an Frauen lässlich erscheinen, in der Prostitution das normale Verhältnis zwischen den Geschlechtern darstellt, und deren prominentester Repräsentant im Film zwei Vergewaltigungen begeht. Was diesen Tatbestand noch beunruhigender macht, ist die moralische Ambiguität, mit der De Niro – befreit aus dem Drahtverhau klischeeisierter »latinischer« Macho-Gesten – die Figur des Noodles ausstattet. In seinem Gesicht sehen wir immer etwas mehr, als wir, ginge es nach den Regeln des maskulinen Codes, eigentlich sehen dürften. Zum Beispiel, als er dem Zug nachschaut, mit dem Deborah (Elizabeth McGovern) nach dem Rendezvous, bei dem sie von Noodles in einer Limousine vergewaltigt wurde, die Stadt verlässt. Sein Blick ist zunächst unemotional, eher von oben herab, vielleicht mischt sich ein wenig Arroganz darin. Am Ende der Einstellung wendet er sich von der Kamera ab, streicht sich über den Mund und geht. All das, zumal die Geste des Wegwischens, bewegt sich im Rahmen dessen, was von einem Mann erwartet werden kann, der von sich sagt, der »Gestank der Straße« verschaffe ihm einen *hard-on*. Aber dazwischen sind für einen kurzen Moment De Niros Augen feucht und sein Ausdruck weich geworden – und dieses Dazwischen macht einen erheblichen Unterschied. In den Close-ups seines Stars etabliert der von Gesichtern so besessene Leone eine fragwürdige Komplizenschaft zwischen dem Zuschauer und einem Helden, dessen Gewalttätigkeit keiner unpersönlichen, geschäftlichen Logik mehr zu folgen scheint, sondern pathologisch und unkalkulierbar geworden ist, ein schierer Ausdruck emotionaler Verkrüppelung.

Mit seinen von einer wiederum sehr überlegten, zurückhaltenden Performance De Niros gestützten »psychosexuellen« Anmerkungen zum mythologischen Modell gibt der europäische Auteur Leone dem Mafiafilm den Abschied. Der gealterte Noodles streift wie aus der Zeit geworfen durch eine Stadtlandschaft, die einmal von seinesgleichen beherrscht wurde, die Straße stinkt nach dem Müll, mit dem – mutmaßlich – die Leiche von Max beseitigt wird. Und in der letzten Einstellung, wenn sich De Niros ureigenes, unverwechselbares Grinsen auf der Leinwand breit macht, scheint sich der Film selbst zu

... De Niro in ONCE UPON A TIME IN AMERICA

dementieren. War alles ein Traum des Opiumberauschten? Oder herrscht dort, wo Noodles uns hingeführt hat, im Innern des Mobstertums, einfach nur eine schreckliche Leere?

Blut und Polyester

Für das Gangsterkino führte der Weg seit den 80ern jedenfalls unaufhaltsam ins Reich des Uneigentlichen, Komischen oder Pittoresken; die Schulterpolster wurden immer breiter, die Geschichten schmaler. Brian De Palmas UNTOUCHABLES (1987) markieren sinnfällig den Umschlag von der Genrereflexion ins reine Pastiche, und es ist nach den prononcierten Auftritten bei Coppola und Leone nur folgerichtig, dass De Niro hier wieder auftaucht, in Gestalt einer der beziehungsreichsten Figuren, die der Mafiafilm überliefert hat. De Niro hat sich nach eigener Auskunft darum bemüht, eine originelle Al-Capone-Version anzubieten – er habe sich absichtlich keinen der alten Filme noch einmal angesehen, gab er zu Protokoll. Aber wenn es sich bei seiner Rollenarbeit – inklusive »method eating«, aufwändiger Maskierung und einer von der Presse breitgetretenen Jagd auf die authentischen Caponeschen Seidenunterhosen – um den Versuch gehandelt hat, eine Form von Echtheit herzustellen, dann ist er fehlgeschlagen: Die naturalistischen Details summieren sich ironischerweise zu einem vollkommen stilisierten, konstruierten Bild. Der Capone der UNTOUCHABLES, dem die Zigarre wie angeklebt von den Lippen hängt, der mit dem Baseballschläger mordet und in der Oper Tränen vergießt, wirkt wie ein postmodernes Möbelstück: Man fragt sich beständig, wo man diesen Schnörkel und jenes Dekor schon mal gesehen hat, ohne dass man je drauf käme. Tatsächlich hat man auch keine Chance, es herauszufinden, denn De Niros Capone bewegt sich, wie der Film selbst mit seinem von Giorgio Armani zugeschnittenen Retro-Look, in einem ahistorischen, unkonkreten Raum: Es geht nicht darum, eine Ära zu rekonstruieren oder gar die Gegenwart durch den Spiegel der Vergangenheit zu betrachten, es geht vielmehr um den Gefühlswert einzelner Szenen. Dabei kann freilich zugestanden werden, dass De Niros Auftritte den

Rahmen des Pastiches gelegentlich sprengen: Wenn er seine aus Merksätzen bestehenden Monologe durch schnittige Bewegungen der perfekt maniküren Zeigefinger verstärkt, wenn er wie eine Diva mit Sonnenbrille in einer Hotellobby erscheint oder im Gerichtssaal, von seiner Entourage mühsam zurückgehalten, in einem Wutanfall mit den Beinen strampelt, scheint die Grenze zur Parodie erreicht – dieser Al Capone ist der letzte seiner Art.

Figuren wie der aggressionsgestörte Boss in ANALYZE THIS (Reine Nervensache; 1999; R: Harold Ramis) oder der dem B-Picture entliehene Ex-Sträfling in JACKIE BROWN (1997; R: Quentin Tarantino) zeigen die Branche vollends abgewirtschaftet. Auch wenn sie beide hübsche Annotate zum Stil der frühen Jahre sind: In ANALYZE THIS ist die stakkatohafte, musikalische Sprache des Italogangsters zum heillosen Psycho-Gelaber heruntergekommen, und bei Tarantino macht De Niro ernst mit der Vorstellung von der Unfähigkeit des Mannes zur Kommunikation, jenem »gestrigen all-amerikanischen Konzept« [7], das John Wayne und James Dean, De Niros *Taxi Driver* und Forrest Gump vereint. Louis in JACKIE BROWN ist tatsächlich ein Monument der Einfalt, und es ist nichts Heiliges an ihm. Dass es trotzdem Spaß macht, ihm zuzusehen, liegt daran, dass die Rolle – die bei jedem anderen vermutlich als *underwritten* auffallen würde – De Niro Gelegenheit gibt, das schauspielerische Versprechen des Klischees von der Sprachlosigkeit einzulösen: Hier muss tatsächlich alles mit einem Blick gesagt sein.

In der weiteren Zusammenarbeit mit Scorsese, in den verwandten Mobsterfilmen GOODFELLAS und CASINO, wird die Krise des Gen-

Der letzte seiner Art: Al Capone wird in der Oper über den Mordanschlag auf einen seiner Verfolger informiert

res, die Unmöglichkeit, den Mythos fortzuspinnen, im quasi-dokumentarischen Gestus der Erzählungen und im Rückgriff auf identifizierbare Biografien, auf belegtes Material sichtbar. Die Drehbücher beider Filme beruhen auf Recherchen des Journalisten Nicholas Pileggi, und ihre spekulativen Momente halten sich durchaus in Grenzen. Pileggis Bestseller *Wiseguy* – Scorsese und Pileggi mussten sich fürs Kino auf einen neuen Titel einigen, weil es einen gleichnamigen Film bereits gab –, die Geschichte eines gewendeten Insiders, erschien zu einer Zeit, da über die Betriebsverfassung des organisierten Verbrechens ohnehin eine Menge neuer Informationen in Umlauf waren. So warf etwa eine spektakuläre Abhöraktion des FBI, das Anfang der 80er »Big Paul« Castellano, dem Boss der New Yorker Gambino-Familie, in seiner Küche auf Staten Island Gesellschaft geleistet hatte, ein Licht auf die Spießigkeit und Trivialität des Lebens in der Mafia. CASINO wiederum folgt den Spuren des Chicagoer Wettprofis Frank »Lefty« Rosenthal, der von der Mafia nach Las Vegas geschickt wurde, um das berühmte Stardust-Casino zu leiten – im Gefolge einen debilen Hitman namens Jimmy »The Ant« Spilotro, der sich in Joe Pescis Nick Santoro reinkarniert hat und den Film um eine denkwürdige Sterbeszene bereichert.

GOODFELLAS und CASINO leben, darin sind sie MEAN STREETS nicht unähnlich, von der Leidenschaft, mit der sie die Interna des Milieus ausbreiten: Wir lernen hier, dass man als Mafioso auf keinen Fall Kunde einer Telefongesellschaft werden darf, sondern seine Anrufe im Café erledigt, wir können uns mit einem Jargon vertraut machen, in dem *to make a place ready* heißt, jemandem ein Grab zu schaufeln, und wir erfahren etwas über die Praxis des *skimming*, der illegalen Gewinnabschöpfung, die jahrzehntelang das bestgehütete öffentliche Geheimnis des Spielbetriebs in Nevada war. Bezeichnend für die beiden Filme ist, dass sie auf der Ebene der Charakterpräsentation kein Zentrum haben, dass keine der Figuren auch nur annähernd so plastisch und individuell gezeichnet ist wie Charlie und Johnny Boy. Die Aura des Gangsters ist dahin, was wir sehen, sind Gorillas in uniformen Polyesterpullis und Dons, die ihre Geschäfte vom

Jimmy Conway in GOODFELLAS

Hinterzimmer eines Gemüseladens aus leiten, Männer, die so sehr damit beschäftigt sind, Lastwagen umzuladen, Termine wahrzunehmen und nicht umgebracht zu werden, dass es scheint, als hielten nicht sie den Betrieb, sondern der Betrieb sie am Laufen. »Diese Typen«, sagte Scorsese im Interview mit Mary Pat Kelly, »verdienen ihr Geld gar nicht so leicht. Ich habe in meinen Filmen versucht zu zeigen, dass sie mehr arbeiten, als sie es in einem Neun-bis-fünf-Uhr-Job müssten. Und viele Leute, die legal arbeiten, verdienen mehr.« [8] Die Exzentrizität, die Joe Pesci in seinen korrespondierenden Parts entwickelt, dient nur dazu, den Befund zu akzentuieren: Weil sie mehr Geräusch als Geld machen, werden Tommy und Nick schließlich ausgeschaltet.

Für De Niro begann mit den beiden Filmen eine Phase des *underplaying* und der Ensemblearbeit. In GOODFELLAS führt er zwar die Besetzungsliste an, ordnet sich seinen

Gesichter des Verbrechens

Das Lachen ist zu grell: De Niro mit Ray Liotta und Joe Pesci in GOODFELLAS

Kostars aber bereitwillig unter. Anders als Ray Liottas Henry Hill, der keinen Charakter braucht, und Pescis Tommy, der so exaltiert und grobschlächtig daherkommt, leidet De Niros Figur unter einer gewissen Inkohärenz. Jimmy »The Gent« Conway steht noch mit einem Fuß im alten System. Der Auszubildende Henry schaut zu dem gut gekleideten, vergleichsweise überlegten irischen Gangster wie zu einem Idol auf, und immerhin ist Conway später derjenige, der den spektakulärsten Coup der Geschichte, einen Sechs-Millionen-Dollar-Griff in die Kasse der Lufthansa, durchführt. Aber es fällt zunehmend schwer, das Image des Mobsters mit Stil aufrechtzuerhalten, vor allem, wenn man sich unter Neandertalern bewegt, die, sagen wir, heißes Geld sofort in Pelzmäntel und auffällige Autos umsetzen. Bei genauem Hinsehen vermittelt De Niros Jimmy das Bild eines Mannes, der seiner selbst nicht ganz sicher ist: Seine Outfits wirken stets etwas zu pedantisch, sein Lachen ist zu grell, seine Ausbrüche haben etwas Fingiertes – als ob er auf das Zeichen des Regisseurs gewartet hätte. So deutet sich, wenn auch verhalten, ein Thema an, das De Niros Krimifiguren aus dem historisch-mythologischen Raum in die Gegenwart befördert: das der sozialen Performanz, des Rollenspiels.

Der Schatten eines Gangsters

Schließlich ist Gangstersein auch nur ein Job, und der Gedanke, dass der Verbrecher keineswegs außerhalb jeder Ordnung steht, sondern als Professional in einem System von Zwängen gefangen ist, das bei den Umgangsformen anfängt und beim Verzicht auf romantische Beziehungen noch lange nicht aufhört, lag dem Genre nie ganz fern. De Niros merkwürdig unscheinbare, aber keineswegs konzeptlose Vorstellung in CASINO wird geradezu beherrscht vom Motiv der Camouflage. Die Aufgabe von Sam »Ace« Rothstein als *frontman* des »Tangiers« besteht schließlich darin, das von der Mafia betriebene Haus öffentlich zu repräsentieren und zu vertuschen, dass ein Großteil der Einnahmen direkt an die Bosse geht. Weil er einerseits eine kriminelle Vergangenheit hat, die seinem Anschluss ans städtische Establishment im Wege steht, andererseits aber auch nicht wirklich zur »Familie« gehört, gerät Rothstein in Schwierigkeiten. Seine ganze Existenz wird zu einem *act* – »John Barrymore« ist die Referenz, die Nick Santoro zu Sams Auftritt im seidenen Hausmantel einfällt –, alles, womit er sich umgibt, ist nur dazu da, einen bestimmten Lebensstil zu annoncieren, bis hin zu der Frau, die er zusammen mit den passenden Accessoires einkauft.

Kein Wunder, dass er gestresst wirkt, dass er sich kontrolliert und unwohl zu fühlen scheint. Zwar kopiert der jüdische Aufsteiger die machistischen Gesten der Italogangster, deren Marionette er ist. Aber von jenem Übermaß an physischer Energie, das De Niros frühe Krimicharaktere auszeichnete, ist nichts mehr zu spüren: Er spielt die Figur mit angelegten Ohren. Oder, richtiger, Armen, denn die behält er krampfhaft bei sich, die Ellbogen am Oberkörper, in der Hand die Zigarette, ohne die er offenbar gar nichts mit sich anzufangen wüsste. Seine auffallenden Anzüge trägt Rothstein nicht mit dem Aplomb, den die Mafiosi der klassischen Ära oder der Nostalgiewelle an den Tag legten; die Lust des Gangsters an seinen neuen Kleidern ist dem verzweifelten Kampf mit einem imaginären Dresscode gewichen. Der Casino-Chef zupft dauernd an seinen Krawatten herum und setzt sich in Boxershorts an den Schreibtisch, um zu vermeiden, dass seine Hosen Falten bekommen. Die Position der Figur in einem Film, der nicht ganz auf der Höhe seines Materials ist und die schon immer unauflösbaren, komplexen Interaktionen zwischen mafiosem und legalem Business nicht ohne Wehmut als Ablösung eines Systems durch ein anderes fasst, ist eine transitorische. Obwohl Rothstein sich über die Umwidmung der Casinos zu Vergnügungsparks mokiert, ist

Gesichter des Verbrechens

Sam »Ace« Rothstein in CASINO

er bereits ein Vorbote der unglamourösen, von Controlling-Spezialisten und Developern beherrschten Gegenwart. Den Job als outgesourcter Tele-Arbeiter, der ihm am Ende bleibt, hat er verdient.

Michael Manns Krimi HEAT, der als klassisches Caper Movie, als Film über einen akribisch geplanten Raubüberfall, in einer anderen Tradition steht, stellt noch deutlicher die Frage nach der *performance* des Gangsters – ein Begriff, der im Englischen ja nicht nur die Vorstellung oder Aufführung bezeichnet, sondern auch allgemeiner das Werk und im technischen Sinn die Leistungsfähigkeit. Laden Caper Movies den Zuschauer immer dazu ein, die handwerkliche Qualität verbrecherischer Arbeit zu beurteilen – mit manchmal niederschmetterndem Ergebnis, wenn man an Tarantinos RESERVOIR DOGS (1992) denkt –, so erscheint dieser Aspekt in HEAT verstärkt durch die Perspektive des von Al Pacino gespielten Cops. Vincent Hanna, ein bekennender Fan der Kunst McCauleys, verfolgt den Kriminellen mit einer morbiden Faszination und versucht buchstäblich, ihn ans Licht zu zwingen. Noch der letzte Kampf der beiden, am Rollfeld des Flughafens, das rhythmisch von Scheinwerfern beleuchtet wird, ist von diesem Motiv beherrscht. Dass es schließlich bloß der Schatten des Gangsters ist, der Hannas tödlichen Schüssen die Richtung weist, akzentuiert eine Opposition, die den Film inhaltlich strukturiert, vor allem aber auch seiner zentralen Besetzungsentscheidung eine besondere Note gibt. Für Vincent Hanna ist jeder Tatort »die Bühne für eine Performance fast dandyhaft gespreizter, affektierter maskuliner Professionalität« [9] – McCauley dagegen versucht, sich dem Blick, der Aufmerksamkeit zu entziehen. Und was zunächst nur wie eine geniale Marketingstrategie wirkt, die Idee, die beiden prominentesten Repräsentanten des populärsten amerikanischen Schauspielstils in ein Duell zu verstricken, wird zu einer Reflexion darstellerischer Zeichen.

Pacino vertritt in diesem Zusammenhang die alte Schule der dramatischen Exaltation – seine Vorstellung ist ein schlagender Beleg für Susan Sontags Verdacht, dass das Method Acting eine innere Affinität zum Camp, zum Stilisierten und Manierierten hat. Pacinos Hanna spricht nicht, sondern rhapsodiert, er geht nicht, sondern tänzelt, er zelebriert seine Wutausbrüche. Und mischt er sich, im teuren Anzug, mit auffälligem Schmuck behängt, unter die kriminelle Szene, dann drängt sich das Gefühl auf, dass er dem Gangstertum, wie es uns das Kino üblicherweise präsentiert, näher steht als De Niros McCauley, der jedes klassifizierbare Merkmal aus seinem Erscheinungsbild getilgt hat und die eigene Haut so wenig zu bewohnen scheint wie sein unmöbliertes, blank gefegtes Haus am Meer. Diese Gegensätzlichkeit der Figuren zieht sich bis hinein in die Details der Darstellung. Wenn Pacino in der berühmten Szene im Café zur Seite blickt, so sind das jene emotional aufgeladenen Blicke, mit denen Method Actors seit Brando die Betroffenheit, Verzweiflung oder Verunsicherung eines Charakters, das Versagen der Sprache markieren. Blickt De Niro zur Seite, so ist es, als gucke er gerade mal auf die Uhr an der Wand – man könnte diese Nahaufnahmen, wie die von James Stewart in einem viel zitierten Beispiel aus REAR WINDOW (Das Fenster zum Hof; 1953; R: Alfred Hitchcock), in einen beliebigen anderen Zusammenhang einbauen. McCauley wirkt ein wenig abwesend, schließlich sogar schwach amüsiert, ein viel beschäftigter Geschäftsmann eben, der seinem Verhandlungspartner gerade genug an die Hand gibt, um nicht unverbindlich zu erscheinen, sich aber auf die fatalistische Stimmung, die der andere verbreitet, nicht wirklich einlässt: »You see me doing thrill-seeking holdups with a ›Born to lose‹ tattoo on my chest?«

Dabei ist dieser Professional keineswegs unterkühlt; anders als die wirklich großen Einsamen des Kriminalkinos, die Hitmen in Filmen wie THIS GUN FOR HIRE (Die Narbenhand; 1942; R: Frank Tuttle) oder LE SAMOURAI (Der eiskalte Engel; 1967; R: Jean-Pierre Melville), unterhält er eine familiäre Beziehung zu den Mitgliedern seiner Gang, und er ist, in der Romanze mit Eady (Amy Brenneman), durchaus in

Gesichter des Verbrechens   film:12

Ein wenig abwesend: ...

Robert De Niro

Der Schatten eines Gangsters

... De Niro mit Al Pacino in HEAT

der Lage, Gefühl zu zeigen. Indem er die Extreme meidet, versetzt De Niro seinen Charakter in einen Schwebezustand und eröffnet ihm Lesarten, die über die gesammelten Genreklischees des Films – die subkutane Verbindung zwischen Cop und Verbrecher, die Männerehe, die Passioniertheit des Profitums, die Unausweichlichkeit der Konfrontation – hinausweisen. In ihrer Vagheit, die den überhitzten Stil Pacinos so auffällig kontrastiert, legt De Niros Vorstellung den Verdacht nahe, dass alles auch ganz anders hätte kommen können. So ist in der entscheidenden Sequenz mit Eady im Fluchtwagen zwar sichtbar, dass es in McCauley arbeitet. Wie viel Leidenschaft hinter dem Impuls steckt, einen Umweg zu nehmen und seine »letzte offene Rechnung« zu begleichen, lässt sich freilich kaum feststellen – die Dramatik des Augenblicks ergibt sich eher aus der suggestiven Inszenierung als aus den nahezu mikroskopischen Verschiebungen in De Niros Ausdruck. »There is time«, versichert McCauley der besorgten Eady. Und dazu kann man eigentlich nur sagen, dass einer wie er es besser hätte wissen müssen. Dann wäre der Schatten des Gangsters am Ende vielleicht auf einen gepflegten Rasen in Miami gefallen – keine ganz undenkbare Vorstellung in einer Gesellschaft, in der die wahren Gangster ohnehin nicht mehr auf der Straße zu finden sind, sondern wie der Businessmensch Van Zandt, in dessen Auftrag McCauleys Truppe zuerst tätig wird, per Mausklick am Computer Millionen verschieben.

Meta-acting

Der Farblosigkeit des modernen Verbrechens tragen die Performances Rechnung, die De Niro in klassisch anmutenden, handwerklich ausgefeilten Kriminalfilmen wie HEAT, RONIN (1998; R: John Frankenheimer) und zuletzt THE SCORE gegeben hat. In ihrer Zurückhaltung, Distanz und kalkulierten Unbestimmtheit sind sie durchaus auf der Höhe der Zeit. Schließlich ist, was einmal den Appeal des Gangsters ausmachte, seine Flamboyanz, Energie, Unberechenbarkeit und Bedrohlichkeit, längst an eine andere Subspezies übergegangen: an die mörderischen Psychopathen

Mit Val Kilmer in HEAT

Mit Jean Reno in RONIN

Mit Angelina Bassett in THE SCORE

des neueren Thrillers, deren massenhaftes Vorkommen in der populären Kultur schon rechnerisch in bezeichnendem Missverhältnis zu ihrem Auftreten in der Wirklichkeit steht.

Mit dem unterschätzten Remake von J. Lee Thompsons CAPE FEAR (Ein Köder für die Bestie; 1962) haben Scorsese und De Niro Anschluss an dieses Phänomen gesucht. Die Hauptfigur, der predigende, autodidaktisch zum Juristen und zugleich zur Kampfmaschine gebildete Max Cady, stellt im Universum des Teams gewissermaßen den Superschurken vor, so hingebungsvoll überzeichnet, dass man die Metapher vom absolut Bösen für bare Münze nehmen könnte, wären die Hinweise, dass sich in Cady bloß die dunkle Seite der bürgerlichen Seele spiegelt, nicht ebenso breit gestreut. Was die Figur erst recht symptomatisch macht, ist allerdings die Beharrlichkeit, mit der De Niro sich weigert, die Illusion einer Persönlichkeit herzustellen. Alles, was Cady tut und sagt, ist seinem Racheplan untergeordnet; schon das scheinbar haltlose, entfesselte Lachen, mit dem er anfangs im Kino seinen Kontrahenten, den Rechtsanwalt Sam Bowden (Nick Nolte), auf sich aufmerksam macht, ist gelogen. Der Mann erfindet sich für jeden Auftritt neu, präsentiert sich als Erniedrigter und Beleidigter, ausgebuffter Ex-Con oder eloquenter Verführer. De Niro selbst hat ihn mit dem *Alien* und dem *Terminator* verglichen: »He just keeps coming and coming« [10]. Und tatsächlich scheint die Figur den Monstren von Ridley Scott und James Cameron noch in einem tieferen Sinn verwandt zu sein: Cady ist ein mehrdeutiger Signifikant, der einen ganzen Komplex gesellschaftlicher Zwangsvorstellungen anspricht, von der Sexualangst bis zur Furcht des besserverdienenden Amerikas vor dem Gesindel, dem *white trash*.

Auf die Spitze getrieben wird Cadys multiples Rollenspiel, wenn er sich bei Bowdens Tochter Danielle (Juliette Lewis) als Schauspiellehrer ausgibt und ihr, ausgerechnet, die Grundlagen der Methode, die Vorstellung vom Schauspiel als Arbeit des Darstellers an sich selbst, nahe bringt: Danielle solle ihre Ängste und frustrierenden Erfahrungen nicht bekämpfen, sondern im Leben und ihrer dramatischen Tätigkeit nutzen. Die Szene schließt ironisch die Camouflage-Technik des Schurken Cady mit De Niros Star-Persona kurz, die Performance des potenziellen Mörders, dem wir alles zutrauen dürfen – sogar, dass er sich in der Gefängnisbücherei den Stanislawski besorgt hat –, mit der eines Schauspielers, der offenbar die Grundregel jeder seriellen verbrecherischen Tätigkeit adaptiert hat: Es darf kein *pattern* geben, kein Muster, das Rückschlüsse auf die Persönlichkeit des Täters zuließe. Auch der am häufigsten zitierte Einzeiler des Films – Mitchums »don't know whether to look at him or read him« – weist in diese Richtung. Waren Gregory Peck und Robert Mitchum, die Hauptdarsteller des Originals, Vertreter eines natürlichen, »unsichtbaren« Hollywoodstils, so animiert gerade der späte De Niro uns immer wieder dazu, seine Charaktere zu deuten.

Und nicht zufällig tritt dieser intertextuelle, zunehmend auch selbstreferenzielle Zug seiner Schauspielkunst besonders in den Krimi-Rollen hervor, in Figuren, deren Wirklichkeitsbezug übers Genre vermittelt ist, deren Rede zum großen Teil aus Jargon besteht, und die nicht sterben können, ohne sich selbst dabei über die Schulter zu sehen. Die oft nur minutiösen Verschiebungen innerhalb dieses Koordinatensystems summieren sich im Fall De Niros allerdings zu einer neuen Qualität. So sprechen seine kriminellen Charaktere nicht einmal mehr ex negativo von dem, was eine Gesellschaft zusammenhält – von Recht, Gesetz, Schuld und Sühne. Vielmehr scheint die Korrelation zwischen dem changierenden Image, der Ungreifbarkeit dieses Stars, und dem Abstieg der großen, charaktervollen, auratischen Gangsterfiguren beständig auf grundlegendere Zerfallserscheinungen hinzuweisen: auf die Krise des Subjekts, die Ahnung, dass

Alles ist gelogen: De Niro in CAPE FEAR

wir vielleicht nicht mehr sind als unsere soziale und kulturelle Performance, die Befürchtung, bloß Ausführende undurchschauter Direktiven zu sein. De Niros Gangster drücken diese Gefühlslage auf ihre eigene, bildhafte Weise aus. Wenn sie ihre Geschäfte erledigt, wenn sie Hut, Mantel, Revolver an den Nagel gehängt haben, ist von ihnen nicht mehr viel übrig: Dann gehen sie, wie der gealterte, zwangspensionierte Noodles, früh schlafen. ❏

Anmerkungen

1 Richard Dyer: Heavenly Bodies. Film Stars and Society. London 1986, S. 17f.
2 Mary Pat Kelly: Martin Scorsese. A Journey. London 1992, S. 72.
3 Zitiert nach John Parker: De Niro. London 1996, S. 66.
4 Fredric Jameson: Postmodernism or The Cultural Logic of Late Capitalism. Durham 1991, S. 20.
5 Zitiert nach Andy Dougan: Untouchable. A Biography of Robert De Niro. New York 1996, S. 64.
6 David Prothero: THE GODFATHER: PART II. In: Jack Hunter (Hg.): Robert De Niro. Movie Top Ten. London 2000, S. 23-35, hier S. 25.
7 Fredric Jameson: Class and Allegory in Contemporary Mass Culture: DOG DAY AFTERNOON as a Political Film. In: Signatures of the Visible. New York 1992, S. 35-54, hier S. 42.
8 Mary Pat Kelly: Martin Scorsese, a.a.O, S. 274.
9 Bernd Kiefer: »Method! – What Method? Heat!« Zu Robert De Niro und Al Pacino in Michael Manns HEAT. In: Thomas Koebner (Hg.): Schauspielkunst im Film. St. Augustin 1998, S. 107-123, hier S. 119.
10 Zitiert nach Mikita Brottman: CAPE FEAR. In: Jack Hunter (Hg.): De Niro. Movie Top Ten, a.a.O, S. 153-165, hier S. 157.

Der Mann im Spiegel – Über Robert De Niros multiple Persönlichkeit

Von Michael Althen

Jeder Schauspieler, der es auf den Olymp seiner Kunst schafft, hat seinen Satz – den einen Satz, der sein Markenzeichen wird und die Karriere wie ein Brandmal prägt. Bei Robert De Niro muss man nicht lange überlegen. Der Satz lautet: »You talkin' to me?« Der *Taxi Driver* sagt ihn wieder und wieder, während er mit bloßem Oberkörper in seinem Zimmer übt, seine Waffe möglichst schnell zu ziehen: »You talkin' to me? ... Well, I'm the only one here ... Who the fuck do you think you're talkin' to?« Und am Ende, wenn er sich in Rage geredet hat, zieht er noch mal und sagt: »You're dead.«

You talkin' to me? Dieser Satz meint nicht irgendjemanden, der außerhalb des Zimmers seinen Zorn erregt, sondern Travis Bickle meint sich selbst damit – und die Stimmen in seinem Kopf, die immer lauter werden. Er spricht im Grunde mit seinem Spiegelbild, das er nicht mehr erkennt, und wenn er am Ende Amok läuft, dann sucht er seinen eigenen Tod. In gewisser Weise gelingt ihm das auch, denn der Mann, der überlebt, ist ein anderer – einer der Typen aus dem Reich jenseits des Spiegels.

Man kann in dieser Szene auch ganz gut De Niros schauspielerische Methode erkennen: Er fordert die Typen jenseits des Spiegels heraus, zu ihm zu sprechen, er sucht das Duell mit ihnen, um auf diese Weise die eigene Auslöschung zu betreiben. Wenn man sich De Niro bei der Rollenwahl vorstellt, dann fällt einem die Szene ein, in der sich am Ende der LADY FROM SHANGHAI (1948; R: Orson Welles) die traurigen Helden in einem Spiegelkabinett gegenüberstehen und zu lauter Ebenbildern vervielfältigen, ehe sie in tausend

Der Mann im Spiegel film:12

»You talkin' to me?«: ...

Robert De Niro

Der Mann im Spiegel

... Travis Bickle in TAXI DRIVER

Scherben zerspringen. Und der böse Ehemann ahnt schon vorher, dass im Spiegelkabinett jeder Schussversuch einem Selbstmord gleichkommt: *You're dead.*

Experimente am lebenden Objekt

Der *Taxi Driver* also, das ist der Typ, der nach außen kehrt, was nach innen gerichtet ist. Der auskotzt, was er nächtelang auf den Straßen New Yorks in sich hineingefressen hat. Den Ekel vor der ungesunden Haut im Neonlicht, vor dem sauren Geschmack im Mund, vor dem weichen Gefühl in den Lenden. Wenn er dann loszieht, ist er nicht mehr er selbst. Nicht mehr der schüchterne Typ in der Windjacke, sondern ein Punk mit Irokesenschnitt und Army-Parka. Er ist ein anderer, hat sich in einen Krieger verwandelt. Um Luft zu kriegen. Um die Geschwüre, die ihn überwuchern, aufzustechen. Um den Eiter abzulassen. Sauber zu werden. Den Dreck auszuschwitzen und die eigene Bewegung zu spüren. Die Watte, die alles umhüllt, auszuwürgen. Das nennt man Exorzismus. Und dann einer Frau, die nichts versteht, weil sie eine andere Sprache spricht, alles zu Füßen legen. Unter ihrem eisig blonden Blick vergehen. Nicht sein. Aufgehen. Um gerettet zu werden. Aber das passiert nicht. Travis Bickle ist trotzdem ein *American Gigolo*. Was dem einen die Anzüge, Krawatten und Fremdsprachen sind, ist ihm das Ritual mit der Waffe. Er flüchtet sich in äußere Abläufe, um der inneren Leere zu entgehen.

Man kann es auch ausdrücken wie Don De Lillo in seinem famosen Essay *American Blood*, der die Psyche der Attentäter erforscht: »Grübler, Sonderlinge – ständig auf dem Sprung, ihren durchgebrannten Instinkten zu gehorchen. Selbstbeobachter, Bewohner eines zufälligen Universums. Falls die Welt dort ist, wo wir uns vor uns selbst verstecken können – was tun wir, wenn diese Welt nicht länger zugänglich ist? Wir ersinnen mentale Formeln, komplizierte rituelle Systeme, Wiederholungszwänge, einen nach innen gerichteten Spionageapparat. Wir erfinden falsche Namen, erfinden einen Auftrag, kaufen eine Waffe.« Das könnte man auch auf die Figuren in THE FAN (1996; R: Tony Scott) oder THIS

Olympiareif, obszön: De Niro als Jake La Motta in RAGING BULL

Robert De Niro   Experimente am lebenden Objekt

BOY'S LIFE (1993; R: Michael Caton-Jones) anwenden. Nicht, dass man De Niro die Psyche eines Attentäters attestieren müsste, aber das Ganze lässt sich auch ganz gut auf die Schauspielerei übertragen. Auch eine Methode, um eine Heimat zu finden, wenn einem die Entwürfe ausgegangen sind, in denen man sich vor sich selbst verstecken kann.

Travis Bickle in TAXI DRIVER (1975/76; R: Martin Scorsese), das ist die Aura, Jake La Motta in RAGING BULL (Wie ein wilder Stier; 1979/80; R: Martin Scorsese), das ist der Ruhm, aufgeschwemmt von Pasta und Bier. Die Latte auf 30 Kilo gelegt, die sich De Niro für diese Rolle angefressen hat. Olympiareif, obszön, ordinär. Die Beziehung zwischen dem Zuschauer und dem Schauspieler ist zum Zerreißen gespannt – wie die Haut De Niros. Die Illusion hat sich längst verflüchtigt, die Imagination greift nicht mehr. Sie gleitet ab wie an der Haut einer überreifen Tomate. Es führt ein direkter Weg von La Motta zu Seth Brundle in THE FLY (Die Fliege; 1986; R: David Cronenberg), dem der Saft aus dem Gesicht spritzt und die Fingernägel abfallen. Und so wie Jeff Goldblum getrieben wird von dem Wahn, mittels Teleportation ein exaktes Abbild der Wirklichkeit zu erschaffen, so versucht auch De Niro als Schauspieler, die Realität eins zu eins durch Verwandlung abzubilden – aber wie der Forscher in THE FLY ist der gealterte, verfettete La Motta nur noch als Horrorgestalt wahrnehmbar, als Deformation, die sich aufzulösen droht, weil sie eben nicht aus Fleisch und Blut zu sein scheint. Wie das Monster, das De Niro später in MARY SHELLEY'S FRANKENSTEIN (1994; R: Kenneth Branagh) spielt. Was bleibt übrig? Ein Blutstropfen, der vom Ringseil baumelt. Er scheint aus einem anderen Material zu sein, das – obwohl es künstlich ist – Fäden zieht bis in unsere Träume hinein.

Aus dem gleichen Holz geschnitzt sind De Niros Auftritte am Kreuz in THE MISSION (1986; R: Roland Joffé), in der Unterwelt in THE UNTOUCHABLES (1987; R: Brian De Palma) oder in der Hölle in ANGEL HEART (1987; R: Alan Parker). Jesuit, Al Capone und Luzifer, das war die manieristische Phase, hinter die Parker durch seine Inszenierung noch ein Ausrufezeichen setzte. Der Teufel pellt ein Ei, und sein Regisseur reicht es wie eine Hostie herum. Selbst ein

Robert De Niro

Regisseur wie Philippe Labro hat das in LA CRIME (Wespennest; 1983) besser hingekriegt. Da schält Jean-Louis Trintignant eine Orange und schafft das auch ohne Großaufnahme. Zu der Zeit war De Niro nur noch ein komischer Heiliger der Schauspielkunst. Jeder Auftritt von einer hörigen Gemeinde in den Himmel gelobt. Dabei von De Niro mit ähnlich spitzen Fingern zelebriert wie die teuflische Eierschälerei. Der Mann war nur noch Programmkinofutter. Kennerblick und genießerisches Schmatzen. Der letzten Versuchung widerstand er gottseidank und lehnte die Rolle des Jesus in Scorseses THE LAST TEMPTATION OF CHRIST (Die letzte Versuchung Christi; 1988) ab, um stattdessen MIDNIGHT RUN (1988; R: Martin Brest) zu drehen, der ein echter Lichtblick war. Erst den Teufel, dann Gottes Sohn – das wäre ja noch schöner gewesen. Er blieb lieber doch noch unter den Sterblichen – der Himmel sollte warten.

Was kaum bekannt ist: dass De Niros Mutter nach der Trennung vom Vater unter anderem mit dem Filmkritiker Manny Farber befreundet war. Der schrieb 1967 über die Schauspielerei: »Das Verrückte an der Schauspielerei ist ihre Unkontrollierbarkeit, ihr Hang zum Überschäumen. Das Wesentliche jedes Kinoauftritts liegt in jenem andeutungsreichen Stoff, der die Ränder einer Rolle umgibt: Eigenarten der Physiognomie, die persönlichen Gedanken des Schauspielers, die Fehlbesetzungen, wo der Körper eine Rolle nicht umschreibt, sondern sie nur tangential berührt.«

Die manieristische Phase: THE MISSION, THE UNTOUCHABLES, ANGEL HEART

Der ungreifbare Star

Das ist nicht gerade De Niros Credo, und wenn es gegen seine Meisterschaft etwas einzuwenden gibt, dann dies: zu viel Kontrolle, zu wenig Suggestion. In Filmen wie FALLING IN LOVE (Der Liebe verfallen; 1984; R: Ulu Grosbard)

oder STANLEY & IRIS (1989/90; R: Martin Ritt), in denen er außer Ehebruch oder Analphabetismus nichts Besonderes zu spielen hat, löst er sich praktisch auf, wird vor lauter Hingabe an den Jedermann zum totalen Niemand. Er entwickelt keine Eigenarten und keine Persönlichkeit, wird allenfalls getragen von der Erinnerung an exaltiertere Rollen, deren Schatten sich über diese Auftritte legt. Als absurder Gipfel dieser Unsichtbarkeit muss sein Kurzauftritt in BRAZIL (1984/85; R: Terry Gilliam) gelten, wo er bis zur Unkenntlichkeit vermummt der Aufmerksamkeit der meisten Zuschauer entgangen ist. So wird der Mann jenseits seiner Rollen buchstäblich unvorstellbar. Wie Jack Nicholson seine Freizeit verbringt, kann man sich vorstellen; was Warren Beatty macht, lässt sich zur Not auch noch ausmalen; aber De Niro bleibt vor dem inneren Auge unsichtbar. Man sieht ihn nicht durch sein Luxusapartment streifen, nicht den Frauen nachblicken, nicht im Gespräch mit Freunden. Allenfalls stellt man ihn sich wie Frankensteins Monster vor, das an den Schatten entlangstreift, um nicht gesehen zu werden. Aus dieser Perspektive wirkt der Mangel an greifbarer Persönlichkeit fast wie eine Entstellung.

Was man von ihm weiß, ist minimal. Und all die Interviews, die er gegeben hat, tragen zur Flüchtigkeit des Eindrucks nur noch bei. Sprachlosigkeit schlägt einem entgegen, eine unüberwindbare Scheu vor Festlegung und Preisgabe. Fast ähnelt er darin dem Fußballspieler Gerd Müller, der auf dem Rechteck, das seine Welt bedeutete, ein Genie war, aber außerhalb sich scheu und wortkarg bis zur Selbstverleugnung präsentierte. Vielleicht ist das ja auch das Geheimnis dieser Künstler: dass sie sich nur in ihrem Gebiet ausdrücken können; dass sie womöglich gar nichts zu sagen haben und überhaupt nur durch ihr Spiel existieren.

Auch Zeugenaussagen in Porträts sind nicht weiter hilfreich. Niemand weiß wirklich Anschauliches zu berichten, mehr als hilflose Bewunderung findet man kaum. Nur die Mitteilungen Scorseses sind etwas aufschlussreicher. Martin sagt, er habe erst nach jahrelanger Bekanntschaft mit Bobby erfahren, dass dessen Vater Maler sei. Und Martys Frau sagt, Bobby sei der einzige Mensch, mit dem sich ihr Mann eine

Robert De Niro — Der ungreifbare Star

Gipfel der Unsichtbarkeit: De Niro in BRAZIL

Viertelstunde darüber unterhalten könne, wie eine Figur ihre Krawatte bindet. Der sprudelnde Scorsese und der schweigsame De Niro – so sind die beiden auch in GUILTY BY SUSPICION (Schuldig bei Verdacht; 1990/91; R: Irwin Winkler) zu sehen. Man kann es sich vorstellen: wie der eine sein darf, wovon der andere nur reden kann. So wird der eine zum Traum des anderen. Und lässt seine Albträume wahr werden.

Immer werden die anderen Seiten seiner Persönlichkeit als Verdrängtes sichtbar: Der Mann ist auf der Leinwand stets Rohmaterial, ein Bündel bloßliegender Nerven und Instinkte. Zivilisation bedeutet Anstrengung für ihn, mühsame Bändigung. Vielleicht wirkt er deshalb als Jedermann so verspannt, so grundlos unglücklich. Er funktioniert in dieser Welt nämlich nicht so ohne weiteres, sein Körper und sein Gehirn verweigern ihm öfters die Gefolgschaft. In AWAKEN-

Der Mann im Spiegel

Zwischen Kontrolle und Entgleisung: De Niro in NEW YORK, NEW YORK

INGS (Zeit des Erwachens; 1990; R: Penny Marshall) ist er zur totalen Bewegungsunfähigkeit erstarrt, in STANLEY & IRIS ist er Analphabet, in BANG THE DRUM SLOWLY (Das letzte Spiel; 1973; R: John D. Hancock) todkrank. Er wird zur Marionette, deren Fäden durchschnitten sind. Seine Bewegungen verlieren ihren inneren Antrieb. In NEW YORK, NEW YORK (1976/77; R: Martin Scorsese) spielt er genau mit diesem Riss zwischen Körper und Geist, zwischen Kontrolle und Entgleisung: Er mimt an einer Hotelrezeption eine kriegsbedingte Störung des Nervensystems – »Anzio!« In solchen Momenten betont er das Hölzerne, das Marionettenhafte, macht sich zur Spielfigur von Kräften, die jenseits seiner Persönlichkeit liegen.

Der Teufel möglicherweise

Gefangen sein in einem toten Körper ist schlimm genug, eingekerkert in einer toten Seele, das ist die Hölle. Und genau davon geht auch alle Bedrohung aus: von diesen Bewegungen eines entseelten Körpers. Als hätte man ihn zu heftig aufgezogen und die Sprungfeder überdreht: Man hört es knacken und sieht es brechen. Wie mit einem Peitschenschlag entspult sich die Feder, unglaubliche Energien schießen ins Leere. Da kann es dann passieren, dass er in JACKIE BROWN (1997; R: Quentin Tarantino) in einem Moment der Unbeherrschtheit Bridget Fonda über den Haufen schießt, weil sie ihm auf die Nerven geht. Jegliches Band zwischen Ursache und Wirkung ist zerrissen.

Ganz bei sich ist er im Grunde nur in solchen Ausbrüchen. Wenn er die zivilisatorischen Schranken überspringen darf, scheint die Spannung von ihm zu weichen. Zu-sich-Finden und Aus-der-Haut-Fahren sind eins. Und man weiß kaum, was schlimmer ist: die rohen Ausbrüche oder die eisige Kontrolle. Wenn in THE UNTOUCHABLES der Unflat aus ihm herausbricht, den er unter so viel Fett begraben hatte; oder wenn er in GOODFELLAS (1989/90; R: Martin Scorsese) an der Theke steht, sein Opfer fixiert und dazu sehr lange und sehr gründlich an der Zigarette zieht. So besiegelt er ein Todesurteil und zieht dafür noch nicht einmal seinen Mantel aus. Ein kurzer Moment der Entschlossenheit in einer Welt, die keine Zweifel, allenfalls Zögern kennt. Hauptsache, es herrschen klare Regeln: In deren Korsett fühlt er sich wohl.

Sein italienisches Erbe wird in jener Mischung aus Autorität und Jovialität, Anmaßung und Anbiederung sehr deutlich – und sowieso in der Art, wie das Theatralische in sein Wesen integriert ist. Mimik und Gestik der Italiener besitzen ja jenen Hang zur Übertreibung, der aus dem Ringen um den Ausdruck gern den Ausdruck selbst macht. Und jene Unschuldsmiene und Pose gespielter Selbstanklage, die vor allem eine Herausforderung für das Gegenüber darstellt, fällt ihm genauso leicht wie jene backenkneifende und weltumarmende Leutseligkeit, die ebenfalls als Ausdruck von *italianitá* gilt und so schwer durchschaubar ist.

Aber dies ist Amerika, und deshalb ist etwas verloren gegangen. Sein Inneres leugnet die Selbstverständlichkeit, mit der er in diesem Land zu Hause ist. Es gibt kaum Momente der Ruhe, dauernd nagt etwas an ihm. Und wenn er im Abendblau von HEAT (1995; R: Michael Mann) oder im bleichen Paris von RONIN (1998; R: John Frankenheimer) steht,

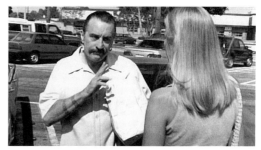

Das Band zwischen Ursache und Wirkung ist zerrissen: JACKIE BROWN

dann darf man sich von der scheinbaren Gelassenheit nicht täuschen lassen. Der Traum seiner Väter treibt ihn an, ohne dass er davon noch etwas ahnt. Er hat sich ihm längst entfremdet. Geblieben ist eine Rastlosigkeit, eine Strebsamkeit, die ihr Ziel aus den Augen verloren hat, eine Traumverlorenheit, die sich als Realitätsverlust bemerkbar macht.

Im Hexenkessel der Seele, die keinen Halt kennt, ist er gefangen: In MEAN STREETS (Hexenkessel; 1972/73; R: Martin Scorsese) ist er ein Narr, aber die Naivität ist ihm ausgetrieben worden. Geblieben ist eine unbestimmte Anspannung, die von sich selbst nichts begreift und nur auf Entladung aus ist – wie bei einem Tier. Einmal folgt ihm die Kamera auf dem Weg durch das Gewühl von Passanten. Und im nächsten Moment schlägt er den erstbesten Entgegenkommenden zusammen – was ihm kaum mehr Mühe zu bereiten scheint als das Atmen selbst. Sein Gang spiegelt dabei das unbestimmte Gefühl von Gefahr, unter dem er sich dauernd hinwegzuducken scheint. Im Grunde ist das gar kein Gang mehr, sondern nur ein ungebärdiges Fortbewegen, dem jede Natürlichkeit und vor allem jede Mitte fehlt. Eine Sehnigkeit ohne Geschmeidigkeit, eine Spannkraft ohne jede Disziplin. Sogar zur Pose fehlt ihm hier das Selbstbewusstsein, aber gerade im Unbewussten kommt die innere Unordnung zum Vorschein, dieser Rohzustand, in dem die gequälte Kreatur nichts von sich begreift. Sie hat Schmerzen und reagiert mit selbstzerstörerischer Tobsucht. Alles steckt in jener Szene, wo er vom Dach aus versucht, die fernen Lichter des Empire State Building auszuschießen. Er ist wie jener Böller, den er in der Hand hält: Die Lunte ist angesteckt. Jeden Moment kann er losgehen – und diesen Moment reizt er bis zum Letzten aus, weil er weiß, dass es keinen Ort gibt, an den er zurückkehren kann. Harvey Keitel in FINGERS (1978; R: James Toback) ist auch so, aber seine Intelligenz lenkt ihn in andere Bahnen.

Er hat kaum Cops gespielt – diese Art von Ordnung ist nicht seine Sache. Er ist auf der Flucht vor den Phantomen, die in fiebriger Schlaflosigkeit Form annehmen. So wird er selbst zum Gespenst, das die Leute heimsucht. Er muss aufgehen in seinem Tun, muss verschwinden hinter seinem

Robert De Niro   Der Teufel möglicherweise

Der Rohzustand: De Niro in MEAN STREETS

Beruf, um jener Person nicht zu begegnen, der er kaum in die Augen sehen kann: sich selbst. Deshalb ist Bewusstlosigkeit lange Zeit De Niros stärkster Ausdruck gewesen. So wie in ONCE UPON A TIME IN AMERICA (Es war einmal in Amerika; 1984; R: Sergio Leone), wo er sich am liebsten im Opiumrausch verliert und im Alter sich in Grau aufzulösen scheint, ehe er einfach durch eine Wand verschwindet.

Die Hölle hat er hinter sich. In BACKDRAFT (1990/91; R: Ron Howard) begegnet er dem Brandstifter mit einem Lächeln, das von solcher Leichtigkeit ist, dass darunter mühelos durchscheint, wie lange er gebraucht hat, um seine Wunden vernarben zu lassen. Nur einer, der schwer gekämpft hat, kann etwas so leicht nehmen. Er hat das Kapitel abgeschlossen, fast ungeduldig bringt er das Gespräch hinter sich. Er hat erkannt, dass nicht Rache sein Ziel sein kann. Beim Verhör des Brandstifters vor dem Bewährungsausschuss schaut er eine Zeit lang zu, ehe er sich dem Mann nähert und zum Beweis für dessen unverminderte Gefährlichkeit seine Leidenschaft fürs Feuer anfacht. Er weiß genau, welche Knöpfe er bei dem Mann drücken muss, denn er hat sich in ihn hineinversetzt – wie der Schauspieler selbst auch.

Manchmal findet sich eine Kenntnis menschlicher Abgründe in Robert De Niro, die doch ein Leben jenseits der Rollen ahnen lässt. Nur der Teufel weiß schließlich, was ein junges Mädchen wirklich bewegt. Nur ein gebranntes Kind weiß vom Feuer. Seine Autorität entspringt keiner Abgeklärtheit, sondern einem gelebten Verständnis für die Abwege der Gefühle. In CAPE FEAR (Kap der Angst; 1991; R: Martin Scorsese) ist dies alles drin: die Anspannung und die Ausbrüche, das Zuckersüße und das Bitterböse, das Rohe und das Raffinierte. De Niro ist ganz Präsenz und ganz Phantom. Er ist der Teufel möglicherweise. Schon allein deshalb, weil keiner besser als er weiß, dass der Teufel immer im Detail steckt. ❑

Der unsichtbare Amerikaner – De Niro und die Kunst, gewöhnlich zu sein

Von Gerhard Midding

Wie leicht, wie schwer fällt es einem Schauspieler, eine Rolle nach Drehende abzuschütteln? Was für Spuren wird sie hinterlassen bei einem Darsteller, der hinter seine Figur zurücktreten, mithin die eigene Persönlichkeit und Aura nicht in die Charaktere einfließen lassen will, die er verkörpert? Zeit seiner Karriere hat Robert De Niro am Mythos der Einverleibung der Rolle gearbeitet; in RAGING BULL (Wie ein wilder Stier; 1979/80; R: Martin Scorsese) sogar im Wortsinne einer methodisch angeeigneten Körperfülle. Ein derart einsehbares Herstellen eines Charakters, das zugleich immer ein Agieren am Rande emotionaler Abgründe bedeutet, stellt ihn in die (beinahe) direkte Nachfolge des Method Acting, das seine große Zeit in den 50er Jahren erlebte, als es den gestischen Furor einer verzweifelten, rebellischen Jugend präzis zu treffen schien und eine Affinität zu den Rollentypen besaß, die Marlon Brando, James Dean oder Montgomery Clift verkörperten.

Schweigen und Wut

Die bezwingende Darstellung von Zerrissenheit, Aufruhr und Neurosen ist seit Mitte der 70er Jahre in der Wahrnehmung des Schauspielers De Niro zum Garanten und zugleich zur Messlatte einer emotionalen Wahrhaftigkeit geworden. Maßvolle Gemütsbewegungen, ohne auszehrende Inbrunst, werden gemeinhin als Indiz einer für ihn unziemlichen Gediegenheit gewertet. Marion Löhndorf gibt durchaus die landläufige Einschätzung wieder, wenn sie in ihrem Essay *Held der Finsternis* über ihn schreibt:

»Allerweltstypen gelingen De Niro am wenigsten. Identifikationsrollen gibt er selten vor. Er ist der Darsteller des Anderen, des Fremden, seltsamer, unzugänglicher Menschen.« [1]

De Niros Parts in FALLING IN LOVE (Der Liebe verfallen; 1984; R: Ulu Grosbard), STANLEY & IRIS (1989; R: Martin Ritt), GUILTY BY SUSPICION (Schuldig bei Verdacht; 1990/91; R: Irwin Winkler), MAD DOG AND GLORY (Sein Name ist Mad Dog; 1993; R: John McNaughton) und A BRONX TALE (In den Straßen der Bronx; 1993; R: Robert De Niro) sind dementsprechend Rollen, über die keine Bewunderungspflicht verhängt ist, die kein wirkliches Zutrittsrecht haben zu seinen Top Ten (um auf das unglückliche Konzept der gleichnamigen britischen Filmbuchreihe anzuspielen). Sie erwecken den Eindruck eines Mangels an Virtuosität. Nicht, dass ihnen das veristische Element fehlte. Es ist nur nicht so spektakulär, es besitzt nicht die bedrängende Körperlichkeit der Rollen, die er beispielsweise für Scorsese gespielt hat. De Niros Werk ließe sich also möglicherweise nach den zwei Ausdrucksformen unterteilen, die Jonathan Mardukas (Charles Grodin) dem Kopfgeldjäger Jake Walsh in MIDNIGHT RUN (1988; R: Martin Brest) unterstellt: Schweigen und Wut. Abgesehen davon ließ sein rasantes Arbeitstempo es in den 90er Jahren womöglich ja auch gar nicht zu, jede komplexe Figur durch detailbesessene Recherche in sich gären zu lassen. Dass diese Filme auf niemandes Parnass stehen, mag auch eng mit der eigentümlichen Temperamentlosigkeit von Regisseuren wie Ulu Grosbard und Irwin Winkler zusammenhängen, die, zumal im Vergleich mit Scorsese, ihrem Hauptdarsteller nie entlarvend nahe kommen.

David Thomson verdächtigt De Niro angesichts zahlreicher Rollen aus den ausgehenden 80er und frühen 90er Jahren in seinem *Biographical Dictionary of Film* [2] gar eines künstlerischen Ausverkaufs: als seien diese Rollen eine Art Verrat, ein Kompromiss mit dem Hollywood-Mainstream, wo die Methode, die Technik unsichtbar bleiben soll; als würde De Niro in eine Routine verfallen, die Mängel nicht vorsieht und sich zugleich Risiken nicht aussetzt. Seine zusehends unauf-

Robert De Niro   Schweigen und Wut

De Niros Meineid in SLEEPERS

fälligeren, diskreteren Auftritte der letzten anderthalb Jahrzehnte, zumal als Nebendarsteller, schüren den Argwohn zahlreicher Kritiker, der Schauspieler sei es zufrieden, zur Projektionsfläche seiner Regisseure und Zuschauer zu werden. Dabei übersehen sie, dass es gerade diese Rollen sind, die nunmehr sein Image als Schauspieler und vor allem als Star konturieren. Eine seiner eindrucksvollsten Szenen hatte er in den letzten Jahren in SLEEPERS (1996; R: Barry Levinson), wo er sich als Priester entscheiden muss, ob er vor Gericht zugunsten seiner Schutzbefohlenen lügen soll. Abgesehen von seinem charakteristisch bekümmerten Blick und den zusammengepressten Lippen scheint De Niro dort keine Regung zu zeigen: ein Schauspiel, das so faszinierend ist, dass die Kamera eine dreiviertel Minute auf seinem Gesicht verharrt.

Im Gefängnis der Symmetrie

Der Eintrag zu FALLING IN LOVE in Leonard Maltins Filmführer – »De Niro and especially (Meryl) Streep lift it out of the ordinary« – bezeichnet bereits das Grundproblem, diesen Strang in De Niros Œuvre zu begreifen: Wenn die beiden Ausnahmeschauspieler schon Figuren aus dem Mittelstand, wenn nicht gar Durchschnittlichkeit verkörpern, dann sollten sie auch diese gefälligst herausragend spielen. Immerhin: Die Beklommenheit, mit der ihre Charaktere einander als Liebende begegnen, scheint noch direkt aus THE DEER HUNTER (Die durch die Hölle gehen; 1978; R: Michael Cimino) herübergerettet.

Es muss 1984 reichlich überraschend gewesen sein, Robert De Niro als *romantic leading man* zu sehen; später wurde dieser Auftritt zum Synonym für ein bestimmtes Register (»another FALLING IN LOVE-role« ist in den Kritiken zu späteren Filmen gelegentlich zu lesen). Zwar bereitete er sich in bewährt ausschweifender Art auf die Rolle eines Bauingenieurs vor, ließ sich vom Requisiteur Visitenkarten mit dem Rollennamen anfertigen (die man im Film nicht sieht) und bat den Drehbuchautor, für ein Telefongespräch mit seiner Ehefrau auch deren Dialoge zu schreiben (die man im Film nicht hört). Bemerkenswert sind jedoch De Niros Bereitschaft, eine Figur zu spielen, die sich ganz in Rolle und Handlung konstituiert, und die damit einhergehende Weigerung, den Blick auf Vertrautes zu verfremden. Er strahlt als Frank den konventionellen Sexappeal eines Jedermann aus. Nach der ersten Begegnung kann Molly (Streep) ihn ihrer besten Freundin (Dianne Wiest) nicht einmal richtig beschreiben, so unbestimmt ist seine Erscheinung. Aber dann fügt sie hinzu: Er wirke vertraut.

FALLING IN LOVE entlehnt sein Sujet, die Liebesbegegnung zweier Verheirateter während ihrer Pendlerfahrten in die Stadt, aus BRIEF ENCOUNTER (Begegnung; 1945; R: David Lean). Molly und Frank sind eingebunden in archetypische, allgemein gültige Situationen, zumal in die für New Yorker des Mittelstands verpflichtenden weihnachtlichen Rituale. Sie treffen sich während des Bücherkaufens bei

Mit Meryl Streep in THE DEER HUNTER und in FALLING IN LOVE

Robert De Niro Im Gefängnis der Symmetrie

Der unsichtbare Amerikaner

Der Bauingenieur Frank Raftis in FALLING IN LOVE

Rizzoli und vertauschen, ein *meeting cute* wie bei Lubitsch oder Wilder, versehentlich ihre Einkaufstüten. Michael Christofers Drehbuch und die Montage folgen sklavisch dem Prinzip der Symmetrie, der Parallelität der Erfahrungen und Lebensumstände. Die Protagonisten erscheinen als komplementäre Figuren, die füreinander bestimmt sind. Beide Ehen werden als eingespielt und landläufig glücklich vorgestellt, als ein (vom Film keineswegs denunziertes) Arrangement der lässlichen Kompromisse. Die Freude über die Weihnachtsgeschenke ist in beiden Familien verhalten, höflich. Franks Ehefrau (Jane Kaczmarek) ist überrascht, als er ihr ein rosa Nachthemd schenkt – »I wasn't expecting anything so romantic!« –; die Funken sprühen nicht mehr wie früher. Dabei hält der Film sorgsam eine Balance: Einerseits will er den Wunsch der Hauptfiguren, auszubrechen, nachvollziehbar machen, andererseits ihre Partner als sensibel, verständnisvoll, sympathisch zeigen. Er verwendet rechtschaffene Mühe darauf, spürbar werden zu lassen, wie viel die Ehegatten einander bedeuten.

In der Zeichnung der Figuren setzt Ulu Grosbard ganz auf szenische Evidenz und Zielstrebigkeit – kein Moment, der einfach nur für sich stehen darf. Ich vermute, dass den Darstellern wenig Spielraum blieb. Jedes Charakterdetail wird in den Dienst der Erzählung genommen. Das Entscheidende

FALLING IN LOVE

wird unweigerlich an die Oberfläche gebracht. Beim Rendezvous in der Wohnung eines Freundes erfüllt sich das gestohlene Glück des Liebespaars nicht, weil sich ihr schlechtes Gewissen in Gestalt einer warnenden Polizeisirene im Hintergrund regt. Jede Szene, die man in diesem Genre erwarten würde, ist drin; die Musikeinsätze sind immer verlässlich. Die Dialoge sind nur notdürftig verschleiert; wenn etwas unausgesprochen bleibt, so sind doch zumindest Verstellung und Entsagung sofort durchschaubar. Die schüchtern kaschierten Gesten sind letztlich nachdrücklich. Streep setzt ungleich stärkere affektive Akzente als ihr Partner, etwa in der Szene, in der sie gedankenverloren an ihrem Küchentisch sitzt und plötzlich aufschreckt, als ihr Mann (George Martin) sie sanft berührt.

De Niro übernimmt die Rolle eines Gewährsmannes der Sehnsüchte und Unzulänglichkeiten, auch der Zerrissenheit des durchschnittlichen Zuschauers. »FALLING IN LOVE zeigt eine ungewohnte Facette von Bobby – zärtlich, offen, verständnisvoll und humorvoll. Es ist viel einfacher, eine wütende Szene zu spielen. Dagegen ist die Subtilität dieser Rolle weitaus schwieriger«, sagte Regisseur Ulu Grosbard über De Niro [3]. Er löst seine Figur aus dem Rollenklischee, indem er besonders einen individuellen Zug, ein Grundproblem herausarbeitet: Franks Entscheidungsschwäche. Er ist nicht in der Lage, eigenständig ein passendes Weihnachtsgeschenk für seine Frau auszusuchen (womit der Film umgehend auch den Verdacht schürt, dass ihm die Bedürfnisse der Frauen fremd sind), bringt eine Kellnerin an den Rand der Verzweiflung, weil er sich für keine der angebotenen Biersorten entscheiden kann. Den Entschluss, einen Job in einer anderen Stadt anzunehmen, zögert er ungebührlich lange hinaus: »If I say yes, it's a commitment.«

Dies Motiv überträgt De Niro von der ersten Sequenz an in einen Wechselrhythmus aus Hast und Langsamkeit: Er muss sich regelmäßig beeilen, um den Zug noch zu erreichen, muss das eigene Zaudern ständig aufholen. Natürlich drängt ihn die Dramaturgie zum Handeln, von dem Augenblick an, in dem er Molly im Vorortzug nach Weihnachten wiedersieht und sich fragt, ob er sie ansprechen soll. Die wichtigste Entscheidung, die er zu treffen hat, wird eine romantische Wahl sein. De Niro löst Franks inneren Widerspruch zwischen dem Drang, die Initiative zu ergreifen, und seinem zögerlichen Temperament auf in der Beharrlichkeit, mit der er Molly bald den Hof macht.

Unauffälligkeit als Überlebensstrategie

Diese Beharrlichkeit beim Umwerben der geliebten Frau verbindet De Niros Rolle in FALLING IN LOVE mit dem Part, den er in STANLEY & IRIS spielt: ein verhaltener Nachdruck, der seine erotischen Absichten nicht verbirgt. Es ist eine überwundene Schüchternheit, die aber nicht, wie in NEW YORK, NEW YORK (1977; R: Martin Scorsese) mit überbordender Jovialität überspielt werden muss. Jimmy Doyles aggressive Anmache, ebenso einfallsreich wie abgeschmackt, ist Anzeichen einer großspurigen Hartnäckigkeit, die das Objekt des Liebeswerbens nicht wirklich meint. In Stanleys (und Franks) Beständigkeit hingegen liegt ein Vertrauen in die Ehrlichkeit der eigenen Gefühle, die insgeheime Hoffnung, als jemand erkannt zu werden, mit dem es sich leben lässt. De Niro versagt sich in diesen Rollen die vertraute, sein jeweiliges Gegenüber erdrückende Rhetorik der redundanten Gesten und Dialogfiguren; er insistiert nicht, sondern

Robert De Niro   **Unauffälligkeit als Überlebensstrategie**

Mit Jane Fonda in STANLEY & IRIS

setzt Zäsuren, lässt seinen Partnerinnen Raum und Zeit zum Nachdenken.

De Niros Kunstfertigkeit im Darstellen des Gewöhnlichen entspricht in STANLEY & IRIS nicht einer durchschnittlichen Existenz seiner Figur, sondern offenbart sich in einer gestischen und mimischen Unaufdringlichkeit. Stanley ist eine Ausnahmeerscheinung. Denn Analphabetismus mag in den USA, demoskopisch betrachtet, zwar keine allzu große Seltenheit sein, im Hollywoodkino ist er es schon. Charakteristisch für De Niro ist nicht nur, dass er sich auf die Rolle akribisch vorbereitete (er hat Videointerviews mit Analphabeten in Auftrag gegeben und studiert), sondern auch, dass er sich diese Figur in ihrem alltäglichen Erleben erschließt. Unauffälligkeit ist für Stanley eine Überlebensstrategie. Als Sohn eines Handlungsreisenden hat er die Kehrseite US-amerikanischer Mobilität erlebt, da er nur eine sporadische

Schulbildung genießen konnte und eine Vielzahl von Schulen besucht hat, ohne je wirklich das Lesen und Schreiben zu lernen. Seither ist es sein ehernes Prinzip, unbemerkt zu bleiben. In der Öffentlichkeit – in einer Bar, in der er nach Feierabend etwas trinkt, oder später in einer Bibliothek – setzt er sich immer so, dass er den anderen Gästen den Rücken zukehrt [4]. Seine Kleidung ist schlicht; die Hemden mit halblangem Arm, die De Niro in seinen »gewöhnlichen« Rollen auffallend häufig trägt (nur in FALLING IN LOVE tut er es jahreszeitbedingt nicht), wirken wie eine dezente, bequeme Uniform der Arbeiterklasse.

De Niro verleiht der Art, wie Stanley sich durchs Leben schlägt, große Würde. Er interpretiert dessen Analphabetismus nicht als tragisches, lähmendes Defizit, sondern betont den Einfallsreichtum und die Redlichkeit, mit denen er die fehlende Beherrschung der Sprache kompensiert. Er entdeckt eine große Kulturleistung darin, wie findig Stanley sein Leben organisiert und wie viel Sorgfalt er auf alltägliche Verrichtungen verwendet. Auf seine Weise verkörpert Stanley die amerikanische Ideologie von Autarkie und Nichteinmischung. Klaglos nimmt er Rückschläge hin (er wird aus seinem Job als Koch entlassen, nachdem bekannt wurde, dass er Analphabet ist) und zögert, legitime Ansprüche geltend zu machen. In das Verhältnis zu seinem greisen Vater (Feodor Chaliapin Jr.) legt er eine zärtliche, verantwortungsvolle Fürsorge. Dessen Tod im Altersheim wird zum Umschlagspunkt der Handlung: Stanley macht sich Vorwürfe, sein Vater würde noch leben, wenn er hätte lesen können.

Zu der ersten Begegnung mit der verwitweten Fabrikarbeiterin Iris King (Jane Fonda) kommt es, als ihr im Bus die Brieftasche gestohlen wird. Er hilft ihr, ohne dabei heldenhaft zu sein. Der Rat, den er ihr gibt – »Gehen Sie der Gefahr künftig aus dem Weg!« –, folgt präzis dem Gebot der eigenen Unscheinbarkeit. Deshalb scheint es ihn auch nicht tief zu kränken, dass sie ihn nicht wieder erkannt hat, nicht bemerkt hat, dass er in der Kantine ihrer Fabrik arbeitet: »Kein Mensch sieht sich den Koch an.«

Die Liebesgeschichte entwickelt sich, wie zuvor die in FALLING IN LOVE und später in MAD DOG AND GLORY,

Robert De Niro — **Unauffälligkeit als Überlebensstrategie**

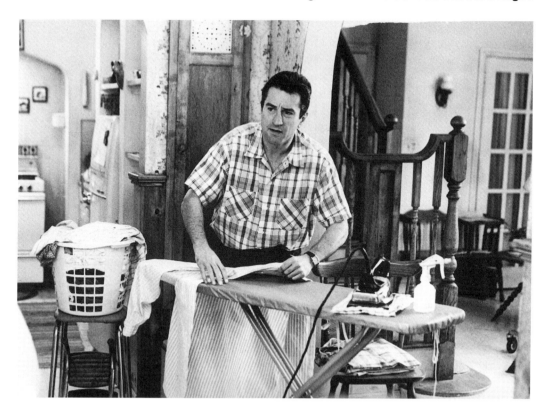

Dezente Uniform:
STANLEY & IRIS

ganz allmählich in der Wiederbegegnung und dem gemeinsamen Erleben alltäglicher Situationen. Martin Ritt und sein Kameramann Donald McAlpine platzieren ihre Hauptdarsteller eingangs meist am Rand ihrer Cinemascope-Kompositionen, um die zwischen ihnen zu überwindende Distanz zu betonen. In Schuss-Gegenschuss-Folgen lassen sie neben den Schauspielergesichtern jeweils viel leeren Raum, der die Lücke verdeutlicht, die in beider Leben zu schließen ist. Beide müssen sich aus ihrer Verschlossenheit lösen, werden wechselseitige Lernprozesse durchleben. Sie bringt ihm das Lesen und Schreiben bei, er fordert sie heraus, sich wieder auf einen Mann einzulassen. Der Unterricht kehrt eine jungenhafte, auch verschmitzte Seite in De Niro hervor, die es umso leichter macht, sich mit seiner Anstrengung zu identifizieren und später dann seinen Triumph zu teilen, als er endlich ohne Mühe jeden beliebigen Band in der Leihbücherei lesen und Iris einen fehlerlosen Brief schreiben kann.

De Niros Interpretation kollidiert vielfach mit den Intentionen der Drehbuchautoren Harriet Frank und Irving Ravetch, die glauben, die Figur des Analphabeten aufwerten zu müssen, indem sie ihr außergewöhnliche Fähigkeiten zusprechen. Stanley besitzt verblüffende botanische Kenntnisse, er kennt sämtliche lateinischen Namen der Bäume und Pflanzen im Stadtpark. Unversehens entpuppt er sich als geschickter Erfinder, der am Ende einen hochdotierten Posten bekommt und Iris' Wunsch erfüllt: »Ich möchte endlich einmal jemanden kennen lernen, der es weiter bringt!« Während seine Partnerin oft eine Spur zu glamourös erscheint, um wirklich glaubwürdig in einer proletarischen Rolle zu sein, gelingt es De Niro durchaus. Umso mehr erscheint das disneyfizierte Ende wie ein Verrat an der bemerkenswerten Detailliebe, mit der Martin Ritt zuvor den Alltag einer Industriestadt geschildert hat, wie ein überflüssiger Kompromiss mit dem amerikanischen Traum der unbegrenzten sozialen Mobilität.

Weder Gable noch Cooper

Nach THE LAST TYCOON (Der letzte Tycoon; 1976; Elia Kazan) ist GUILTY BY SUSPICION De Niros zweiter Ausflug in die Archäologie Hollywoods. Er verkörpert den gefeierten Regisseur David Merrill, der nach einem zweimonatigen Dreh in Europa in eine Filmmetropole zurückkehrt, deren Klima sich radikal geändert hat. Bald wird er seinen eigenen Namen auf der gefürchteten Schwarzen Liste finden. Die Hexenjagd unter Senator McCarthy erscheint in der Perspektive von Irwin Winklers Regiedebüt wie ein Trauma, das zwar unverarbeitet ist, heute aber irgendwie verjährt wirkt. Winkler erschließt es sich als geradliniges, biederes Lehrstück über Zivilcourage. Es geht um wenig mehr als darum, dass sich Lauterkeit und Integrität des Helden bewähren müssen; der Film wirft keine Fragen auf, die er nicht selbst beantworten kann [5].

Dabei hätte GUILTY BY SUSPICION der lang erwartete Film werden können, der sich ernsthaft mit den Überzeu-

Mit Regisseur Irwin Winkler bei den Dreharbeiten zu GUILTY BY SUSPICION

gungen der Hollywood-Radikalen auseinandersetzt. In der ersten Drehbuchfassung des *black list*-Opfers Abraham Polonsky – die ursprünglich von Bertrand Tavernier, später dann von dem Regieveteranen André De Toth verfilmt werden sollte – waren die Akzente noch ganz anders gesetzt. Die Hauptfigur, angelehnt an den Regisseur John Berry, ist ein Linker, der nichts bereut. Darin läge die eigentliche Brisanz des Themas: einen Helden in den Mittelpunkt zu rücken, der noch immer überzeugter Kommunist ist, für den das Engagement, für das er sich vor dem Ausschuss verantworten soll, keine bloße Jugendtorheit ist. Winkler hingegen hat aus einem heißen Eisen einen lauwarmen Film geschmiedet, ein konventionell wohlmeinendes Drama über einen aufrechten Mann, der fälschlich eines Delikts beschuldigt wird.

Genau darin erweist sich die Triftigkeit der Besetzung De Niros. 1990 ist er längst jemand, der den Amerikanern geheuer und ihnen, gerade auch als Außenseiter, zugänglich ist. Das Gewöhnliche an seiner Figur ist, eben *kein* Kommunist zu sein. Er hat keine Übertretung gewagt, die sein Publikum nicht billigen würde. (So spielt De Niro sehr wohl eine jener Identifikationsfiguren, die Marion Löhndorf ihm nicht abnimmt.) Er verkörpert die Art von Helden, die den Amerikanern jahrzehntelang die teuersten waren: die unverhofften.

Der unsichtbare Amerikaner film:12

GUILTY BY SUSPICION: David Merrill bei der Anhörung

De Niro spielt den Protagonisten zunächst als Arglosen, nur mehr Reagierenden. Zu heroischer Größe scheint Merrill nicht geboren zu sein. Studiochef Zanuck beschwichtigt seinen Lieblingsregisseur dann auch angesichts eines möglichen moralischen Konfliktes: »You're not Cooper or Gable, you're David Merrill. This isn't some big screen drama.« Bei der ersten Anhörung des »Ausschusses für un-amerikanische Umtriebe« verspricht er sich noch, als er die Frage nach seiner Beziehung zur Partei beantworten soll: »I only tended ... attended two or three meetings.« Der couragierte Streiter für Bürgerrechte ist eine Rolle, in die er erst hineinwachsen muss.

De Niro spürt zunächst jedoch der Frage nach, wie viel das Filmemachen David Merrill bedeutet. Er legt die Figur als jemanden an, dem die über alles geliebte Arbeit genommen wird. An seiner Hingabe an den Beruf ist auch seine Ehe gescheitert. »That's all I ever wanted to do«, sagt er, »I even miss the reviews.« Der Stolz, sein Schicksal allein meistern zu können und niemandem zur Last zu fallen, verurteilt ihn fast zum Scheitern. Der Individualismus, die Autarkie sind Werte, die er nicht aufgeben mag. Auch hier gibt es wieder das klaglose Hinnehmen, das stolze Herunterschlucken von Demütigung und Kränkung. Selbst seinen Ärger vermag er noch zu beherrschen: In einer Szene schmeißt er

De Niro mit Martin Scorsese in GUILTY BY SUSPICION

nach einer Absage wütend das Telefon an die Wand, gleich danach stellt er ein getroffenes Familienfoto wieder an seinen alten Platz.

Mit der moralischen Wiedergeburt der Figur geht auch eine romantische Erneuerung einher. Die Trennung von seiner Ehefrau (Annette Bening) hat er insgeheim nie verwunden. Bei der ersten Wiederbegegnung nach dem Europa-Aufenthalt vermeidet er anfangs demonstrativ den Blickkontakt mit ihr. Die Arbeit war bislang für ihn immer ein Mittel, sich zu entziehen: »You're always leaving for someplace«, sagt sie einmal. Dass er nun seine Machtposition verloren hat, verletzbar geworden ist, führt sie wieder zusammen und ist gewiss auch eine Entlastung vom Druck des Selbstbildes von Erfolg und Souveränität. Eine ungekannte Harmonie scheint möglich in der Szene, in der er Storyboards für den nächsten Drehtag vorbereitet und seinem Sohn beim Zeichnen der Hausaufgaben hilft.

Am überzeugendsten ist GUILTY BY SUSPICION allerdings immer dann, wenn De Niro sich auf den Aspekt der Professionalität des Regisseurs konzentriert. Eine Atmosphäre pragmatischer, respektvoller Komplizenschaft herrscht in der Szene, in der er mit Martin Scorsese (in einer Gastrolle, die auf Joseph Losey basiert) darüber diskutiert, wie dieser eine Szene seines jüngsten Films schneiden soll. Merrills erste Chance, nach langer Zeit wieder bei einem Film Regie zu führen (einer B-Version von HIGH NOON [Zwölf Uhr Mittags; 1952; R: Fred Zinneman]), ist als hübscher, wenn auch vorbehaltlicher Triumph inszeniert. Ein Hochgefühl der Konzentration, eine Melancholie der Könnerschaft ist da zu spüren, die von MIDNIGHT RUN über HEAT (1995; R: Michael Mann) und RONIN (1998; R: John Frankenheimer) bis hin zu THE SCORE (2000/01; R: Frank Oz) zu einem Grundzug seiner Genrefiguren geworden ist; auch als Analogie zwischen Darsteller und Rolle.

Das ungenügende Leben

Gleich in seiner ersten Szene verwandelt sich De Niro der Figur in MAD DOG AND GLORY mit einem sorgfältigen, präzisen Charakterdetail an. Wir sehen den Polizeifotografen Wayne zum ersten Mal, als er während seines nächtlichen Bereitschaftsdienstes schläft. Die Fötushaltung, in der er sich auf den Fußboden gekauert hat, verrät eine Sehnsucht nach Geborgenheit, die ihn in der gewalttätigen Welt, auf die uns der Film in der Eröffnungssequenz eingestimmt hat, überaus verletzbar wirken lässt. Am Tatort, zu dem er und sein zynischer Kollege Mickey (David Caruso) gerufen wurden, verhält er sich zwar nüchtern und professionell. Aber gleich die nächste Situation überfordert ihn. In einem Supermarkt gerät er zufällig an den flüchtigen Verbrecher, es fehlen ihm jedoch der Mut und die Geistesgegenwart, um ihn zu verhaften.

Sein ungeliebter Spitzname »Mad Dog« verweist sarkastisch auf ein heroisches Bild, dem er nicht genügt. Vor 15 Jahren hat er einmal seine Waffe im Dienst ziehen müssen, damals hätte er sich beinahe in die Hosen gemacht. Dennoch besitzt er eine gewisse Robustheit. Die Dinge, die er Tag für Tag in seinem Beruf als forensischer Fotograf (auch dies ein Metier, das De Niro genau studiert hat) sieht, gehen zwar nicht spurlos an ihm vorüber, gleichwohl wären noch weitaus traumatischere Auswirkungen dieses alltäglichen Grauens denkbar. Tatsächlich bleibt Wayne jedoch erstaunlich unangetastet davon. Seine Probleme sind

Robert De Niro **Das ungenügende Leben**

Mit Bill Murray in MAD DOG AND GLORY

anderer Art. Er besitzt ein reiches Innenleben, das uneingelöst bleibt. Er hadert mit der eigenen Beamtenmentalität, hat Angst, so geworden zu sein wie sein Vater, der ein Leben als Buchhalter fristete: »He became an invisible man.« Er wünscht sich, ein wirklicher Fotograf zu sein. »I don't create stuff. I find stuff.« Stattdessen führt er eine Existenz im Konjunktiv. Nur in seiner Fantasie vermag er die eigene Unzulänglichkeit zu revidieren. Nach Feierabend sieht er eine *cop show* im Fernsehen und stellt sich vor, wie entschlossen und tatkräftig er eigentlich mit dem Verbrecher hätte verfahren sollen. Seine Sehnsüchte sind gestundet, regelmäßig wirft er begehrliche Blicke in ein gegenüberliegendes Fenster, wo ein Liebespaar sich umarmt. Das Verhältnis zu seiner sympathischen Nachbarin (Kathy Baker) dürfen wir uns als Folge von verpassten Chancen vorstellen [6].

Akt der Imitation: ...

Die Begegnung mit dem Gangster Milo (Bill Murray), dem er eher versehentlich bei dem nächtlichen Überfall das Leben rettete, birgt jedoch das Versprechen, das eigene romantische und heroische Potenzial auszuleben. Auf Geheiß seines Therapeuten fühlt der Gangster sich dem tapferen und mitfühlenden Lebensretter zu Dank verpflichtet und verspricht ihm: »I'll become the expeditor of your dreams.« Milo ist, wie Mickey, eine jener Gegenfiguren, mit denen der Film Wayne umgibt, die ihn an seinen eigenen Kleinmut erinnern müssten. Deren Sarkasmus hat Wayne allenfalls eine zaghafte Selbstironie entgegenzusetzen. Bald gebärdet er sich jedoch selbstbewusster, kritisiert Milos Auftritte als Freizeitkomiker (er findet seine Attitüde zu feindselig). Eine vorbehaltliche Seelenverwandtschaft deutet sich an, als Milo sagt: »I got this feeling we both want to be someplace else.« [7]

Zu der Chance, sich selbst neu zu erfinden, gesellt sich für die De Niro-Figur auch in MAD DOG AND GLORY das Motiv der romantischen Wiedergeburt. Milo macht ihm für eine Woche das Barmädchen Glory (Uma Thurman), die Schulden bei ihm abzahlen muss, zum Geschenk. Die Liebesgeschichte, die sich alsbald entwickelt, ist von berückender Naivität. Für beide ist dieses Arrangement anfangs beklemmend. Rasch fängt er jedoch an, die Gelegenheit zu genießen, sein Leben und seine Träume teilen zu können; die bange Frage, ob diese auch vor den Augen eines anderen Menschen bestehen können, stellt er sich bald nicht mehr. Die ersten Zärtlichkeiten sind noch ein Akt der Imitation: Beim Fernsehen (diesmal ein Liebesfilm) bewegt sie ihn dazu, den Arm um sie zu legen.

Er gesteht ihr, dass er seit zwei Jahren nicht mit einer Frau geschlafen hat; es liegt bei ihr, die Initiative zu ergreifen. Beim ersten Mal kann er sich noch nicht vom Druck der eigenen (und ihr unterstellten) Erwartungen befreien. »You're a sweet man«, sagt sie nachher, und es klingt gar nicht herablassend, nicht einmal tröstend. Wie in FALLING IN LOVE und STANLEY & IRIS ist sich die De Niro-Figur der eigenen erotischen Anziehungskraft anfangs nicht gewiss, ihr Selbstbewusstsein bedarf der Bestätigung. Allmählich wird jedoch eine vertrauensvolle Erotik vorstellbar, eine Erlösung von unerfüllbaren Rollenbildern. Sie verlangt von ihm nicht, gerettet zu werden. Ihre eigene Identität ist unbestimmt, gespalten zwischen Wunsch und Realität (ursprünglich wollte sie Schauspielerin werden); die Seelenverwandtschaft, die in der Begegnung mit Milo tragikomische Behauptung blieb, könnte sich nun erfüllen.

De Niro sentimentalisiert die Wandlung seiner Figur nicht, sondern begreift sie als Lernprozess. Eine Liebe gefunden zu haben, erfüllt ihn mit einem Stolz, der zunächst sogar noch pubertäre Züge annimmt: Er tanzt mit Glory vor seinem Fenster, in der Hoffnung, dass das Paar von gegenüber ihn so sehen könnte. Es dauert, bis er erkennt, dass er seiner Umgebung nichts mehr zu beweisen hat. Über sein Glück muss er fortan selbst bestimmen. De Niros Körperspiel knüpft in der Schlusssequenz an den Anfang an, wenn er Wayne, der für sein neu gewonnenes (Liebes-)Glück streiten will, auf den Stufen seines Hauseingangs mit eingekehrten Schuhspitzen kauern lässt, voller Sorge, der neuen Rolle nicht gewachsen zu sein. Nachdem er begriffen hat, dass er nicht mehr allein sein

... »You're a sweet man«

kann, ist der Kampf gegen Milo nur noch ein Nachgefecht. So klingt dessen Drohung, als er Glory nach einer Woche zurückfordern will, in Waynes Ohren wie ein Versprechen: »Your life will become a raging sea!«

Umkehrbilder

In einer langen Schauspielerkarriere ist die Wiederbegegnung mit bestimmten Situationen unvermeidlich und zugleich eine Chance, Akzente und Perspektiven zu verschieben, Jahre später noch einmal neue Nuancen hinzuzufügen. Eine Ordnung der Entsprechungen, Korrespondenzen und Widersprüche entsteht, die nicht unbedingt forciert, aber gewiss auch nicht willkürlich ist.

Wie Waynes Verhalten während des Überfalls auf den Supermarkt in MAD DOG AND GLORY eine Replik ist auf die entsprechende Szene in TAXI DRIVER (1975/76; R: Martin Scorsese) und gegensätzliche Facetten der Leinwandpersona des Schauspielers offenbart, so lässt sich auch De Niros Regiedebüt A BRONX TALE als Gegenstück zu Scorseses Film lesen.

Die Perspektive des Rückspiegels, die Weltteilhabe im Schutz der Windschutzscheibe bedeutet für den Busfahrer Lorenzo keine Isolation, sondern die relative Überlegenheit eines privilegierten Aussichtspunktes. De Niro verleiht ihm eine milde, großzügige Autorität, er sieht es den Kindern gern nach, wenn sie sich am Heck festhalten und für ein paar Hundert Meter schwarz mitfahren. Beim Passieren der Kirche auf seiner Route entlang der 187. Straße bekreuzigt er sich. Für seinen Sohn Calogero (als Kind: Francis Capra, als Heranwachsender: Lillo Brancato) ist der Beruf ein Beweis der väterlichen Souveränität. Calogeros erster Off-Kommentar kündigt einen nostalgischen Blick auf eine kleinbürgerliche Kindheit in der Bronx an. Aber zugleich auch eine zweifache Verklärung: nicht nur die des Vaters, sondern auch des mächtigen Gangsters Sonny (Chazz Palminteri). Vergeblich versucht der Sohn, seinem Vater begreiflich zu machen, weshalb er Sonny bewundert: »Alle lieben ihn. Das ist genauso, wie wenn du deinen Bus fährst!«

Robert De Niro

Umkehrbilder

Wayne beim Überfall im Supermarkt in MAD DOG AND GLORY

Travis Bickle in TAXI DRIVER

119

Der unsichtbare Amerikaner

MAD DOG AND GLORY: Wayne fantasiert vor dem Fernseher

Der schweigenden Mehrheit des amerikanischen Kinopublikums kam De Niro bis dahin wahrscheinlich nie so nahe. A BRONX TALE ist ein Stück Americana, das freilich eher den Fotografien einer Helen Levitt als den idyllischen Genrebildern eines Norman Rockwell entspricht. Es kontrastiert eine bescheidene kleinbürgerliche Welt mit der glamourösen Sphäre des Gangsterlebens, es spielt das tägliche Einerlei des braven, hart arbeitenden Busfahrers gegen das Leben auf der Überholspur aus. Ein eindeutiger Bezugspunkt ist der Western SHANE (Mein großer Freund Shane; 1953; R: George Stevens), der diesen archetypischen Grundkonflikt des US-Kinos ausgelotet hat. »Es ist leichter, auf den Abzug zu drücken, als jeden Morgen aufzustehen und zur Arbeit zu gehen«, erklärt der Vater dem Sohn. Das US-Kino hatte immer wenig Zutrauen zu solch hehren Einsichten.

De Niros Film lässt den Zuschauer jedoch eine erstaunliche moralische Ambivalenz aushalten. Bei der Gegenüberstellung, bei der der kleine Calogero Sonny als Mörder identifizieren könnte, lügt er und verschafft sich dadurch die lebenslange Gunst des Gangsters. In dieser Szene richtet der Junge fragende Blicke sowohl auf Sonny wie auf seinen Vater. Das Augenmerk der Sequenz liegt jedoch auf der Reaktion Lorenzos als moralischer Instanz. Der verurteilt seinen Sohn nicht, auch wenn er sagt: »Du hast etwas Gutes für einen bösen Menschen getan.« Er kennt die Regeln, die in der Nachbarschaft gelten, weiß, dass es besser ist, sich herauszuhalten. Dabei ist er stolz, lässt sich nicht kaufen. Später wird er Sonny auch seine väterliche Eifersucht eingestehen: »Ich war böse auf Sie, weil er bei Ihnen schneller erwachsen wurde.« Und er wird der Freundschaft, die sein Sohn für den Gangster empfand, an dessen Sarg seine Achtung erweisen.

Als Regisseur nimmt De Niro eine interessante Blickverschiebung vor. Zwar verweist Lorenzos Körperhaltung auf dessen Integrität und letztlich auch Wehrhaftigkeit: Er ist athletisch, den Kopf hat er leicht gebeugt, die Schultern aufgerichtet und erweckt so den Eindruck einer domestizierten Kraft. Aber es ist vor allem Chazz Palminteris Körperspiel, das Aufmerksamkeit erregt. Calogero studiert dessen Gesten genau; es beeindruckt ihn, dass er immer nur drei Finger einer Hand braucht, um sich verständlich zu machen und seinen Anweisungen Nachdruck zu verleihen.

A BRONX TALE ist gewissermaßen ein besonnenes Gegenstück zu SLEEPERS, eine Geschichte darüber, wie sich ein Viertel selbst reguliert, aus eigener Kraft eine Ordnung wiederherstellt. Die Bronx erscheint als ein Ort der vielschichtigen Lektionen. »Das Traurigste auf der Welt«, mahnt der Vater, »ist verschwendetes Talent.« Während Lorenzo für amerikanische Grundwerte steht (Klassenstolz, Baseball), verkörpert Sonny die Desillusionierung, und damit auch die Notwendigkeit, sich abzulösen von bewunderten Bildern. Interessanterweise hat der Gangster viel weniger Vorurteile, was Calogeros Rendezvous mit dem schwarzen Mädchen Jane (Taral Hicks) angeht. So vertraut uns der Film der Gewissheit an, dass Calogero nach diesen Lehrjahren auf der Straße, die ihre Spannung beziehen aus dem Widerstreit zwischen Angst und Respekt, Fürchten und Lieben, bestens fürs Leben gerüstet ist. ❑

Wehrhaft: Lorenzo mit seinem Sohn und dem Gangster Sonny in A BRONX TALE

Anmerkungen

1 Marion Löhndorf: Held der Finsternis. In: Hommage Robert De Niro. (Redaktion: Rolf Aurich, Wolfgang Jacobsen, Gabriele Jatho). Berlin 2000, S. 46.
2 »But then De Niro fell on a stretch of odd choices and uncertain performances. The films were often unworthy of him, and there were signs that he was cashing in.« In: David Thomson: A Biographical Dictionary of Film. Third Edition. New York 1998, S. 187f.
3 In: Keith McKay: Robert De Niro – The Hero behind the Mask. New York 1986, S. 140.
4 Auch als Iris ihn nach einem zeitweiligen Bruch besucht, wendet er sich ständig von ihr ab und weicht einem Blickkontakt aus; allerdings ist dies eher Indiz einer Enttäuschung, einer Verletzung.
5 Wie unbehaglich das Thema Winkler ganz offensichtlich war, zeigt sich nicht nur in der Distanz, die er zu den heikleren Seiten seines Stoffes wahrt, sondern auch in der Darstellerführung. Patricia Wettig und vor allem Chris Cooper sind wenig überzeugend in ihren Rollen als tragisches *black list*-Opfer respektive Denunziant. Auch in die Dialoge hat sich eine merkwürdige Tendenz eingeschlichen, die eigene Hauptfigur zu desavouieren: Sie stecken voller offensichtlicher dramatischer Ironien, die nach dem Prinzip »Hochmut kommt vor dem Fall« funktionieren. Der Song, den Dianne Reeves in einer Barsequenz singt, *Easy Come, Easy Go* (»Wie gewonnen, so zerronnen«), reduziert das Drama zusätzlich auf die unverfängliche Ebene privater Rückschläge.
6 THE SCORE scheint in vielerlei Hinsicht auf MAD DOG AND GLORY zu antworten, ist fast eine Umkehrung seines Konfliktes. Mit Nick Wells verbindet Wayne nicht nur die Liebe zum Jazz. Der Nachtclubbesitzer führt eine parallele Existenz als Meisterdieb, in der sich etliche von Waynes Wunschträumen erfüllen. Wells sehnt sich jedoch danach, sich in den Ruhestand seiner bürgerlichen Existenz zurückzuziehen. Er fragt seine Freundin sogar: »Do you want me to be more common?« Übrigens ist auch Nick Wells auf bemerkenswert unheroische, schäbige Art bereit, jemand anderen an seiner Stelle einen Kampf für sich austragen zu lassen – was für ihn allerdings nicht so demütigend ist wie für Wayne.
7 Als ihm das Drehbuch von Richard Price angeboten wurde, ging De Niro zunächst davon aus, dass er die Rolle Milos spielen sollte. Später bot ihm ANALYZE THIS (Reine Nervensache; 1999; R: Harold Ramis) die Chance, das komödiantische Porträt eines Mafioso nachzuholen.

Der tiefgekühlte Mann – De Niros Helden und ihre Frauen: eine hoffnungslose Beziehung?

Von Katja Nicodemus

Es war einmal ein kleiner Junge namens Noodles, der in Brooklyn ein wunderschönes Mädchen namens Deborah liebte. Eines Tages, als er ihr wieder einmal bis ins Haus hinein nachstellte, las sie ihm ein Gedicht vor: »Mein Geliebter ist schneeweiß und rosig / Seine Wangen sind aus feinstem Gold / Sein Hals ist ein zarter Stiel / Auch wenn er ihn nicht mehr gewaschen hat / Seit letztem Dezember / Seine Augen sind die Augen einer Taube / Sein Leib ist leuchtendes Elfenbein / Seine Beine sind zwei Säulen aus Marmor / In ein paar Hosen, die so dreckig sind / Dass sie von selbst stehen. / Er ist ganz und gar mein Entzücken / Aber er bleibt immer ein armer billiger Gauner / Und kann deshalb nie meine Sünde werden / Wie schade.«

Die kleine aufstrebende Balletttänzerin aus Sergio Leones ONCE UPON A TIME IN AMERICA (Es war einmal in Amerika; 1984) scheint genau zu wissen, wie es um den Straßenjungen bestellt ist, an den sie ihr Herz verloren hat. In ihrer abgeklärten Hymne wird, mit alttestamentarischer Untermauerung, ein Muster angedeutet, das in Robert De Niros Filmen immer wieder auftaucht und das Verhältnis oder besser Nicht-Verhältnis seiner Figuren zum anderen Geschlecht bestimmt. Er bleibt der ewige *homme à hommes*, einer, der die Frauen zwar erobern und besitzen will, sich ansonsten aber stets an virilen Bezugssystemen orientiert, ob sie nun in den Straßen Brooklyns, im Ring, im Polizeidienst, in kriminellen oder kriegerischen Strukturen – Banden, Militär, Mafia – zu finden sind.

Unter Männern

Die lyrische Vertrautheit des Kinderrendezvous in ONCE UPON A TIME IN AMERICA wird denn auch jäh unterbrochen, als Noodles von seinem Kumpel Max auf die Straße gepfiffen wird. »Geh' nur, deine Mutter hat gerufen«, höhnt die Sitzengelassene. Jahre später wiederholt sich die Szene nach Noodles' Entlassung aus dem Gefängnis. Die Präsenz von Freunden ist für De Niros Charaktere tatsächlich Ersatz für den mütterlichen Schoß, sie bedeutet Geborgenheit, Sicherheit und Schutz. Unter Männern bewegt er sich frei, natürlich, souverän, ihre Gesellschaft ist sein eigentliches Element. So entsteht die unendliche Melancholie von Leones Film nicht aus dem Gefühl, die große Liebe verpasst und vermasselt zu haben, sondern aus der – immer wieder durch Rückblenden illustrierten – Sehnsucht nach den glücklichen Kindheitsjahren in der Jugendgang mit ihren Streifzügen, Streichen und Betrügereien in den Straßen Brooklyns.

Eine ähnlich gebrochene, rein männlich geprägte Sentimentalität gibt es auch in Michael Ciminos THE DEER HUNTER (Die durch die Hölle gehen; 1978), wo eine Freundesclique rituell zum Jagen in die Berge fährt. Für De Niros Figur ist die Jagd einerseits der Versuch, sich nach dem Vietnamkrieg der alten Freundschaften zu versichern und an gemeinsame Erinnerungen anzuknüpfen, aber sie ist auch eine Flucht vor Meryl Streep, die ihren Verlobten Nick verloren hat und mit De Niros Michael zaghaft einen Neuanfang versuchen will.

Auch in HEAT (1995) hat die Liebe keine Chance gegen die Fixierung auf einen männlichen Gegenpart. Michael Manns Thriller erzählt von der latent libidinösen Konkurrenzbeziehung zwischen einem Supergangster – De Niro – und einem Supercop – Al Pacino –, die nach den gleichen moralischen Prinzipien agieren. Obwohl seine schöne kluge Freundin bereit ist, mit ihm ans Ende der Welt zu fliehen, will De Niro aus reinem Berufs- und Bandenethos noch schnell einen Verräter bestrafen und damit den Auftrag zu Ende führen. So läuft er natürlich Pacino in die Arme, der mit der Liquidierung des Gegners seinerseits eine Mission erfüllt. Während

Männerkosmen: MEAN STREETS, THE DEER HUNTER, ONCE UPON A TIME IN AMERICA, HEAT (linke Spalte); MIDNIGHT RUN, GOODFELLAS, MAD DOG AND GLORY, RONIN

die Freundin am Schluss immer noch im Auto wartet, darf der Bulle mit dem sterbenden Gangster Händchen halten.

Selbst in MAD DOG AND GLORY (Sein Name ist Mad Dog; 1993; R: John McNaughton), einem Film, der De Niro tatsächlich so etwas wie Romantik gönnt, wird seine Liebesgeschichte mit Uma Thurman von einer Männerbeziehung determiniert. Wieder sind es ein Polizist und ein Gangster (Bill Murray), die ihre Auffassungen von Berufsethos und Freundschaft miteinander abgleichen. Sobald Glory aus dem Bild verschwunden ist, wird ihr Schicksal von zwei Männern in einem jungenhaften Faustkampf entschieden, dessen Sieger die Beute mit nach Hause nehmen darf. Die Frau, die auf ihn wartet, während er mit den Kerls zu Gange ist – das ist ein Muster, das sich bis in dahingeschluderte Konfektionsware wie George Tillmans MEN OF HONOR (2000) fortsetzt, wo De Niros Figur, ein rücksichtsloser Marineschleifer, sogar am Hochzeitstag in der GI-Kneipe an einer physischen Mutprobe teilnimmt.

Letztlich scheint Little Italy die imaginäre Matrix dieser nebeneinander existierenden Männer- und Frauenkosmen zu sein: In De Niros italo-amerikanisch geprägten Filmen landen die weiblichen Charaktere meistens vor der Tür, wenn etwas Wichtiges zu besprechen ist. Ohnehin haben diese leicht geschwätzigen, notorisch nörgelnden Hausfrauen, von denen er sich in A BRONX TALE (In den Straßen der Bronx; 1993) selbst eine an die Seite inszeniert, ein undankbares Leben: Sie werden angemeckert, wenn sie die Steaks nicht richtig durchbraten oder bei der Erziehung des Nachwuchses zu wankelmütig sind, und haben keine Chance gegen die engen Bruder- oder Vater-Sohn-Beziehungen ihrer Ehemänner.

Aufschlussreich ist, dass diese Männer, wenn es um den Ausdruck von Gefühlen oder um Heiratsanträge geht, keine passende Semantik parat haben. Wenn zum Beispiel Sam »Ace« Rothstein das Edel-Callgirl Ginger (Sharon Stone) in CASINO (1995; R: Martin Scorsese) zur Heirat überredet, dann redet er von Vertrauen, Achtung, Zuwendung, Zusammengehörigkeitsgefühl, verwendet also Begriffe, die allesamt eher die Männerfamilien kennzeichnen, in denen er sich bewegt. Umgekehrt ist das Treffen, bei dem sich Pacino und

Ausstellungsstück: Vickie in RAGING BULL

De Niro in HEAT ihren Respekt bekunden und einander als wesensverwandt erkennen, eine Art Liebeserklärung.

Bleibt in diesem Kumpelkosmos überhaupt ein semantisches Feld für die Frauen übrig? Vielleicht gibt De Niro in seiner eigenen Regiearbeit A BRONX TALE indirekt eine Antwort. In dieser liebevoll-nostalgischen Community-Geschichte geht es um einen Jungen, der im lokalen Mafiaboss (Chazz Palminteri) einen freundschaftlich-väterlichen Mentor findet. Als sich der Junge zum ersten Mal verknallt, erklärt ihm der Ältere, wie es sich in der Liebe verhält: »You are only allowed three great women in your lifetime. They come along like the great fighters, once every ten years: Rocky Marciano, Sugar Ray Robinson, Joe Louis.« Die tolle Frau und der tolle Boxer – für die Weiblichkeit gibt es in diesem Universum keine Kategorien, die über Billardtische, Autogespräche und Sportwetten hinausgingen. »For a guy who likes sure things I was about to bet the rest of my life on a real longshot«, sagt Sam Rothstein in CASINO, als er Ginger heiratet.

Die Vereinnahmung des weiblichen Gegenparts funktioniert natürlich nicht nur verbal. Immer wieder spielt De Niro Männer, die zu ihren Frauen eine reine Besitzbeziehung haben, die Gefühle in materialistische Bedeutungssysteme überführen. Wenn Jake La Motta in RAGING BULL (Wie ein wilder Stier; 1979/80; R: Martin Scorsese) zum ersten Mal dem 15-jährigen blonden *neighbourhood girl* Vickie (Cathy Moriarty) gegenübersteht, lädt er sie zu einer Spritztour im

Der tiefgekühlte Mann

Liebe und Luxus: ...

offenen Cabrio ein. »Move over!«, befiehlt er irgendwann während der Fahrt und legt den Arm um sie. Dabei findet allerdings keinerlei Berührung statt. Jakes Arm bleibt auf dem Sitz hinter ihrem Kopf liegen und dient ausschließlich als Präsentationsrahmen für sein Ausstellungsstück. Überhaupt wird sie von La Motta erst angesprochen, nachdem er sie in einem Nachtclub in der Gesellschaft seines Feindes und Konkurrenten erspäht hatte.

Auch Sharon Stone wird im Rothstein-System von CASINO zum Repräsentationsobjekt, für das ihr Ehemann allerdings großzügig bezahlen muss. Da sie ihn nicht liebt, muss ein anderer Pakt die Verbindlichkeit des Gefühls ersetzen:

... Sharon Stone und De Niro in CASINO

finanzielle Absicherung für die Rolle der Frau und Mutter. Der Vertrag wird Punkt für Punkt erfüllt (»First the baby, then the marriage«), wobei Scorsese die Inszenierung von Nähe stets mit den Insignien von Luxus und Besitz verbindet. Sam und Ginger küssen sich auf dem Bett, während er sie pfundweise mit Goldschmuck überschüttet. Auf der Bank entsteht bei beiden genau in dem Moment so etwas wie Leidenschaft, wenn die Millionen im Sicherheitsfach verschwinden. Als Sam seiner Frau schließlich die neue, fix und fertig eingerichtete Luxuswohnung vorführt und ihr den Chinchilla-Mantel um die Schultern legt, muss Ginger nur noch Teil der Dekoration werden, so wie ihre Kleider, die bereits fürsorglich umgeräumt sind und adrett in den riesigen Schränken hängen.

Selbst in STANLEY & IRIS (1989/90; R: Martin Ritt), einem Film, dessen Geschichte im wesentlichen darum kreist, dass Jane Fonda Robert De Niro Lesen und Schreiben beibringt, verliert die sowohl intellektuell als auch lebenspraktisch eindeutig überlegene weibliche Figur am Ende doch noch aus materiellen Gründen die Oberhand. Nach einer Blitzkarriere fährt Stanley überraschend im dikken Wagen vor, um Iris samt Kindern in einen anderen Bundesstaat zu verfrachten – das neue große Haus ist schon gekauft.

One Hell of an Animal

Neben solchen vermittelten Inbesitznahmen gibt es auch die ganz konkrete physische. Das Bestreben, eine Frau um jeden Preis zu besitzen, und die gleichzeitige Erfahrung ihrer Distanz und Abweisung, führen bei De Niros Figuren immer wieder zu sexueller Gewalttätigkeit. Ausgerechnet beim ersten Tête-à-tête offenbart Deborah (Elizabeth McGovern) in ONCE UPON A TIME IN AMERICA, dass sie keineswegs die Absicht hat, Noodles' Frau zu werden. »Du würdest mich in ein Zimmer sperren und die Tür abschließen«, sagt sie, »und wahrscheinlich würde es mir sogar gefallen.« In ihrem Plan, als Schauspielerin Karriere zu machen, kommt er denn auch nicht vor, mit ihrem Bildungshunger kann er nicht mithalten. Auf der Heimfahrt wird er sie brutal im Taxi vergewaltigen. Wenn er seine Jugendliebe schluchzend, gedemütigt und mit zerrissenem Kleid im Auto zurücklässt und völlig desolat, mit noch offener Hose vor dem grauen Morgenhimmel steht, wirkt er wie der einsamste Mann auf der Welt.

In CAPE FEAR (Kap der Angst; 1991; R: Martin Scorsese) überzeichnet De Niro die aggressive Sexualität bis hin zur Karikatur. Hier stellt er als Ex-Sträfling Max Cady seinem Hassobjekt, dem von Nick Nolte gespielten Anwalt Sam Bowden, die Frage, ob er sich schon mal als Frau gefühlt habe. Die vielsagende Antwort gibt er dann selbst: Sich als

Robert De Niro   One Hell of an Animal

Der einsamste Mann auf der Welt: Noodles in ONCE UPON A TIME IN AMERICA

Der tiefgekühlte Mann   film:12

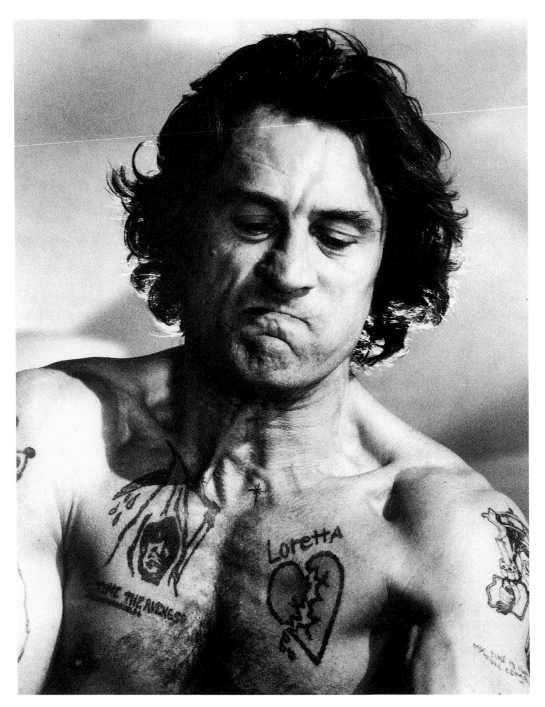

Frau fühlen, das bedeute, von vier Männern festgehalten zu werden und einem schmierigen Dreckskerl zu Diensten zu sein. Er selbst wird wiederum den Frauen zeigen, was es heißt, sich als Frau zu fühlen: Cady vergewaltigt die Gehilfin des Anwalts und beißt ihr ein Stück Fleisch aus der Wange; später steht er kurz davor, Bowdens Tochter vor den Augen der Eltern sadistisch zu missbrauchen. Vielleicht, weil er in diesem Film ohne Rücksicht und Verklemmtheit den comichaft überzeichneten Frauenverächter spielt (inklusive Tittenfeuerzeug und phallischer Zigarre), hat der muskelbepackte De Niro in CAPE FEAR eine geradezu befreite physische Präsenz. Die Szene, in der er Juliette Lewis im Theatersaal ihrer Schule erst an seinem Joint ziehen und dann an seinem Daumen lutschen lässt, lebt von der abgründigen Erotik dieses bedrohlichen Wesens aus dem dunklen Wald, das seine Verführungskraft gezielt einsetzt.

»I'm just one hell of an animal«, witzelt Cady in jener Barszene, die in CAPE FEAR zur brutal-kannibalischen Vergewaltigung führt. In ihrer Analyse von CAPE FEAR weist die Filmemacherin und Filmtheoretikerin Lesley Stern nach, dass sich diese auf den ersten Blick vielleicht misogynste Szene, die De Niro je gespielt hat, wesentlich von der Vergewaltigung in ONCE UPON A TIME IN AMERICA unterscheidet – indem sie nämlich nicht als Symptom einer einerseits naturgegeben animalischen und andererseits verletzlichen Männlichkeit erscheint, sondern auf einen Defekt aufmerksam macht: »Obwohl das Animalische mit der Sexualität verbunden ist, geht es dabei nicht um animalische Anziehungskraft oder unwiderstehliche männliche Allüre; in seiner Verletzung alles Sozialen und seinem offensichtlich krankhaften Hass auf das Feminine ist es wahrhaft erschreckend, eine Bewegung ins Inhumane. Die Vergewaltigung lässt Max Cady nicht menschlicher erscheinen, und sie wird nicht erklärt mit dem Verweis auf seine sexuelle Natur als Mann.« [1]

Als wandelnde Nemesis des Anwalts weiß Cady immer genau, was er tut, und stellt den eigenen Trieb unter die Kontrolle seines besessen kalkulierten Racheplans. Es entbehrt nicht einer gewissen Ironie, dass die exzessive Gewalt in diesem Film nicht einmal den Frauen selbst gilt, dass sie

»I'm just one hell of an animal«:
Max Cady in CAPE FEAR

Der tiefgekühlte Mann   film:12

Wesen aus dem dunklen Wald: ...

Robert De Niro One Hell of an Animal

... De Niro und Juliette Lewis in CAPE FEAR

Probleme mit der Libido: De Niro in RAGING BULL und ...

nur Mittel zum Zweck sind und sozusagen doppelt missbraucht werden. Die Misogynie der jenseits des Sozialen stehenden Übermenschenfigur erscheint zudem als Bestandteil einer von De Niro lustvoll ausgespielten Weltverachtung. Überschreitung, Verletzung alles Sozialen – mit dieser nihilistischen Note spitzt Scorsese einen Wesenszug seines Lieblingsschauspielers zu, der ihm auch in anderen Rollen etwas Randständiges, sich Entziehendes verleiht. Immer wieder ist auf der Leinwand eine Tendenz zum Inkommunikativen, zur Verweigerung von Gefühlen zu beobachten, die am deutlichsten in seinen Frauenbeziehungen zu Tage tritt.

»Cause I'm just one hell of an animal« – entweder das Tier kommt zum Vorschein oder gar nichts passiert oder beides. »In my world I do, what animals do«, beschreibt De Niro als therapiereifer Mafiaboss in ANALYZE THIS (Reine Nervensache; 1999; R: Harold Ramis) dem Psychiater Billy Crystal seine Auffassung vom Sex, nicht ohne zu betonen, dass es schon acht Nächte hintereinander nicht mehr geklappt hat. In RAGING BULL ist La Mottas eventuelle Impotenz eines von vielen Symptomen einer sich im Verlauf des Films steigernden, umfassenden Verweigerung, die sich vom Begehren und den Gefühlen der Nächsten in einer paranoiden Umkehrung bedroht sieht. Jake La Motta betrachtet seine Frau als Objekt der Anbetung und Begierde. Eine Szene, in der er sie – während der Vorbereitungsphase auf den nächsten Kampf – aufs Bett zieht und Befehle gibt, kippt genau dann, wenn Vickie mit offensichtlicher Lust in das Spiel einsteigt und selbst die Initiative übernimmt. Mit der Überlagerung von Heiliger und Hure, beziehungsweise dem Ge-

Robert De Niro

fühl, in dieser Situation selbst Sexualobjekt seiner Frau zu sein, kommt La Motta nicht klar. Unter dem Vorwand des Boxeraberglaubens bricht er das Ganze ab und schüttet sich Eiswasser in die Hose. Dass ihm die Libido seiner Frau letztlich Angst macht, erkennt auch sein Bruder, wenn er La Mottas wahnhafte Eifersucht auf »troubles in your bedroom« zurückführt.

Nachhilfe in Sachen Erotik

»Normalen« Sex scheint es in De Niro-Filmen so gut wie nicht zu geben, seine Bettszenen sind eine Ansammlung von unkomischen Ausrutschern, die in ihrer Häufung zum über die Filme hinausweisenden Symptom einer männlichen Grundbefindlichkeit zu werden scheinen. Wenn Meryl Streep in THE DEER HUNTER aufgeregt und verlegen aus der Dusche kommt, liegt der erschöpfte Kriegsheimkehrer schon leise schnarchend im Bett; in NOVECENTO (1900; 1974-76; R: Bernardo Bertolucci) flößt er einem Dienstmädchen beim Sex Alkohol ein, was einen epileptischen Anfall auslöst. In STANLEY & IRIS denkt die heulende Jane Fonda immer noch an ihren verstorbenen Mann, während De Niro eher ungeschickt auf ihr herumrutscht, und in FALLING IN LOVE (Der Liebe verfallen; 1984; R: Ulu Grosbard) endet das erste Tête-à-tête mit Streep aus ähnlichen Gründen desaströs. Der perfide Dekonstruktivist Quentin Tarantino hat dieses hilflose Verhältnis zum Geschlechtlichen natürlich genau erkannt, als er De Niro und Bridget Fonda in JACKIE BROWN (1997) einen der quicksten Quickies der Filmgeschichte auf den Leib schrieb. Nach dem Insert – *Three minutes*

... THE DEER HUNTER

Der tiefgekühlte Mann

Bilderbuchprolet: Louis Gara in JACKIE BROWN

later – zieht er sich den Hosenlatz zu und wendet sich teilnahmslos zum Kühlschrank: »Have a beer?«

In JACKIE BROWN gibt es eine Einstellung, die De Niros körperliche Distanz zur Weiblichkeit geradezu emblematisch in Szene setzt. Während eine in Glam und Glitter aufgetakelte Prostituierte vor ihm die Playback-Version eines Supremes-Songs aufführt, sitzt er breitbeinig im Schaukelstuhl und klopft mit den Händen eher tapsig den Takt nach: Bilderbuchprolet und Abziehbild einer un- und vorbewussten Männlichkeit, die derart perfekt auf ihre entscheidenden Signifikanten zusammengedampft ist, dass sie sich schon wieder selbst persifliert. De Niro, so Lesley Stern, bewege sich zwischen der lakonischen, sardonischen Maskulinität klassischer Hollywood-Helden und einer »Rhetorik des Körpers«, die er von den »Method boys« erlernt habe [2]. Dieser Körpercode ist bei Robert De Niro nicht Ausdruck einer selbstgewissen Männlichkeit und unbestimmten virilen Aggression, sondern lakonisch eingesetztes Stilmittel. Es ist der auf der totalen Kontrolle des Körpers beruhende Hang zur Abstraktion und Stilisierung, der ihn seinen weiblichen Mitspielerinnen gewissermaßen »von innen heraus« physisch entfremdet.

Wie kommt es eigentlich, dass dieser Typ trotzdem immer wieder zärtlich geliebt wird? Was macht Robert De Niro auf der Leinwand zu einem Mann, bei dem eine Frau an biblische Hymnen denkt, was lässt sie vom »schneeweißen und rosigen Geliebten« träumen, von »Wangen aus feinstem Gold« und einem »Leib aus leuchtendem Elfenbein«? Weder sieht De Niro besonders gut aus, noch ist er galant; er ist nicht überdurchschnittlich erotisch, und er verführt auch nicht durch Humor. Noch dazu kann er bei aller Beherrschung der Körper-Rhetorik definitiv nicht richtig küssen – es sieht immer pubertär und irgendwie angestrengt aus, weil er den Mund nie richtig aufbekommt. Auch das Muttermal auf der rechten Wange, das bei einem Schauspieler mit ausgeprägterem Hang zur erotischen Selbstinszenierung durchaus das Zeug zum Markenzeichen hätte, ist bei ihm nichts weiter als ein blinder Fleck. Was also ist es?

Es könnte ihre unvergleichliche Weltsicht sein, ihr manchmal nervtötender und meistens selbstzerstörerischer Eigensinn, die De Niros Figuren aus der Masse der Männer herausheben. Seine Charaktere mögen Eigenbrötler, Neurotiker, Spießer oder Spinner sein, aber dabei sind sie immer integer bis zur Schmerzgrenze und letztlich unergründlich. Vielleicht ist es gerade dieser Rest, der seine Eigenart ausmacht. »It's not crazy, it's just pushy«, sagt die genervte Liza Minnelli in NEW YORK, NEW YORK (1976/77; R: Martin Scorsese), als De Niro sie auf der Siegesfeier anbaggert. In der Tat ist es nicht besonders originell, eine Anmache im himmelschreiend hässlichen Hawaiihemd mit den Worten »I know you from some place« zu beginnen, aber De Niro ist auf so selbstironische Weise penetrant, auf so geistreiche Weise plump, dass Minnelli ihm später trotzdem hinterherschaut. Er wird sie in diesem Film immer wieder zum Lachen bringen, er wird sie mit seiner Eifersucht und Ichbezogenheit an den Rand des Wahnsinns treiben, er wird rücksichtslos sein und sie betrügen, aber sich selbst wird er dabei stets treu bleiben. Es ist diese Integrität, die ihm in der Rolle sein schönstes und traurigstes Scheitern verschafft: Wenn er Min-

Auf geistreiche Weise plump: Jimmy Doyle in NEW YORK, NEW YORK

Der tiefgekühlte Mann film:12

Frisch verliebt: Wayne in MAD DOG AND GLORY

nelli nach der Geburt des gemeinsamen Sohnes im Krankenhaus besucht, macht er ihr noch einmal eine Liebeserklärung und verlässt sie mit der Einsicht, dass es mit einem wie ihm keinen Weg gibt.

Manchmal muss man ihm den Weg auch vom ersten zögernden Schritt an zeigen. »Open your mouth«, belehrt ihn Uma Thurman gleich beim ersten Kuss in MAD DOG AND GLORY, der wohl De Niros unbeschwerteste Liebesgeschichte erzählt. Angesichts des verletzlichen weiblichen Wesens, das ihm zur freien Verfügung ins Haus geschickt wird, zeigt sich Wayne, der einsame Polizeifotograf mit Schlafstörungen, zunächst abweisend und überfordert. Dass er zuvor die nette Nachbarin abblitzen ließ, deutete schon die Tendenz zu verpassten Gelegenheiten an. Schließlich ist es Glory, die vor dem Fernseher die Initiative ergreift und sich einfach seinen Arm um die Schulter legt. Richtig nett und ernst wird es mit den beiden aber erst, wenn sie seinen besonderen Blick auf das Leben erkennt: Wayne und Glory spazieren eines Abends durch die Stadt, während er ihr vom Fotografieren erzählt, von seinen Gedanken über die seltsame Hilflosigkeit der Leichen, die er Nacht für Nacht bei seinen Einsätzen ablichtet. MAD DOG AND GLORY schenkt De Niro auch den vielleicht einzigen wirklich befreiten Glücksmoment des Frischverliebtseins. Bezeichnenderweise ist es hier wieder die Gesellschaft von Männern, Kollegen, in der er aus sich herausgeht – an einem eklig verwüsteten Tatort, direkt neben der Leiche, tanzt er zu Louis Primos *Just a Gigolo*.

Als pragmatische Fabrikarbeiterin Iris entschließt sich Jane Fonda zwar relativ schnell dazu, De Niro mit Privatunterricht aus seinem Analphabetentum herauszuhelfen, aber das ist noch lange nicht der Beginn ihrer Lovestory. Zumal der erwachsene Mann, der in ihrer Küche auf eine Tafel glotzt und »Thaaaaaank you for the fffffffffish« stammelt, nicht gerade ein Ausbund an Attraktivität ist. Nein, Iris verliebt sich erst in dem Moment, als sie herausfindet, dass Stanley nächtelang in einer abgerissenen Garage an einer Maschine tüftelt, die das Abkühlen von Kuchen beschleunigt. Vielleicht auch, wenn Stanley sie mit der Beobachtung verblüfft, dass sie an traurigen Tagen ein graues Jäckchen trägt und an gutgelaunten ein blaues.

Als RAGING BULL ist De Niro zwar ein italo-amerikanischer Macker, der seine Frau schlägt, aber auch hier ist er anders als die anderen. Weil er sich mit einsamen Prinzipien durch die Welt boxt, weil er säuft und Pasta frisst, wann es ihm passt, weil er auf die Mafia oder sogar die ganze Welt pfeift und weil ein unglaublicher Einstecker wie er sich einfach nicht umhauen lässt.

Selbst für »Gottes einsamen Mann« gibt es in TAXI DRIVER (1975/76; R: Martin Scorsese) den Moment, in dem eine Frau in ihm das Besondere erkennt: »I don't believe, I've met anyone quite like you« sagt die Wahlkampfhelferin Betsy

(Cybill Shepherd), nachdem Travis Bickle seine überraschende Beobachtungsgabe und Menschenkenntnis unter Beweis gestellt hat. Wenn er sie beim nächsten Rendezvous in aller Unschuld ins Pornokino führt, verspielt er den guten Eindruck allerdings prompt.

Die Fremdheit der Frauen

Ginger, Deborah, Vickie und die anderen. Die Frau als Lichtgestalt, die einerseits aufs Podest gehoben, verehrt und bewundert, zwangsläufig aber auch wieder heruntergestoßen, erniedrigt und verachtet wird – ein neurotisches Muster, das bei De Niros Eigenbrötlern und Autisten immer wieder auftaucht und von den Inszenierungen aufgenommen wird. Häufig nehmen seine Charaktere ihren weiblichen Gegenpart zunächst nur vermittelt oder aus respektvoller Distanz wahr. Am Anfang von THE DEER HUNTER schaut De Niro Meryl Streep aus einiger Entfernung beim Tanzen zu, bis sie seinen verstohlenen, bewundernden Blick auffängt.

In CASINO sieht er Sharon Stone bei einer ausgelassenen Tour um die Spieltische zuerst auf dem Bildschirm der Überwachungskamera, später geht diese Wahrnehmung in eine Zeitlupe über, mit der Ginger, die in der ersten Hälfte des Films meist goldene oder silberne Kleider trägt, zum glitzernden Objekt der Begierde stilisiert wird. Der *Taxi Driver* Travis Bickle beobachtet die in ihrem Büro sitzende Betsy längere Zeit vom Wagen aus, bevor er es wagt, sie anzusprechen. Und in ONCE UPON A TIME IN AMERICA ist es ein Schlitz in der Wand des Hinterzimmers, durch den der Straßenjunge Noodles der grazilen Deborah heimlich bei ihren Ballettübungen zusieht. Hier ist sich das Objekt der Begierde des Beobachtetwerdens bewusst und genießt die Selbstinszenierung – Noodles' Ausdauer wird sogar durch einen halben Strip belohnt. In FALLING IN LOVE nimmt De Niro Meryl Streep im Großraumwagen mehrmals nur aus dem Augenwinkel, über die Schultern der anderen Passagiere hinweg wahr und muss buchstäblich mit ihr zusammenstoßen, damit die Romanze der Verheirateten beginnen kann.

Robert De Niro   Die Fremdheit der Frauen

Respektvolle Distanz: THE DEER HUNTER, CASINO ...

Der tiefgekühlte Mann

film:12

... ONCE UPON A TIME IN AMERICA, TAXI DRIVER

Auch in RAGING BULL gibt es die verstohlen abschätzende Wahrnehmung aus der Ferne. Jake La Motta hat sich Vickie ausgesucht, bevor sie ihn überhaupt registriert hat. Die Kamerabewegung simuliert seinen Blick, der von ihren schimmernden, wasserstoffblonden Haaren bis zu den lasziv im Pool baumelnden Beinen hinuntergleitet. Indem Martin Scorsese später bei Jakes fast wahnhaften Eifersuchtsanfällen das gleiche Stilmittel verwendet, suggeriert er, dass Anbetung und Verachtung bei dieser Figur strukturell zusammengehören.

Wenn die Heilige vom Sockel geholt wird, ist der Sturz hart. »Taking me to a place like this is almost as exciting to me as saying let's fuck'«, sagt Betsy in TAXI DRIVER, nachdem sie aus dem Pornokino gestürzt ist. So wie Travis Bickle, der beim ersten Treffen im Café nur vorübergehend gepunktet hat, erweisen sich De Niros Figuren auf den zweiten Blick immer wieder als beziehungsunfähig, um einen Ausdruck aus den 80er Jahren zu gebrauchen.

Dass ein so paradigmatischer Schauspieler wie Robert De Niro auf der Leinwand über Jahrzehnte hinweg ein so offensichtliches Unbehagen am Weiblichen an den Tag legt, mag auf den ersten Blick wunderbar in moderne Entfremdungstheorien hineinpassen, als zeitgeistige Erschütterung amerikanischer Männlichkeitsmythen und Subversion der überkommenen Verführungskodices gelesen werden. Aber vielleicht transportiert De Niro einfach eine Fremdheit, die viel älter ist als jene Hollywood-Bilder, die sie mit Happy Endings, Harmonieszenarien und zyklisch wechselnden Traumpaaren immer wieder in Abrede stellen. »Welche ›Beziehung‹ besteht denn letztlich zwischen dem ›Volk‹ oder der ›Rasse‹ der Männer und dem ›Volk‹ oder der ›Rasse‹ der Frauen?«, fragt Julia Kristeva durchaus polemisch in ihrem Buch *Fremde sind wir uns selbst*, das die Fremdheit als kulturgeschichtliche Konstante untersucht und in einem dialektischen Gegenschritt zur Grundlage ihrer Überwindung macht [3]. Gewissermaßen quer durch seine Drehbücher und Figuren verkörpert Robert De Niro die gleiche Frage, wobei seine manisch-depressiven Extreme zwischen der verzweifelten Einsicht in die Fremdheit und der euphorischen Sehnsucht nach ihrer Aufhebung schwanken. Zwischen Hass und Überschwang – so fehlt seinen Charakteren jedes Maß, in der Anbetung wie in der Ablehnung.

Erst mietet Noodles für Deborah in ONCE UPON A TIME IN AMERICA ein ganzes Luxusrestaurant, dann vergewaltigt er sie. Sam Rothstein legt Ginger in CASINO sein Vermögen und sein Leben zu Füßen, später macht er sie fertig. In NEW YORK, NEW YORK überfällt De Niro Liza Minnelli mitten in der Nacht mit einem Heiratsantrag; als sie zögert, droht er mit Selbstmord und legt sich vor ein Auto. Einige Einstellungen weiter demütigt er sie vor dem Orchester und reagiert cholerisch, als sie wegen ihrer Schwangerschaft aus der Tournee aussteigen möchte. Auch andere Männer mögen zu einer Prostituierten gehen, um mit ihr zu reden, doch in TAXI DRIVER versucht De Niro Jodie Foster gleich beim ersten Treffen zu retten und zurück in die Schule zu schicken, während sie auf ihrem Frauenbefreiungs-Hippie-und-Kommunen-Trip überhaupt nicht versteht, was der komische Kerl eigentlich will.

Nur in zwei oder drei Filmen gibt es bei Robert De Niro den melancholischen Moment, wenn der »arme billige Gauner« in den ungewaschenen Hosen nach Jahren seiner großen Liebe wiederbegegnet. Wenn er zum Beispiel in ONCE UPON A TIME IN AMERICA Deborah, die längst mit einem anderen Mann in einem anderen Leben lebt, sehnsüchtig und bewundernd anblickt. Wenn die Fremdheit plötzlich wie ausgelöscht ist von der Zeit und er irgendwie zu begreifen scheint, dass alles auch ganz anders hätte kommen können. Trotzdem würde er garantiert alles wieder genauso machen. ❑

Anmerkungen

1 Lesley Stern: The Scorsese Connection. Bloomington und Indianapolis 1995, S. 217.
2 Ebenda, S. 210.
3 Julia Kristeva: Fremde sind wir uns selbst. Frankfurt/Main 1990, S. 55.

Ein Schauspieler spannt die Muskeln an – Anmerkungen zu De Niros Over-acting
Von Lars-Olav Beier

Die Augen eines Mannes füllen das Bild. Sie blicken nach links, nach rechts und geradeaus, während die Lichter der Großstadt sich in ihnen spiegeln. Dann ereignet er sich: der erste Lidschlag. Als die Augen sich wieder öffnen, schaut der Zuschauer mit ihnen durch die Windschutzscheibe. Bevor wir den Mann von Kopf bis Fuß sehen, haben wir seine Kraft schon gespürt. Ein einziger Lidschlag von ihm genügt, um einen Schnitt herbeizuführen, der zudem weit mehr ist als ein bloßer Einstellungswechsel. Mit ihm erblicken wir in diesem Film das Licht der Welt. Was würde wohl passieren, wenn der gleiche Mann zum Faustschlag ausholte? Darüber drehte Martin Scorsese, der Robert De Niro in TAXI DRIVER (1975/76) als Travis Bickle erstmals auf dem Fahrersitz eines Films Platz nehmen ließ, ein paar Jahre später RAGING BULL (Wie ein wilder Stier; 1979/80). Nach dem Oscar, den De Niro für die Darstellung des Boxers Jake La Motta erhielt, gab es keinen Zweifel mehr: Das amerikanische Kino hatte seinen größten Athleten gefunden, einen Zehnkämpfer, der sich aufmachte, in allen Disziplinen Rekorde zu brechen.

Ein einfacher Blickwechsel, Schuss-Gegenschuss, das reichte nun nicht mehr, um De Niro in einer neuen Rolle dem Publikum vorzustellen. Von der Decke senkt sich die Kamera in THE UNTOUCHABLES (1987; R: Brian De Palma) auf einen Mann im Rasierstuhl herab. Sein Gesicht ist mit einem Handtuch bedeckt. Als die Kamera zur Ruhe kommt, wird es weggezogen, als würde ein Zauberer ein Verwandlungskunststück enthüllen. Seht her, sagt diese Einstellung: Al Capone ist in De Niro Fleisch geworden. Treten Sie näher: Das Fett ist echt. Der größte Darsteller aller Zeiten,

Ein Schauspieler spannt die Muskeln an film:12

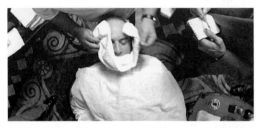

Das Fett ist echt: Al Capone
in THE UNTOUCHABLES

der mit seinen Pfunden wuchert, hat sich aufs Neue einer Figur mit Haut und Haaren anverwandelt. Das kann man nicht einfach nur zeigen, das muss man ausstellen. Die Inszenierung darf dem Schauspieler nicht nachstehen. In De Niros Dunstkreis verausgabt sich auch die Kamera.

Ein Mann will sein Gesicht kühlen, greift in ein Becken voller Eiswürfel – wir blicken aus extremer Untersicht durch das Wasser. Das verschwommene Bild macht uns gleich zu Beginn von 15 MINUTES (15 Minuten Ruhm; 2001; R: John Herzfeld) klar, dass wir zu De Niro aufschauen müssen. – Ein Mann hat seinen Job verloren und darf seinen kleinen Sohn nicht mehr sehen. Er gerät aus dem Gleichgewicht und die Kamera in die Schräglage. In THE FAN (1996; R: Tony Scott) ist sie De Niros größter Fan und passt sich seinem Seelenzustand mimetisch an. – In CAPE FEAR (Kap der Angst; 1991; R: Martin Scorsese) gleitet sie an einer Hantelbank entlang, während wir im Hintergrund einen Mann reden hören. Wir durchqueren den Raum und erfassen De Niro, der mit dem Kopf nach unten an einer Stange hängt und trainiert. Die Kamera dreht sich um 180 Grad, bis wir ihm Auge in Auge gegenüberstehen. Die Welt steht Kopf.

So wie De Niro oft vor seine Rollen tritt, macht auch die Kamera im Angesicht des Stars immer wieder auf sich aufmerksam. Das Kino spannt die Muskeln an. Die Anstrengung ist bis in die letzte Reihe zu spüren. Wer Entdeckungen machen und Geheimnissen auf die Spur kommen möchte, ist bei De Niro meist an der falschen Adresse. Er sorgt für Unmissverständlichkeit. Kein anderer Schauspieler wiederholt Dialogsätze und Gesten so

Eddie Fleming in 15 MINUTES

oft. Die Redundanz ist bei De Niro Stilprinzip. Würde man aus RAGING BULL sämtliche Wiederholungen seiner Sätze, Gesten und Schläge eliminieren, wäre der Film – ohne Übertreibung – kaum noch halb so lang. Wenn De Niro einmal etwas beiseite spricht oder spielt, stellt der Regisseur es oft umgehend wieder ins Rampenlicht: In ANGEL HEART (1987; R: Alan Parker) dreht De Niro als Teufel in Menschengestalt seinen Gehstock um die eigene Achse; für alle, die keine Augen im Kopf haben, folgt prompt eine Großaufnahme des Griffs. Wenn De Niro sich in CAPE FEAR eine Zigarre anzündet oder in THE FAN einen Telefonhörer auflegt, werden diese Gesten, die kommendes Unheil ankündigen, leinwand-

Ein Schauspieler spannt die Muskeln an

Hang zur Überdeutlichkeit: De Niro mit Mickey Rourke in ANGEL HEART

füllend ins Bild gesetzt. De Niros Hang zur Überdeutlichkeit greift auf die Filme über.

Bis die Nähte platzen

You're laughing at me? You're laughing at me?« Rodrigo Mendoza, der soeben erfahren hat, dass seine Freundin eine Affäre mit seinem Bruder hat, hält in THE MISSION (1986; R: Roland Joffé) mitten auf dem Hof an, um einen Mann zur Rede zu stellen. – »Are you threatening me? Are you threatening me?« Max Cady, der in CAPE FEAR von einem Detektiv auf offener Straße zur Rede gestellt wird, geht der Konfrontation nicht aus dem Weg. Viele Jahre zuvor war das noch ein Spiel vor dem Spiegel, mit dem eigenen Ich als Gegner: die Generalprobe für den Kampf gegen den Rest der Welt. »Talkin' to me? Are you talkin' to *me*?« Durch diese Szene in TAXI DRIVER, in der Travis Bickle Körper und Geist mobil macht, wurde De Niro berühmt. Wie ein Schatten folgt ihm diese Figur durch die Verwandlungen, die er seitdem auf der Leinwand vollzogen hat. Immer wieder stellen die Regisseure ihren Star vor einen Spiegel, um einen Reflex von Travis Bickle einzufangen. In 15 MINUTES steht Gottes einsamer Mann vor einem Spiegel und studiert den Heiratsantrag ein, den er seiner Freundin machen will. Marrying *me*?

In TAXI DRIVER sitzt De Niro am Steuer. Doch ein anderer bestimmt, wohin es geht. Martin Scorsese selbst nimmt in einer Schlüsselszene des Films auf der Rückbank Platz. Er spielt einen eifersüchtigen Ehemann, der sich in blutigen Rachefantasien ergeht. Von »Put the meter down!« bis zu »You think I'm sick?« wiederholt der Regisseur so gut wie jeden

Satz mindestens einmal. De Niro sieht dabei in den Rückspiegel und beobachtet den Mann hinter sich aufmerksam. Rückblickend erkennen wir hier möglicherweise das Vorbild, an dem sich De Niro orientierte. Scorsese bestimmte De Niros Leinwand-Persona. Die gegensätzlichen Figuren, die der Star in MEAN STREETS (Hexenkessel; 1972/73) und TAXI DRIVER spielte, prägten viele Rollen vor, die er später verkörperte.

Johnny macht die *mean streets* unsicher, die Travis vom menschlichen Schmutz reinigen will. Er ist ein Kind der Straße, das nie erwachsen wurde, das handelt, ohne zu denken, das zuschlägt, ohne zu zögern, weil es nur die Sprache der Gewalt beherrscht. Johnny ist schneller als die anderen: Bei einer Schlägerei im Billardsaal landet er den ersten Treffer; als er ein Raubtier erblickt, springt er als erster auf einen Tisch; als ein Schuss ertönt, geht er als erster hinter einer Säule in Deckung. De Niro gibt Johnny einen sechsten Sinn für Gefahr und Gewalt. Travis dagegen gleitet wie auf einem Schiff durch die Stadt und beobachtet die Menschen auf den Straßen wie eine fremde Spezies an einer gefahrvollen Küste. Er ist ein Betrachter, in dem der Wunsch zum Handeln wächst wie ein böses Geschwür. Die Gewalt ist für ihn keine reine Freude wie für Johnny, sondern harte Arbeit: Er stählt sich von Kopf bis Fuß, wird selbst zur Waffe. Der blutige Exzess am Ende ist daher umso größer.

De Niro wurde der Mann, vor dem man Angst haben muss. Schwingt er in MEAN STREETS ein Queue, so greift er in THE UNTOUCHABLES zum Baseballschläger. Aus dem Spiel ist Ernst geworden: Auch in THE FAN zersplittert nicht mehr das Holz, sondern der

Marrying Me? De Niro in 15 MINUTES

Ein Schauspieler spannt die Muskeln an film:12

THE FAN: Der pathologische Baseballfan Gil Renard

Knochen. Als Baseballfan, dessen Liebe zum Spiel pathologisch ist, prügelt er mit dem Schläger auf den letzten Freund ein, der ihm noch geblieben ist. De Niro, der sich in TAXI DRIVER bei einem Waffenhändler mit Pistolen und Revolvern versorgte, spielt hier einen Messerverkäufer *on the edge*. Die Einstellungen, in denen die Handlungsreisenden der Gewalt in den beiden Filmen ihre Kollektionen vorstellen, ähneln sich sehr. Doch De Niro steht in THE FAN auf der anderen Seite, er verkauft, was er in TAXI DRIVER noch erwerben musste. Einmal ist er in einer extremen Großaufnahme zu sehen, klappt ein Messer vor seinem Gesicht auf und zu, wendet den Kopf langsam hin und her und verdreht die Augen. Das Schlussbild des Amoklaufs in TAXI DRIVER, wenn sich De Niro in Zeitlupe seinen blutigen Zeigefinger an den Kopf hält, wirkt dagegen fast lakonisch.

Robert De Niro

Bis die Nähte platzen

Monströse Darstellungen: De Niro in CAPE FEAR ...

Auch Sean Connery wurde zum Star, indem er Figuren spielte, die über Leichen gehen. Weil die Zuschauer seiner späteren Filme um diese kriminelle Vergangenheit wussten, musste er die Gewalt kaum noch ausüben, um zu zeigen, dass er zu ihr neigt. De Niro erfand sich jedoch in fast jeder Rolle neu und konnte deshalb keine klar konturierte Leinwand-Persönlichkeit aufbauen. Er konfrontiert uns jedes Mal aufs Neue mit exzessiver Gewalt. Er beißt einer Frau ein Stück Fleisch aus der Wange (CAPE FEAR) und reißt einer anderen das Herz aus der Brust (MARY SHELLEY'S FRANKENSTEIN [1994; R: Kenneth Branagh]). Die Darstellung von Monstern gerät bei ihm zur monströsen Darstellung. Mit wie wenig kam Robert Mitchum aus, der 30 Jahre vor De Niro die gleiche Rolle spielte? Wie bescheiden wirkt Boris Karloff gegenüber De Niro, der als Monster mordet, Rotz und Wasser heult und schlaue Dialoge über die Schöpfung führt – der alles auf einmal will und die schlecht zusammengenähte Figur füllt, bis die Nähte platzen?

Kein Gesicht ohne Ausdruck

Das Gesicht des Monsters ist eine Fleisch gewordene Grimasse, der De Niro ein menschliches Antlitz zu geben versucht. Sieht man ihn in seinen letzten Komödien ANALYZE THIS (Reine Nervensache; 1999; R: Harold Ramis) und MEET THE PARENTS (Meine Braut, ihr Vater und ich; 2000; R: Jay Roach), scheint es, als fürchte er nichts so sehr wie die Ausdruckslosigkeit. Sein *horror vacui* vor leeren Gesichtszügen lässt ihn so breit grinsen, als wolle er einem Honigkuchenpferd Zucker geben, dann wieder wölbt sich sein Mund nach oben, bis dieser fast die Nase berührt, und De Niro richtet die Augen auf sein Gegenüber wie Revolvermündungen. De Niro ist ein Mann, der keinen Spaß versteht. Genau darin liegt in MEET THE PARENTS die Pointe: De Niro ist witzig, weil er Furcht einflößt. Die Blicke des Vaters der Braut, die den Bräutigam in spe (Ben Stiller) durchdringen, sind stechender als jedes Stilett. Die Fragen, die ihn bei lebendigem Leibe sezieren, sind schärfer als jedes Skalpell. Und das Lächeln ist so schief, dass es einem mehr Angst

Robert De Niro — Kein Gesicht ohne Ausdruck

... und in MARY SHELLEY'S FRANKENSTEIN

Ein Schauspieler spannt die Muskeln an

Wie vom Blitzeis überzogen: De Niro mit Dennis Farina in MIDNIGHT RUN

einjagt als die Zähne eines Haifischs. So werden Situationen, die jeder Zuschauer aus dem eigenen Leben kennt, zugespitzt, bis die Bedrohlichkeit in Komik umschlägt.

In Schlüsselmomenten der Handlung kippt De Niros Gesicht plötzlich von dem einen in den anderen extremen Ausdruck um: Als er in MIDNIGHT RUN (1988; R: Martin Brest) seinem Feind (gespielt von Dennis Farina) schließlich gegenübersteht, grinsen sich die beiden mit falscher Freundlichkeit an. Als De Niro erfährt, dass er nicht bekommt, was er haben will, wird sein Gesicht für den Bruchteil einer Sekunde neutral und nimmt dann jäh bedrohliche Züge an. Als er in THE FAN mit seinem Idol (gespielt von Wesley Snipes) am Strand Baseball spielt und erfahren muss, dass seine Gefühle nicht erwidert werden, verändert sich sein Gesicht, wie in MIDNIGHT RUN, als würde es vom Blitzeis überzogen. De Niro gibt seinen Zuschauern oft keine Zeit mehr, sich auszumalen, was hinter der Oberfläche liegt. Weil alles zum Vorschein kommt, muss man sich nicht die Mühe machen, sich in seine Figuren hineinzuversetzen. Er nutzt seinen Spiel-Raum bis zum Äußersten – und lässt unserer Fantasie keinen übrig.

Johnny in MEAN STREETS, dessen unkontrollierte, maßlose Mimik stets verrät, was in ihm vorgeht; Travis in TAXI DRIVER, dessen Mitmenschen sich schwer tun, aus seinem Gesicht etwas herauszulesen – dies sind die beiden Pole, zwischen denen sich De Niro bewegt. Wie ein unbeschriebenes Blatt wirkt sein Gesicht in AWAKENINGS (Zeit des Erwachens; 1990; R: Penny Marshall), bevor es aus einer jahrzehntelangen katatonischen Starre erwacht. Der tiefe Schlaf ist vorbei, doch es dauert eine Zeitlang, bis Leonard Lowe –

Robert De Niro   **Kein Gesicht ohne Ausdruck**

De Niro mit Penelope Ann Miller in AWAKENINGS

dank eines neuen Medikaments – die Muskeln so koordinieren kann, dass sie mehr als sinnlose mimische Regungen zu Stande bringen. Jeder Ausdruck ist eine fragile Kostbarkeit, die er seinem Gesicht in mühsamer Arbeit abringt, die aber vor unseren Augen im Nu wieder zerfallen kann. AWAKENINGS erzählt von einem Menschen, der ein zweites Mal auf die Welt kommt und wie im Zeitraffer erwachsen wird.

Wenn De Niro in diesem Film geht, wirkt er wie ein Kind, das die ersten Schritte wagt, und zugleich wie ein Greis, der kaum noch Halt findet. Als er dann von einem Zittern befallen wird, das von Tag zu Tag stärker wird, als er realisiert, dass die Krankheit zurückkehrt, zieht De Niro uns mitten in das Drama eines Mannes hinein, der ein verzweifeltes Rückzugsgefecht gegen den eigenen Körper führt. Als er sich von seiner Freundin (Penelope Ann Miller) verabschiedet, gibt er ihr die Hand, doch er kann den Griff nicht

Mit Philip Seymour Hoffman in FLAWLESS

mehr lösen. So nimmt sie auch noch seine andere Hand und fängt an, mit ihm zu tanzen. Es ist sehr ergreifend zu sehen, wie sich sein Körper beruhigt, wie ihm die Liebe kurzzeitig Linderung verschafft. Dann schließt De Niro – wie in Zeitlupe, tatsächlich aber in Echtzeit – langsam die Augen und öffnet sie wieder. Da haben wir ihn erneut vor uns, den Schauspieler, der mit einem Lidschlag alles verändern kann.

Trotz des Unwohlseins, das sich stets einstellt, wenn Schauspieler in Vollendung die Folgen von Versehrungen darstellen, wenn sie an der Behinderung ihre Brillanz beweisen (ein Widerspruch, der sich wohl nicht auflösen lässt), erkennt man, dass De Niro für die Rolle des Polizisten in FLAWLESS (Makellos; 1999; R: Joel Schumacher), der einen Schlaganfall erleidet und danach teilweise gelähmt ist, die richtige Wahl war. Seine natürliche Aggressivität lässt ihn wie einen Gefangenen im eigenen Körper wirken, der rund um die Uhr gegen die Mauern anrennt, aus denen er ausbrechen will. Eine aberwitzige Komik entsteht, wenn er seiner Wut lallend keinen Ausdruck geben kann und nicht zuletzt deshalb so verbissen sprechen lernt, um seinen Feind und Helfer (Philip Seymour Hoffman) eines Tages in vollständigen Sätzen beleidigen zu können. AWAKENINGS und FLAWLESS erzählen von Männern, die ihr Gesicht verlieren. De Niros Mimik wirkt genauso wenig übertrieben wie die Gesten eines Ertrinkenden, der im Wasser wild um sich schlägt.

Play and Replay

Sein Gesicht ist dumpf, seine Augen sind leer, seine Fäuste sind schnell. Paul Schrader, Martin Scorsese und Robert De Niro zeigen Jake La Motta als einen beschränkten Mann, als einen Blinden, dem erst eine Schrifttafel vor dem Abspann die Hoffnung gibt, wieder sehen zu können. Jake La Motta sitzt am Anfang und am Ende des Films vor einem Spiegel und sieht, was aus ihm geworden ist. RAGING BULL erzählt von einem Mann, der sich im Laufe mehrerer Jahrzehnte stark verändert, aber kein bisschen entwickelt. Er geht in die Breite – und mit ihm der Film. Im Ring inszeniert Scorsese Kaskaden von K.o.-Schlägen. Jeder einzelne der Treffer, die La Motta wie ein Trommelfeuer auf seine Gegner niedergehen lässt, würde den stärksten Mann zu Boden schicken. Doch sie halten stand, bis ihre Gesichter zu Brei geschlagen sind, damit alle Zuschauer, die das Boxen hassen, das Gefühl haben können, im besten Boxerfilm aller Zeiten zu sitzen.

Jake La Motta erscheint in RAGING BULL als ein Mann, der im Ring wie im Leben ein so

FLAWLESS: De Niro lallend

schmales Repertoire hat, dass er alles, was er macht, x-mal wiederholen muss. Wenn er vor dem Fernseher sitzt, dessen Bild zusammengebrochen ist, und seinen Bruder (Joe Pesci) mit seiner Eifersucht quält, wenn er am Anfang der Szene immer wieder exakt im gleichen Tonfall »I heard things ...« sagt und irgendwann zu »Did you fuck my wife?« übergeht, treibt er auf die Dauer auch die Zuschauer zur Raserei. Das war vermutlich Scorseses Kalkül, ist aber deshalb nicht weniger anstrengend. Der Regisseur macht uns zu einem weiteren Leidtragenden des Helden, der völlig außer Stande ist, sich in andere Menschen einzufühlen. Wenn La Motta anfangs seinen Bruder und am Ende Sugar Ray Robinson provoziert, bis sie ihm immer wieder ins Gesicht schlagen, spüren wir schmerzhaft, dass er anderen sein Verhalten aufzwingt.

In STANLEY & IRIS (1989/90; R: Martin Ritt) spielt De Niro eine seiner vielen Figuren, die noch halb in Kinderschuhen stecken: einen Analphabeten. Beim Schuster soll er den Abholschein vorzeigen. »You didn't give me a ticket.« – »Everyone gets a ticket.« – »I didn't get a ticket.« Rasch haben sich De Niro und der Schuster festgeredet. Als der Dialog im ständigen Wechsel derselben Worte kein Stück mehr von der Stelle kommt, setzt De Niro plötzlich über den Ladentisch hinweg, zieht mit einem Griff die Schuhe aus dem Regal, ist im Nu wieder auf der anderen Seite der Theke und verlässt den Laden. Das Ganze dauert kaum vier Sekunden. Dieser Tempowechsel, die Explosion aus der verbalen Redundanz in eine blitzartige Aktion, führt uns mit einem Mal die Kluft zwischen Sprach- und Körperbeherrschung vor Augen. So sieht es aus, wenn einem Mann der Tat die Worte fehlen.

Als Jake La Motta zum ersten Mal mit Cathy Moriarty spricht, die wie die anderen Blondinen Cybill Shepherd und Sharon Stone in TAXI DRIVER und CASINO (1995; R: Martin Scorsese) in Zeitlupe eingefroren werden, als De Niros besitzergreifender Blick auf sie fällt, berührt er sie durch einen Zaun mit dem Finger. Bald darauf, bei einer Autofahrt, guckt er in kurzen Abständen einige Male zu ihr hinüber und legt dann den Arm um sie. Beim nächsten Treffen, in der Küche seiner Wohnung, fordert er sie so oft auf, sich ihm auf den

De Niros schönster Liebesfilm: Jack Walsh und Jonathan Mardukas (Charles Grodin) in MIDNIGHT RUN

Schoß zu setzen, bis sie nachgibt. Direkt danach, im Schlafzimmer, küsst er sie, fünf-, sechsmal, sehr flüchtig. Das ist das höchste der Gefühle, was uns der Film zwischen den beiden zeigt. Da sehen wir das Kind im Manne, das so lange insistiert, bis es endlich sein Spielzeug bekommt – nur, um es im nächsten Moment aus der Hand zu legen. Doch wehe, wenn andere damit spielen wollen.

De Niros Darstellungen bekommt es besser, wenn er reagieren muss, statt zu agieren, wenn seine Leinwand-Partner die Initiative ergreifen und Nachdruck auf ihn ausüben. Als er in HEAT (1995; R: Michael Mann) in einer Bar plötzlich von einer Frau (Amy Brenneman) angesprochen wird, zieht er sich sofort weit zurück. Dann wagt er sich langsam wieder aus der Deckung heraus, und wir spüren auf einmal ein großes romantisches Potenzial. Das ist bei De Niro selten. Im schönsten Liebesfilm, den er gemacht hat, in MID-

Ein Schauspieler spannt die Muskeln an

Flüchtige Begegnung: Jack und seine Tochter (Danielle DuClos) in MIDNIGHT RUN

NIGHT RUN, behält sein Partner Charles Grodin in fast jeder Szene das letzte Wort. Wenn De Niro als Kopfgeldjäger hier einzelne Sätze seines jeweiligen Gegenübers wiederholt (was er in vielen Filmen macht), ist das oft Ausdruck der Ratlosigkeit, was er erwidern soll. Man hat den Eindruck, George Gallo, der für diesen Film eines der schönsten amerikanischen Drehbücher der 80er Jahre schrieb, habe die Wiederholungen für De Niro schon eingeplant.

De Niro sitzt bei der Polizei. Seine Beute ist ihm aus den Händen geglitten, seine Prämie in weite Ferne gerückt. Er dreht sich unruhig auf einem Schreibtischstuhl in die Richtung des von Yaphet Kotto gespielten FBI-Mannes, dann zurück, wiederholt diese Bewegung noch einmal, greift zum Telefon und ruft den Handlanger eines Mafiabosses an. Der Mann ist nicht allzu geduldig und fragt: »What are you tellin' me for?« De Niro zögert und erwidert: »What am I tellin' you for? What am I tellin' you for … I tell you what I'm tellin' you for.« Dann legt er los. So wird aus Wiederholungen ein amüsanter Wortwechsel, in dem der Held zunächst versucht, Zeit zu gewinnen, um einen Gedanken zu fassen und einen Plan zu entwickeln. Er verfolgt eine verbale Verzögerungstaktik.

In der stärksten Szene des Films begibt sich De Niro als Bittsteller ins Haus seiner Ex-Frau. Einige Meter entfernt steht seine Tochter, die er seit vielen Jahren nicht mehr gesehen hat. Er weicht ihrem Blick aus, doch er kann nicht umhin, immer wieder zu ihr hinzusehen. Irgendwann stellt er ihr die banalste Frage, die man sich vorstellen kann: in welche Klasse sie gehe? Aber welche Frage wäre nicht banal, wenn man im Grunde tausend Fragen stellen und noch mehr Antworten geben müsste? 30 Sekunden, in denen zwei knappe Sätze fallen, in denen zwei Menschen Blicke wechseln – und doch ist man immer wieder aufs Neue ergriffen von dieser flüchtigen Begegnung.

Der Star ist die Mannschaft

In MIDNIGHT RUN wird De Niro geschickt davon abgehalten, in seine Unarten zu verfallen. Immer wieder drückt Regisseur Martin Brest seinem Star Gegenstände in die Hände und verhindert somit, dass er typische Handbewegungen macht. In THE UNTOUCHABLES setzt De Niro mit enervierender Penetranz die Zeigefinger ein, mit denen wir prinzipiell höchst ungern auf etwas gestoßen werden, schon gar nicht von einem Schauspieler. Die hohe Geschwindigkeit, mit der in MIDNIGHT RUN der Plot voranschreitet, erlaubt es nicht, dass sein Star auf der Stelle tritt. Auch ein Film wie GOODFELLAS (1989/90; R: Martin Scorsese) könnte mit De Niro als stockendem Motor niemals so schnell durch die Jahrzehnte eilen. Er passt seinen Stil dem Tempo der Filme an. In WAG THE DOG (1997; R: Barry Levinson), in dem die Dialogsätze so schnell aufeinander folgen wie die Faustschläge in RAGING BULL, gibt De Niro die Rolle des Bremsers geschickt an Dustin Hoffman ab, der hier seine eigene Marotte – das kunstvolle Stottern – ausspielen darf.

Ein Schauspieler spannt die Muskeln an

Typische Handbewegung: RAGING BULL, THE UNTOUCHABLES, GOODFELLAS, CAPE FEAR (linke Spalte); COP LAND, JACKIE BROWN, ANALYZE THIS, CASINO

Manchmal setzen Regisseure De Niros Tendenz, die Filme bis zum Stillstand zu verlangsamen, gezielt ein. In THE MISSION gibt es drei Zäsuren, die Roland Joffé allesamt markiert, indem er auf De Niro verweilt. Nachdem Rodrigo Mendoza seinen Bruder erstochen hat, schaut er nach unten auf den Boden. Die Kamera nähert sich ihm in einer Fahrt, während der Hintergrund (in einer Umkehrung des VERTIGO-Effekts) verschwimmt und der Ton sich auf das Schluchzen der Frau reduziert, die um den Toten trauert. Dann, nachdem Mendoza als Buße für diese Tat sein Geschirr und seine Waffen bis auf jenes Hochplateau gezogen hat, wo die Indianer wohnen, fängt er an zu weinen. Die Kamera gibt sich seinem Gesicht hin und vergisst über diesen Moment extremer Nähe jedes Gefühl für Raum und Zeit. Am Ende des Films, beim Angriff der Kolonialherren, liegt De Niro angeschossen auf dem Boden. Der Film übernimmt nun ganz seinen Blick: Eine Kultur im Angesicht der Vernichtung wird mit den Augen eines Sterbenden gesehen. Eine Abblende lässt uns seinen letzten Lidschlag von innen erleben.

Ein anderer öffnete ihm die Augen. In THE MISSION wird De Niro von einem Jesuitenpater (Jeremy Irons) bekehrt. Von diesem lernt er, die Wut zu verlieren und über sich selbst zu lachen. In den schönsten Szenen des Films spielt der frühere Sklavenhändler mit Indianerjungen, entdeckt Ausgelassenheit und Freude als eine Terra incognita, die man nicht erobern, der man nur erliegen kann. Wie TRUE CONFESSIONS (Fesseln der Macht; 1981; R: Ulu Grosbard) oder STANLEY & IRIS zählt THE MISSION zu jenen Filmen, in denen De Niro einen gleichwertigen Partner hat, mit

Ein Moment extremer Nähe: THE MISSION

Ein Schauspieler spannt die Muskeln an film:12

Gleichwertige Partner: De Niro und Robert Duvall in TRUE CONFESSIONS

dem er den Großteil der Szenen bestreitet. Die Spielweise des jeweiligen Partners wirkt dabei oft wie ein Regulativ: Die Strenge von Jeremy Irons scheint keinen Exzess zu dulden, das Understatement von Robert Duvall in TRUE CONFESSIONS keine Übertreibung. Gut zweieinhalb Minuten dauert in STANLEY & IRIS eine Einstellung, in der Jane Fonda und Robert De Niro zusammen einen Fragenbogen ausfüllen: Die schmucklose Sachlichkeit beider Darsteller hält die Einstellung von Anfang bis Ende in der Balance.

Man braucht einen starken Partner – im Leben wie im Film. In seinen Komödien hatte De Niro oft Mitspieler, die keine Miene verzogen, während er gelegentlich Grimassen schnitt: Charles Grodin, Billy Crystal oder auch Ben Stiller. In WAG THE DOG sind De Niro und Anne Heche das heimliche Paar des Films. Oft reagieren sie mit den gleichen Gesten. Nachdem der amerikanische Präsident eine Rede

Robert De Niro   **Der Star ist die Mannschaft**

Synchronspielen: Mit Anne Heche in WAG THE DOG

gehalten hat, sich die Türen öffnen und weinende Zuhörer aus dem Raum strömen, halten beide auf nahezu identische Weise eine Hand ans Kinn. Im Gleichtakt stutzen sie über den durchschlagenden Erfolg ihrer Strategie, mit vereinten Kräften auf die Tränendrüse der Nation zu drücken. Wenn es ein Film erfordert, ist sich De Niro auch für das Synchronspielen nicht zu schade.

In HEAT ist er der Mannschaftskapitän. Unter seinen Augen liegen jene dunklen Schatten, die schon ein Vierteljahrhundert zuvor sorgenvoll danach zu fragen schienen, ob es ihm je gelingen würde, der Einsamkeit zu entrinnen. In seiner stärksten Szene lässt er den Blick über die Gesichter seiner Freunde gleiten, die mit ihren Frauen und Freundinnen am Tisch sitzen. Er selbst ist allein. Immer mehr scheint er sich aus der äußeren Situation zurückzuziehen, ohne dass die anderen dies mitbekommen. Da erleben wir einen dieser

Ein Schauspieler spannt die Muskeln an   film:12

De Niro als Neil McCauley in HEAT

wunderbaren Momente der Inwendigkeit, die der Darsteller ab und zu mit uns teilt. Mit einem Zucken des Augenlids kann uns De Niro, der Athlet der Leinwand, mehr bewegen und tiefer berühren als mit allen restlichen Muskeln seines Körpers zusammen. ❑

De Niro, Inc. – Der Schauspieler als Produzent: Tribeca Films
Von Ulrich Sonnenschein

Vielleicht war es die Rolle seines Lebens. Die epische Kraft der Realität jedenfalls nahm Robert De Niro im Sommer 1989 ebenso ein wie die Arbeit an seinen Charakteren. Nachdem er immer wieder in die Haut anderer geschlüpft war, ging er daran, selbst Hausherr zu werden und einen Ort zu schaffen, der Geschäft und Privatsphäre miteinander verband, der ebenso dazu einlud auszuspannen wie zu arbeiten, und an dem man von Ideen nur so überrollt werden würde. »Wenn man sich mit Menschen umgibt«, sagte De Niro, »kommen die Ideen von ganz allein. Man fühlt die Präsenz, die Leute sind einander nahe und man kann direkt jemanden ansprechen, wenn man ein Problem lösen muss. Wie in einer kleinen Gemeinde. Das ist die Idee dieses Filmcenters.« Wie von ferne, schreibt John Parker in seinem Buch *De Niro* [1], klinge hier der Idealismus nach, der Charlie Chaplin, Mary Pickford und Douglas Fairbanks 70 Jahre zuvor antrieb, als sie United Artists gründeten.

De Niro war gerade mit Scorsese und den GOODFELLAS (1989/90) nach Little Italy zurückgekehrt. Aber sein eigentliches Interesse lag zu dieser Zeit in einem Viertel, das sich Tribeca – Triangle Below Canal Street – nennt und einst aus mehrstöckigen Waren- und Lagerhäusern bestand, die nun größtenteils verlassen waren und, sofern man sie nicht in Apartmenthäuser umgewandelt hatte, immer mehr verfielen. Dort hatte auch De Niro seine Adresse, aber er gab sich große Mühe, den Charakter des Viertels zu erhalten und den Abriss der großen Backsteingebäude mit den schmiedeeisernen Balkonen zu verhindern. Vor allem ein Gebäude hatte es ihm angetan, das ehemalige Martinsons Kaffee-

De Niro, Inc.

Das Tribeca-Gebäude in New York

haus an der Ecke Greenwich Street und Franklin Street, ein elegantes achtgeschossiges Haus, nur einen Block entfernt von seinem Apartment in der Hudson Street. Das Gebäude gehörte dem Investmentmakler Paul Wallace und dem Theaterproduzenten Stewart Lane, der mit *La Cage aux Folles* berühmt geworden war, und beide waren bereit, De Niro für 7,5 Millionen Dollar einen Anteil von 50 Prozent zu verkaufen, um in dem Haus ein Filmcenter und ein Edel-Bistro einzurichten. Damit war der Grundstein des Tribeca Filmcenters gelegt, in De Niros Augen ein Mekka für Autoren, Produzenten und Regisseure mitten in Manhattan. Aus dem Schauspieler war ein Pate der Filmemacher geworden.

Ein *hangout* für Kreative

De Niro lud nun alle möglichen Leute aus dem Filmgeschäft ein, um zu erfahren, welchen Bedürfnissen ein solcher Ort entsprechen müsse. In dem Exil-Chinesen Lo Yi Chan, der zuvor die Renovierungen alter Bauten der Harvard- und Columbia-Universitäten durchgeführt hatte, fand er einen geeigneten Architekten. Und um das Projekt zu leiten, stellte er Jane Rosenthal ein, die mit ihren 32 Jahren bereits eine Film-Veteranin war. Sie hatte über zehn Jahre in den Entwicklungsabteilungen von Disney, CBS, Universal und Warner Bros. gearbeitet, dort Erfahrungen sowohl mit Film als auch mit Fernsehen gesammelt und sollte nicht nur das Filmcenter leiten, sondern auch De Niros Produktionsfirma. Sie war sich der Probleme bewusst, die eine solche Operation, weitab von der Zentrale Hollywood, mitten in New York, mit sich bringen würde, begegnete der allgemeinen Skepsis jedoch gelassen. »De Niro denkt nicht daran, die Schauspielerei an den Nagel zu hängen«, sagte sie in *Variety*, »dies ist eine Investition in die Zukunft.« [2]

Im hochpreisigen Manhattan waren die Kosten für ein solches Abenteuer enorm. Selbst für einen reichen Mann wie De Niro, der mit seinen letzten Rollen mehr als zehn Millionen Dollar verdient hatte, war es eine große Anstrengung. Allein die *Tribeca Bar and Grill* im Erdgeschoss kostete knapp drei Millionen Dollar, und das Geschäft mit Edel-Restaurants war nicht besonders sicher. Um keine roten Zahlen zu schreiben, musste er hier einen Gesamtumsatz pro Jahr von mindestens 1,2 Millionen Dollar erwirtschaften. Wie ein *hustler* habe er sich gefühlt, als er daran ging, Koinvestoren zu finden, erzählte er dem *New York Magazine* [3]. Dennoch kamen all seine Freunde zu den Dinner-Parties, die er nun ganz gezielt gab, und beteiligten sich an dem Projekt. Christopher Walken, mit dem er THE DEER HUNTER (Die durch die Hölle gehen; 1978; R: Michael Cimino) gedreht hatte, stieg ein, Sean Penn, der Ballett-Tänzer Michail Baryshnikov, Bill Murray, Danny DeVito, Jeremy Irons, Ko-Star aus Roland Joffés THE MISSION (1986), die Regisseurin und Produzentin Penny Marshall, mit der er gerade an AWAKENINGS (Zeit des Erwachens; 1990) arbeitete. 23 Partner brachten schließlich 2,8 Millionen Dollar zusammen. Die Kosten allerdings, die der Umbau des Hauses und das Film-Equipment, das De Niro schließlich brauchte, verursachen würden, deckte diese Summe bei weitem nicht. Also war De Niro gezwungen, viele und vor allem eher gut bezahlte als künstlerisch anspruchsvolle Rollen anzunehmen.

Es scheint, als hätte er dieselbe Energie, mit der er sich sonst auf seine Rollen vorbereitet hatte, nun auf die Umbauarbeiten verwandt: Der Schauspieler tauchte zu jeder Tages- und Nachtzeit auf der Baustelle auf. Der ständige Baulärm ärgerte die ruhigen Nachbarn, die nun ihrerseits anfingen, Petitionen und Drohbriefe aufzusetzen; die Ratten, die sich in dem Kaffeehaus eingenistet hatten und nun in die Umgebung ausschwärmten, nannten sie »Robertos« [4]. Im Oktober 1989 konnte De Niro schließlich die Medien in sein neues Gebäude einladen. Die Bauarbeiten waren zwar noch in vollem Gange, doch man konnte bereits sehen, was dort einmal entstehen würde. So weit wie möglich wurden die alten Steine erhalten, selbst eine Kaffee-Waage wurde fach-

Ein Flop: De Niro mit Demi Moore in WE'RE NO ANGELS

männisch restauriert. Es gab kein Neonlicht in diesem Gebäude und statt enger Büros weite offene Flächen. »Ich habe mich entschlossen in dieses Geschäft einzutreten«, sagte De Niro, »weil ich es einmal ausprobieren will, selbst zu produzieren und auch Regie zu führen. Ich hatte noch nie die volle Verantwortung für einen Film und wollte das bislang auch nie. Das ist jetzt anders. Ich sehe dieses Center als Möglichkeit, mit Regisseuren, Produzenten und Autoren in einer einzigartigen Atmosphäre zusammenzuarbeiten.« [5]

Dass er in diesem Zusammenhang nicht an seine erste Arbeit als ausführender Produzent erinnert werden will, ist verständlich. WE'RE NO ANGELS (Wir sind keine Engel; 1989) in der Regie von Neil Jordan war sowohl bei den Kritikern als auch beim Publikum ein absoluter Flop. Und das, obwohl der hochgelobte Bühnenautor David Mamet, der zuvor THE UNTOUCHABLES (1987; R: Brian De Palma) geschrieben hatte, für das Drehbuch verantwortlich zeichnete. Der Film kostete 22 Millionen Dollar, spielte aber in den USA nur fünf Millionen ein. Die Geschichte zweier Strafgefangener, die als Priester verkleidet in ein verschneites Dorf an der kanadischen Grenze kommen und dort das ruhige Leben in einem Konvent stören, geht auf einen Film aus dem Jahr 1955 zurück. Damals brachten Humphrey Bogart, Peter Ustinov und Aldo Ray als flüchtige Sträflinge von Devil's Island mit kalkuliertem Humor einen kleinen Laden auf Vordermann. Das Remake allerdings hat mit der Vorlage kaum mehr als den Titel und einen mitunter etwas verkrampften Humor gemein. Vielen blieb unklar, warum De Niro dieses Projekt als ausführender Produzent überhaupt angenommen hatte. Vielleicht war es ein erster Test dafür, ob er sich in der Firma, die er zu gründen beabsichtigte, würde verwirklichen können.

Wie für Neil Jordan markierte WE'RE NO ANGELS auch für De Niro einen Tiefpunkt seiner Karriere. Was die Kritiker an dem Schauspieler schätzten, verwandelte sich an der Kinokasse nicht in bare Münze. Sein letzter großer Hit, Michael Ciminos THE DEER HUNTER, lag bereits zehn Jahre zurück, und in den USA ging das Gerücht um, dass sich die Verluste, die De Niros Filme bis 1987 eingefahren hatten, auf 150 Millionen Dollar beliefen. Kein guter Start also für eine eigene Produktionsfirma. Doch da das Gebäude fertig war, galt es, Mieter oder Käufer zu gewinnen. Es gab einen Vorführraum mit 70 Sitzen und THX-Soundsystem, eine private Kantine, ein öffentliches Restaurant und eine Bar im Erdgeschoss mit 150 Plätzen. Der achte Stock war De Niros eigener Produktionsgesellschaft Tribeca vorbehalten, der dritte bis fünfte Stock sollten an andere Filmgesellschaften verkauft werden. Der sechste und siebente Stock standen Produktionen im Stadium der Entwicklung und der Postproduction zum Anmieten offen. Penny Marshalls Produktion AWAKENINGS, an der De Niro zu dieser Zeit arbeitete, war unter den ersten Mietern, außerdem Brian De Palmas Verfilmung von Tom Wolfes BONFIRE OF THE VANITIES (Fegefeuer der Eitelkeiten; 1990). Art Linson, der De Palmas THE UNTOUCHABLES produziert hatte, mietete sich ein, schließlich

De Niro, Inc.

Val Kilmer in THUNDERHEART

auch die Firma Miramax, die nicht zuletzt durch Steven Soderberghs SEX, LIES, AND VIDEOTAPE (Sex, Lügen und Video; 1989) zur führenden Gesellschaft des Independent-Kinos aufgestiegen war.

Der Erwerb und der Umbau des Gebäudes hatten De Niro hart an seine finanziellen Grenzen gebracht, deshalb konnte er beruhigt sein, dass seine Produktionsfirma vorerst durch einen Exklusiv-Vertrag mit dem Verleih TriStar gesichert war. Dieser besagte, dass TriStar alle Eigenproduktionen von Tribeca als erste zu sehen bekam. Dafür würde TriStar die allgemeinen Unkosten in der garantierten Höhe von einer Million Dollar tragen und einen nicht genauer bezifferten Entwicklungsfonds bereitstellen.

Auf der Suche nach einem Erfolgsrezept

Innerhalb weniger Wochen bearbeitete Tribeca 14 Projekte, einige davon in eigener Regie, andere gemeinsam mit anderen Studios. Nicht alle davon wurden fertig gestellt, manche sind bis heute im Planungszustand. Nie gedreht wurden beispielsweise eine Komödie mit Danny DeVito mit dem Titel *The Battling Spumonti Brothers* und ein Film mit Dustin Hoffman namens *Gold Lust*. Die erste Produktion, die das Kino erreichte, war Michael Apteds THUNDERHEART (Halbblut; 1992), ein respektabler Thriller, in dem Sam Shepard und Val Kilmer zwei FBI-Agenten spielen, die einen Mord an einem Indianer aufklären sollen.

War Robert De Niro immer ein Star wider Willen, ein Idealist und harter Arbeiter am Set, wenig interessiert an Geld und Status, so wurde nun ein Produzent aus ihm, der für das Wohl seiner Firma sorgen musste. Dahin war der Anspruch, Filme zu machen, an die man sich in 50 Jahren noch erinnern sollte – jetzt ging es ums reine Geschäft. Nur um Ron Howard in seinem Gebäude zu halten, so geht das Gerücht, nahm er eine Nebenrolle in BACKDRAFT (1990/91) an, die ihn allerdings viel Arbeit kostete. Mehrere Wochen lang begleitete er einen Feuer-Gutachter in Chicago, um dem etwas unglaubwürdigen Film eine realistische Basis zu verleihen. De Niro arbeitete wie besessen, drehte allein in

Robert De Niro **Auf der Suche nach einem Erfolgsrezept**

De Niro in einer Nebenrolle: BACKDRAFT

den Jahren 1990/91 sechs Filme, um Tribeca zu finanzieren, und setzte alles daran, den finanziellen Misserfolg von WE'RE NO ANGELS auf keinen Fall zu wiederholen. Vor allem in CAPE FEAR (Kap der Angst; 1991), der wahrscheinlich ungeliebtesten Arbeit des Duos De Niro / Scorsese, zeigt sich dieser kommerzielle Ansatz. Es hatte erste Verhandlungen zwischen Steven Spielberg und Robert De Niro in der Absicht gegeben, den Film gemeinsam mit Universal zu produzieren. Doch als Spielberg bei den Dreharbeiten zu HOOK (1991) aufgehalten wurde, ging die Regie an Martin Scorsese. Der Stoff, der diesem Remake zugrunde lag, war ursprünglich für Alfred Hitchcock geschrieben worden, der ihn dann jedoch J. Lee Thompson überließ. Scorsese wäre, so dachte man, als einer der wenigen in der Lage, das Original von 1962 zu übertrumpfen. Wenn auch die Kritik keinen Gefallen an CAPE FEAR fand – das Publikum und die Academy, die De Niro ein weiteres Mal für den Oscar nominierte, mochten den Thriller.

Der nächste Film, den De Niro selbst produzierte, und der erste seiner eigenen Firma Tribeca Films, war MISTRESS (1992) unter der Regie von Barry Primus. Es mag ihm eine »Herzensangelegenheit« gewesen sein, wie John Parker spekuliert, gesunder Geschäftssinn steckte jedenfalls nicht dahinter, als er dieses Projekt unter das Tribeca-Dach holte.

De Niro, Inc.

Jean Smart, Danny Aiello, Sheryl Lee Ralph und De Niro in MISTRESS

Ein weiterer Misserfolg: NIGHT AND THE CITY

Schon viele Studios hatten den Stoff als nett, aber ohne Potenzial abgewiesen. Seit seinem Auftritt 1972 in Scorseses BOXCAR BERTHA (Die Faust der Rebellen) war Primus mit De Niro befreundet, und beide waren dem Wunsch, selbst einmal Regie zu führen, immer näher gekommen. Gemeinsam mit John Lawton, der später das Buch zu PRETTY WOMAN (1990; R: Garry Marshall) schrieb, hatte Primus den Stoff von MISTRESS entwickelt und wollte ihn nicht mehr loslassen, weil er ihre Erfahrungen als junge Filmemacher widerspiegelte. Doch um sich als Rache an der Traumfabrik auch dem Publikum zu vermitteln, ist MISTRESS viel zu unentschieden. Die Vorstellung, dass alle Produzenten und Finanziers nur gute Rollen für ihre jeweiligen Geliebten suchen, zielte einfach am Kern der Sache vorbei – Woody Allen traf mit BULLETS OVER BROADWAY (1994) das Thema später sehr viel präziser. Schwierige Wechsel der Erzählperspektive trugen zu einem etwas matten künstlerischen Flair bei; die Wiederholung der immer gleichen Konstellation gibt dem Film etwas Stereotypes, auch wenn De Niro große Schauspielerkollegen wie Eli Wallach, Martin Landau, Christopher Walken und Danny Aiello verpflichten konnte. Außerdem übernahm er selbst eine kleine Rolle, die ihn als großzügigen Finanzier mit einer schwarzen Freundin zeigt – so als wäre es eine absichtsvolle Hommage. Denn schließlich hatte De Niro mit großem persönlichen Engagement ein Filmprojekt verwirklicht, das seinem Regisseur sehr wichtig war, und er stand im Privatleben zwischen zwei schwarzen Frauen, Toukie Smith und Naomi Campbell.

Trotz der Besetzung hatte De Niro Schwierigkeiten, den Film in die Kinos zu bringen. Alle führenden Verleihfirmen in den USA wiesen ihn zurück, und wie viele künstlerische oder exzentrische Filme startete MISTRESS schließlich in den Vorortkinos, ohne Promotion. Später verteidigte De Niro den Film als ganz eigenes Kunstwerk, das sich innerhalb der Industrie schon deshalb nicht durchsetzen konnte, weil sich die Branche nicht gern einen Spiegel vorhalten lasse. Dennoch spielte die Produktion über die Jahre im internationalen Geschäft und auf den diversen Videomärkten ihr Geld ein.

Als Nächstes versuchte sich De Niro wieder an einem Remake. NIGHT AND THE CITY (Die Nacht von Soho; 1992; R: Irwin Winkler) geht auf den gleichnamigen britischen Thriller von Jules Dassin aus dem Jahre 1950 zurück. Auch diese Produktion war so etwas wie ein Tribeca-Familienfilm. Ko-Star war Jessica Lange, die in CAPE FEAR an der Seite von Nick Nolte gespielt hatte. Regisseur Irwin

Winkler hatte bereits GUILTY BY SUSPICION (Schuldig bei Verdacht; 1990/91) inszeniert, aber seine Stärken lagen eher auf der Produzentenseite als im Regiefach. Jane Rosenthal, Geschäftsführerin von Tribeca, übernahm die Produktion, Irwin Winkler führte Regie, Eli Wallach und Barry Primus tauchen auf der Besetzungsliste auf. Und so wie De Niro in CAPE FEAR in Robert Mitchums Rolle geschlüpft war, übernahm er den Part des Harry Fabian nun von Richard Widmark – als ob er sich lieber mit den großen Helden der Filmgeschichte messen wollte als mit den Größen seiner Generation. Die fiebrige, hysterische Vorstellung Widmarks ließ sich freilich ebenso wenig kopieren wie der dunkle Ton des Originals, das in der Londoner Unterwelt spielt. Ohne die bestechende Atmosphäre des Film noir wirkt die Handlung des Remakes ebenso dünn wie De Niros Part, der eines schmierigen kleinen Manhattaner Anwalts, der sich einem kriminellen Box-Promoter in den Weg stellt. Alles in allem markierte NIGHT AND THE CITY einen weiteren Misserfolg für Tribeca. Und die Kritiker schrieben sich inzwischen ihre Enttäuschung von der Seele. Der große Schauspieler von einst wird wahllos, hieß es. De Niro solle sich wieder mehr um die Auswahl seiner Rollen kümmern und spielen, anstatt sich damit zufrieden zu geben, immer nur er selbst zu sein.

Obwohl er stets gesagt hatte, er würde nie fürs Fernsehen arbeiten, begann De Niro nun mit der Produktion einer siebenteiligen TV-Serie, die ins Innerste von Manhattan, direkt nach Tribeca führte. Mit ihren ungewohnten Schauplätzen wollte die *Tribeca*-Serie (1993) eine Seite der Metropole zeigen, die man nur als Insider sieht. Hier ist New York tatsächlich die Stadt, die nie schläft – einzigartig nicht nur in Atmosphäre und Stimmung, sondern vor allem in der Mischung gegensätzlicher Elemente. New York ist sowohl unübersichtlich als auch klar gegliedert, im höchsten Maße urban und provinziell zugleich. In ihrer unterschiedlichen Qualität lagen die Folgen doch alle weit über dem Niveau traditioneller Fernsehkost, und das lag nicht nur an gelegentlichen Gastauftritten von Stars wie Laurence Fishburne. De Niro selbst, so weit blieb er sich dann doch treu, beschränkte sich auf die Funktion des ausführenden Produzenten. Auch in der Tribeca-Produktion THE NIGHT WE NEVER MET (Die Nacht mit meinem Traummann; 1993), einer kleinen Geschichte um ein Apartment, das an jeweils zwei Wochentagen an drei verschiedene Parteien vermietet ist, trat er nicht auf. Jane Rosenthal produzierte den Film von Warren Light, der über eine nette Variation der Standardsituation *boy meets girl* nicht hinausgeht und schnell auf dem Videomarkt landete.

Mein Vater, mein Held

Zum Ausgleich versuchte De Niro etwas anderes. Mit A BRONX TALE (In den Straßen der Bronx; 1993) gab er sein Regie-Debüt. Grundlage war ein Theaterstück, das der Schauspieler Chazz Palminteri zuerst als Fünf-Minuten-Monolog geschrieben hatte und das von den Schwierigkeiten einer Jugend in der Bronx der 60er Jahre erzählt, einer Zeit, in der ethnische Konflikte zwischen Italo-Amerikanern und Afro-Amerikanern eskalierten. Die Situation eines Jungen zwischen seinem rechtschaffenen Vater und dem verführerischen Milieu der *wiseguys* wird moralisch-idealistisch gewendet. »Never waste your talent«, heißt es in dem Film, der den Heldenbegriff eines Jugendlichen zu durchleuchten versucht. Diesen Satz hatte Palminteris eigener Vater auf eine Karte geschrieben und in das Zimmer des Jungen gehängt, und er fungiert im Film als Brücke zwischen dem Vater, der als Busfahrer alles für seine Familie tut, und einem Mafia-Boss, der dem Jungen als glamouröser Held, aber mit demselben Ideal gegenübertritt. Für De Niro war es, nach seinem Auftritt in THIS BOY'S LIFE (1993) von Michael Caton-Jones, die zweite Vaterrolle innerhalb kurzer Zeit. A BRONX TALE wurde gemeinsam von De Niro, Jane Rosenthal und John Kilik produziert, der sich im Genre auskannte. Bei John Hustons *wiseguy*-Komödie PRIZZI'S HONOR (Die Ehre der Prizzis; 1985) hatte er in der Produktionsüberwachung gearbeitet.

De Niro und Chazz Palminteri bei den Dreharbeiten zu A BRONX TALE

A BRONX TALE: De Niro und Taral Hicks auf dem Set

Die Genese des Projekts aber, wie sie John Parker beschreibt [6], liest sich wie ein Hollywood-Märchen. Palminteris autobiografisches Stück wurde 1989 am Theater West in Los Angeles uraufgeführt. Als es dann auch in New York inszeniert wurde, bot ihm Universal 250.000 Dollar für ein Drehbuch, bestand aber auf einem großen Star, der die Rolle des Sonny, die Palminteri bislang selbst gespielt hatte, übernehmen sollte. Es begann ein typisches Hollywoodspiel, und das Angebot stieg. Bei 1,5 Millionen Dollar und der Zusicherung, dass er den Sonny selbst spielen und sein Freund Peter Gatien, der die Bühnenversion auf den Weg gebracht hatte, den Film produzieren würde, schlug Palminteri ein. Aber Universal wollte immer noch einen Star, und so kam Robert De Niro dazu, der bereits daran gedacht hatte, das Drama für die Leinwand zu adaptieren.

De Niros langwieriger Poker mit Universal um Honorare und Budget endete damit, dass das Studio sich zurückzog und das Projekt ganz an Tribeca überging. Der ursprüngliche Finanzrahmen von zwölf Millionen Dollar ließ sich nicht annähernd halten, und auch die Dreharbeiten zogen sich hin. Das lag zum einen daran, dass De Niro, neben sich selbst und Palminteri, zahlreiche Amateure sowie alte Freunde besetzt hatte, die billig, aber zeitaufwändig arbeiteten. Es hatte aber auch etwas damit zu tun, dass er bei der Regie dieselbe

Gründlichkeit an den Tag legte wie bei der Vorbereitung für seine Rollen. De Niro landete schließlich bei einem Budget von 24 Millionen, und als er mit 70 000 Metern Film, gut der doppelten Menge des veranschlagten Materials, in den Schneideraum ging, war er 30 Tage über das Zeitlimit hinaus. »Um die Wahrheit zu finden, konzentriert sich Bob eben auf jedes Detail«, sagte Jane Rosenthal zu seiner Verteidigung. Kurz vor der Fertigstellung des Films starb De Niros Vater, der die Familie verlassen hatte, als De Niro zwei Jahre alt war, dem Sohn in den letzten Jahren aber wieder näher gekommen war. Er hatte seinen eigenen Tisch im Tribeca Grill; an der Wand hingen seine Gemälde, die nie große öffentliche Anerkennung gefunden hatten. Und so wurde A BRONX TALE, der Film, der eine Vater-Sohn-Beziehung beschreibt, wie sie De Niro zu seinem Vater, aber auch zu seinem eigenen Sohn sicher selbst gern gehabt hätte, Robert De Niro Sr. gewidmet.

Der Film kam auf den Festivals von Venedig und Toronto beim Publikum gut an, wurde sogar mit Standing Ovations bedacht. Ein durchschlagender Erfolg an den Kinokassen war er freilich nicht. Und auch die Kritik sah keine Supernova am Regie-Himmel. So schrieb zum Beispiel der *film-dienst*: »Zwar sind ihm ein paar höchst originelle Einzelszenen gelungen, doch geraten Dramaturgie, filmischer Rhythmus und Spannungskurve immer deutlicher aus dem Gleichgewicht, je länger der Film dauert. Das ist schade für die gute Geschichte. Als Zuschauer findet man sich im letzten Drittel zu häufig bei dem Gedanken, was ein Scorsese aus dem Stoff hätte machen können, wenn er nicht Ähnliches vor zwanzig Jahren bereits verfilmt hätte.« [7]

Kammerspiele

Zwei Jahre nach seinem Regiedebüt kamen Robert De Niro und Chazz Palminteri wieder zusammen. Inzwischen hatte Tribeca Mario Van Peebles' anspruchsvolles Doku-Drama PANTHER (1995) produziert, De Niro CASINO (1995; R: Martin Scorsese) und HEAT (1995; R: Michael Mann) gedreht. Beide Filme waren erfolgreich und zeigten De Niro in konzentrierter Form – so dass er genug Ruhe

Mario Van Peebles' PANTHER

hatte, sich einer neuen Produktion zuzuwenden, in der er selbst nicht auftreten musste. Parallel zu Barry Levinsons SLEEPERS (1996) widmete er sich dem neuen Tribeca-Projekt FAITHFUL (Der Hochzeitstag; 1996; R: Paul Mazursky) – wieder eine Adaption eines Theaterstücks von Palminteri. De Niro hatte zwar daran gedacht, den Film selbst zu inszenieren, aber der Stoff landete schließlich bei Paul Mazursky, der für eine Geschichte, die zum großen Teil in einem einzigen Haus spielt, durchaus als geeigneter Kandidat erschien. Die vielleicht größte Leistung von FAITHFUL ist es, eine strahlende Cher nach sechs Jahren Abwesenheit auf die Leinwand zurückzubringen. Als reiche, frustrierte Ehefrau wird sie an ihrem zwanzigsten Hochzeitstag von einem Killer (Palminteri) heimgesucht, der sie im Auftrag ihres untreuen Mannes (Ryan O'Neal) umbringen soll. FAITHFUL ist ein Kammerspiel, dem man seine Bühnenherkunft wesentlich stärker ansieht als A BRONX TALE. Vielleicht wegen der geringen Entfaltungsmöglichkeiten innerhalb des Skripts, vielleicht auch wegen der starken Präsenz des Autors Palminteri und des wie immer übergründlichen Produzenten De Niro wollte Paul Mazursky zwischenzeitlich seinen Namen zurückziehen. Palminteris Drehbuch ist in den Dialogen durchaus stark und voller kleiner humorvoller Aperçus. Dennoch wirkt der Film mit seinem Fernsehspiel-Rahmen auf der Leinwand etwas verloren.

Gleichzeitig bereitete De Niro einen Film vor, den er gemeinsam mit Jane Rosenthal und Scott Rudin, dem Produzenten von Ron Howards RANSOM (Kopfgeld; 1996) und Sydney Pollacks THE FIRM (Die Firma; 1993), bei Tribeca herstellen wollte und der an den Kinokassen wesentlich erfolgreicher sein sollte als FAITHFUL. Jerry Zaks' MARVIN'S ROOM (Marvins Töchter; 1996), geschrieben von Scott McPherson nach seinem eigenen Theaterstück, brachte De Niro wieder mit Leonardo DiCaprio zusammen, den er aus THIS BOY'S LIFE kannte und der inzwischen ein Teenager-Star geworden war. Als eine Mischung aus den Marx Brothers und TERMS OF ENDEARMENT (Zeit der Zärtlichkeit; 1983; R: James L. Brooks) beschrieb ein Kritiker den Film, der sich, auf der Grenze zu einem tränenrührenden Drama, an den

Ton Ingmar Bergmans anlehnt und gelegentliche grotesk-komische Einlagen nicht scheut. Wie selbstverständlich kombiniert er Szenen über die Größe der Familie, die Notwendigkeit gegenseitigen Respekts und die heilende Macht der Liebe mit einem Gestus der Reflexion. Meryl Streep und Diane Keaton spielen hier als ungleiche Schwestern gegeneinander und schaffen eine solide Basis für den Film, dem Robert De Niro selbst, als halb wahnsinniger Dr. Wally, einen exzentrischen Seitenstrang beigibt. Diane Keaton muss als Bessie gegen eine Leukämie-Erkrankung kämpfen und gleichzeitig ihren sterbenden Vater pflegen, während sich Meryl Streep als Lee mit ihren beiden Söhnen nicht nur räumlich vom Elternhaus entfernt hat. Die Notwendigkeit einer Rückenmarkspende bringt sie wieder zusammen. MARVIN'S ROOM ist dank seines Humors und seiner vielfältigen Charaktere mehr als ein simples *good-people-dying-movie*. Auch hier hatte De Niro sich eines Theaterstücks angenommen, das einen autobiografischen Hintergrund hatte und mit zahlreichen Preisen bedacht worden war. In Jerry Zaks fand er einen Regisseur, der am Broadway erfolgreich war, auch Scott Rudin konnte auf Erfahrungen als Theaterproduzent zurückgreifen. Und so ist die Inszenierung vielleicht gerade deshalb so wenig bühnenhaft, weil alle Beteiligten sich dieser Gefahr bewusst waren.

Wie weit De Niros Anstrengungen gingen, aus Tribeca ein veritables Multimedia-Unternehmen zu machen, sieht man an dem Videospiel 9, auch bekannt als *The Last Resort*. Mit den Stimmen von James Belushi, Cher, Christopher Reeve, dem Aerosmith-Sänger Steven Tyler und seinem Gitarristen Joe Perry hat Robert De Niro selbst das Action-Adventure produziert, an dem freilich nur Mark Rydens künstlerische Gestaltung und der Soundtrack auffallen. Eine vertane Chance, darin sind sich die Kritiker einig, eben weil 9 mit so viel Engagement produziert wurde. Die Geschichte dieses Spiels

MARVIN'S ROOM: De Niro und Regisseur Jerry Zaks

De Niro, Inc.

WAG THE DOG: De Niro mit Dustin Hoffman und Barry Levinson beim Dreh

ist in gewisser Weise symptomatisch für das ganze Unternehmen, dort in dem alten Kaffeehaus an der Greenwich Street, das jetzt mit Tribeca-Interactive auch eine Softwarefirma beherbergt.

Ins Schwarze getroffen

Doch dann kam das Projekt, mit dem sich der ganze Aufwand um Tribeca auszuzahlen begann. WAG THE DOG (1997; R: Barry Levinson) ist ein Film, der mit seinen politischen Implikationen und seiner Starbesetzung in Hollywood nur sehr umständlich auf den Weg zu bringen gewesen wäre. So taten sich Regisseur Barry Levinson mit seiner Produktionsfirma Baltimore Pictures, Dustin Hoffman mit Punch Production und Robert De Niro mit Tribeca zusammen, um die Geschichte, in der der Schwanz mit dem Hund wedelt, zu realisieren. Das Team traf mit fast unheimlicher Präzision ins Schwarze, denn der Film, in dem eine Affäre des Präsidenten mit einer Praktikantin vertuscht werden soll, startete genau zu der Zeit, als der Clinton-Lewinsky-Skandal Schlagzeilen machte. Und – beinahe – wie im Film wurde »Zippergate« schließlich von einem außenpolitischen Ereignis überschattet: der Bombardierung einer Pharma-Fabrik im Sudan. WAG THE DOG offenbart freilich nicht nur, wie trivial Politik manchmal ist und mit welchen Mitteln sie gemacht wird. Der Film leistet auch eine kleine, feine Kritik am System Hollywood in der Figur des Produzenten Stanley Moss, für den Persönlichkeiten wie Robert Evans oder Ray Stark die Vorbilder geliefert haben mögen. Moss schafft eine Illusion, die alle als Wirklichkeit wahrnehmen – und scheitert ironischerweise daran, dass er, wie beim Film, auf den Credit für seine heimlichen Manipulationen nicht verzichten will.

Frei nach der Grundidee von Larry Beinharts Buch *American Hero* schrieb der Bühnenautor David Mamet das Drehbuch und bewies erneut, dass er für brisante Stoffe einer der Besten in den USA ist: Das intelligente, respektlose Skript hält stets die Balance zwischen bissiger Satire und politischer Plausibilität. Die Gefahr, die politische Filme immer in sich bergen, zu gelehrt und dogmatisch zu sein, unterläuft WAG THE DOG schon durch das Zusammenspiel von Dustin Hoffman und De Niro. Beide sind geradezu ideal für die Figuren des selbstherrlichen Produzenten und des bescheidenen Schwerstarbeiters, des *spin doctors* hinter den Kulissen.

Gedreht wurde, obwohl WAG THE DOG zu großen Teilen in Washington spielt, vor allem in Los Angeles. Nur drei Tage war die Crew in Washington, und da, so geht die Anekdote, lief Bill Clinton in die Dreharbeiten hinein. Er ließ sich mit den Stars fotografieren, doch als er wissen wollte, worum es in dem Film gehe, improvisierte Dustin Hoffman eine Thrillerhandlung, wie sie sich Stanley Moss nicht besser hätte ausdenken können. »Why does the dog wag it's tail?«, fragt De Niro im Film. »Because the dog is smarter then the tail. If the tail was smarter, it would wag the dog.«

Sieht man WAG THE DOG als Erfolgsgeschichte eines Produzenten, dessen Scheitern lediglich durch die verordnete Geheimhaltung hervorgerufen wird, dann ist Phil Joanous ENTROPY (1999), zwei Jahre später entstanden, das genaue Gegenteil. Produziert von Tribeca und der Independent Production Company Phoenician Films, formuliert ENTROPY die Rache der ambitionierten Kinoautoren an der industrialisierten Produktionsweise. Denn hier werden die Produzenten als reine Geschäftemacher dargestellt, die nur an der Markttauglichkeit ihrer Filme interessiert sind. Selbst in einem *period movie* geht es ihnen um einen möglichst großen Anteil nackter Haut: »the tit problem«. ENTROPY erzählt aber nicht nur, wie gegenwärtig Filme gemacht werden, sondern reflektiert auch den eigenen Produktionsprozess und verschränkt Form und Inhalt in der Überblendung des Regisseurs Phil Joanou und seiner Hauptfigur, dem Videokünstler

WAG THE DOG

Jake, gespielt von Stephen Dorff. ENTROPY – der Titel bezeichnet einen Zustand größtmöglichen Durcheinanders – ist drei Filme auf einmal. Da ist zum einen der Film, den Jake drehen soll, eine *Hit and Run*-Geschichte aus den 20er Jahren, dann der Film, den er schließlich dreht, nachdem seine Beziehung zu Stella (Judith Godrèche) gescheitert ist, und der, den wir, wie sich am Schluss herausstellt, gerade gesehen haben. Letztlich aber ist ENTROPY auch ein Film, mit dem der Regisseur Joanou sich selbst erprobt, und es ist den Produzenten Elie Samaha, Robert De Niro und Jane Rosenthal nicht hoch genug anzurechnen, dass sie dieses Wagnis eingegangen sind. Denn Joanou nutzt nahezu alle bekannten filmischen Mittel: Der Off-Kommentar wird figurativ integriert und vor ein Standbild geblendet; Slow-Motion, Zeitraffer, Perspektivverschiebungen, Unschärfen, Video, Super 8, Schwarzweiß, Doppelbelichtungen sowie eine digital animierte sprechende Katze kommen in dem Film vor, der jedoch wider Erwarten unter dieser Last nicht zusammenbricht. Er ist ein höchst unterhaltsamer Essay über das Filmemachen, weil er in seiner Selbstreferentialität nicht versucht zu erklären, was er macht, sondern warum. Hinter großen ambitionierten Projekten steht meistens eine unglückliche Liebe.

Eher nicht so

ENTROPY ist in seiner leichten, selbstironischen Art bislang das Beste, was aus dem Hause Tribeca kam. Für Joel Schumachers FLAWLESS (Makellos; 1999) dagegen, den Robert De Niro mit Jane Rosenthal und Schumacher produzierte, auch wenn er in den Credits nicht auftaucht, spricht außer den Hauptdarstellern nicht viel. De Niro spielt hier Walter Koontz, einen Sicherheitsbeamten, der seine besten Tage hinter sich hat, nach einem Schlaganfall halbseitig gelähmt und der Sprache nur noch sehr begrenzt mächtig ist. Seine wütenden homophoben Attacken gegen den schwulen Nachbarn Rusty bleiben also vorerst ungehört. Philip Seymour Hoffman, weit entfernt von dem frustrierten blassen Mann aus HAPPINESS (1998; R: Todd Solondz), spielt die selbstbewusste Drag Queen Rusty mit einer Kraft, die De Niros Kunst durchaus ebenbürtig ist. Es ist wahrscheinlich, dass De Niro das Projekt deshalb interessant fand, weil er nach AWAKENINGS erneut einen behinderten Mann spielen konnte. Und die Momente, in denen er als Walter Koontz bei Rusty Gesangsunterricht nimmt, um wieder sprechen zu lernen, sind voller Intensität. Doch davon abgesehen wirkt das Ganze, als blättere man in einem unfertigen Drehbuch. Schumacher hat den Film der Geschichte eines Freundes nachempfunden, der sich tatsächlich von einem Schlaganfall erholt hatte. In Verbindung mit der glamourösen Welt der Drag Queens hätte sich die Story durchaus zu einem großen Film entwickeln können: eine Reflexion über Rustys zentralen Satz »Nobody is perfect, but everybody is flawless«. Doch in seiner simplifizierenden, schematischen Abfolge undurchdachter Szenen, in denen Gangster, Cops, Schwule und zugeknöpfte Kommunalpolitiker sich munter die Klinke in die Hand geben, wirkt die Produktion bloß gewollt künstlich. »Wenn ein Filmemacher keinen Sinn für Naturalismus hat«, schrieb der *San Francisco Examiner*, »sich weder um Realismus noch um natürliche Sinnlichkeit Gedanken macht, dann ist das Ergebnis so etwas wie FLAWLESS.« [8] Ein Versuch, es wieder gut zu machen, könnte Robert Townsends Fernsehspiel HOLIDAY HEART (2000) gewesen sein, das Robert De Niro mit Jane Rosenthal und Tribeca ein Jahr später produzierte. Hier sind die Drag Queens schwarz, und die Lebensgeschichte eines schwarzen Homosexuellen hat nur einen Höhepunkt, wenn Ving Rhames auf der Bühne eine perfekte Diana Ross gibt. Etwas zu rührend vielleicht ist die Geschichte

Gesangsunterricht in FLAWLESS: De Niro mit Philip Seymour Hoffman

Cartoon-Charaktere:
THE ADVENTURES OF ROCKY
AND BULLWINKLE

um Liebe, Enttäuschung, Familiensinn und Drogenszene, dennoch ist HOLIDAY HEART ein Fernsehfilm, der vieles hat, was großen Kinofilmen fehlt.

Wie zum Beispiel THE ADVENTURES OF ROCKY AND BULLWINKLE (Die Abenteuer von Rocky und Bullwinkle; 2000; R: Des McAnuff), der zwei uramerikanische Cartoon-Charaktere in die reale Welt überführt. Hier ist man schließlich bei der Frage angelangt, was Robert De Niro für Geld eigentlich nicht tun würde. Soll die Quintessenz all der Jahre des Method Acting nun darin liegen, dass De Niro, neben einem animierten Eichhörnchen und einem Elch, eine Mischung aus Dr. Seltsam, Max Headroom und einem Nazi-General spielt? Da hilft auch die selbstironische Wiederholung der »You talkin' to me«-Szene aus TAXI DRIVER (1975/76; R: Martin Scorsese) nichts. Jay Wards Abenteuer von Rocky und Bullwinkle in Frostbite Falls waren siebenminütige kleine Episoden, die die Fernsehlandschaft der späten 50er Jahre etwas auflockern sollten. Ihre Erben im besten Sinn sind heute die *Simpsons*, ebenso respektlos wie kleinbürgerlich und seltsam alterslos. Des McAnuffs Film dagegen ist eine verschämte Medienkritik, die all die Talkshows, Soap - operas und Sitcoms des modernen Fernsehens als Teufelswerk ausweist. ROCKY AND BULLWINKLE kam gar nicht erst in unsere Kinos, und das, obwohl der Film neben Tribeca und

Robert De Niro   **Eher nicht so**

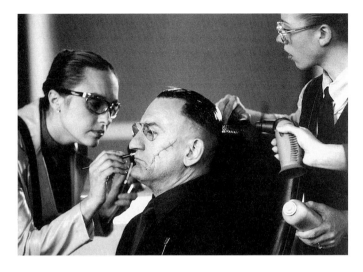

THE ADVENTURES OF ROCKY AND BULLWINKLE: De Niro in der Maske

Capella International von der deutschen KC Medien AG produziert wurde.

Beim Thriller 15 MINUTES (15 Minuten Ruhm; 2000/01; R: John Herzfeld) schließlich war Tribeca der kleine Partner von Industry Entertainment, New Line Cinema und New Redemption. Der Film zeigt De Niro wieder in einer der Rollen, die schon immer das Beste in ihm hervorgebracht haben: als besessenen Profi in der Gesellschaft von Männern, die selbst am Rande des Abgrunds stehen oder zu tief in ihn hinein geblickt haben. Als New Yorks berühmtester Polizist Eddy Flemming wird er vor laufender Kamera von zwei gerissenen Gangstern hingerichtet, die um jeden Preis berühmt werden wollen. Scheint die Kritik an den Medien in John Herzfelds Film, dessen Titel sich auf den berühmten Warhol-Satz von 1968 bezieht – »In the future, everyone will be famous for 15 Minutes« –, noch gelungen, so bewegt sich die am amerikanischen Rechtssystem im Rahmen rechtskonservativer Ideologie: Die – aus Osteuropa eingereisten – Gangster, so der naheliegende Schluss, missbrauchen die Freiheit, die das Land seinen Bürgern bietet. Am Ende erliegt der Film selbst der Faszination einer reißerischen Inszenierung: mit Close-ups auf Blutlachen, mehrfach verschnittenen Gewaltsequenzen und einer Detailversessenheit, die sich ausschließlich auf die Effekte bezieht.

Aus New York wieder ein Zentrum der Filmproduktion zu machen, ist mit Tribeca sicher nicht gelungen. Aber inzwischen werden jede Menge Filme im Hause hergestellt, das Geschäft blüht, und mit der Filmreihe *First Look* – gesponsert von Eastman Kodak, in Zusammenarbeit mit der New York Foundation for the Arts – hat sich an der Greenwich Street ein Forum für Arbeiten unbekannter Jungregisseure etabliert. Robert De Niro ist weiterhin ein gefragter Schauspieler und nebenbei recht erfolgreich in der Gastrobranche: Zum Tribeca Grill ist ein weiteres Nobelrestaurant in Downtown, das Nobu, hinzugekommen. Als Regisseur hält er sich zurück, als Produzent lebt er vor allem von einem enormen Output. Der Website (www.tribecafilm.com) zufolge hat die Firma derzeit zwei Projekte in der Pipeline. Eines, auf das wir vielleicht nicht unbedingt gewartet haben – De Niro neben Eddie Murphy in SHOWTIME (R: Tom Dey) – und eines, das auf der Hand liegt: die Verfilmung von Nick Hornbys Roman *About a Boy*, mit Hugh Grant, Tony Collette und Rachel Weisz, unter der Regie von Chris Weitz. Außerdem steht die Fortsetzung des Kassenschlagers MEET THE PARENTS (Meine Braut, ihr Vater und ich; 2000; R: Jay Roach) an, Titel: MEET THE FOCKERS (R: Jay Roach). Im Blick auf die vielen anderen, vor allem am momentanen Erfolg orientierten Tribeca-Projekte kann man nur gespannt sein, ob sich hier am Ende die Geschichte gegen den Geschäftssinn durchsetzen wird. ❑

Anmerkungen

1 John Parker: De Niro. London 1995, S. 183.
2 Zitiert nach Andy Dougan: Untouchable – A Biography of Robert De Niro. New York 1996, S. 210.
3 Ebenda, S. 211.
4 Ebenda.
5 Ebenda, S. 210.
6 John Parker, a.a.O., S. 227.
7 Franz Everschor, film-dienst, 14/1994.
8 Wesley Morris: Schumacher's FLAWLESS – in Name Only. In: San Francisco Examiner, 24.11.1999.

Amerikanische Albträume – De Niro als Darsteller des Neurotischen, Abgründigen und Gewalttätigen

Von Norbert Grob

Mit wem wäre er zu vergleichen? Selbstverständlich nicht mit den Stars des klassischen Hollywood, die nur gaben, worauf sie festgelegt waren – als Männer der Tat oder Jungs von nebenan, als Hartgesottene, Rebellen oder Verlorene. Also weder mit Douglas Fairbanks oder Tyrone Power, noch mit Kirk Douglas oder Robert Mitchum, Gary Cooper oder James Stewart – und schon gar nicht mit John Wayne, Cary Grant oder Gregory Peck. Am ehesten vielleicht mit James Cagney. Der wollte immer ein Komödiant sein, faszinierte letztlich aber nur, wenn er seine neurotische Seite präsentieren durfte. Auch mit James Dean, bei dem tief im Innersten stets ein Vulkan brodelte. Eventuell noch mit Burt Lancaster. Der sah sich in erster Linie als Artist, überzeugte jedoch als tragischer Held.

Robert De Niro spielte in den letzten 30 Jahren ganz unterschiedliche Figuren: Arbeiter, Priester und Soldaten, Musiker, Sportler und Gangster. Er gab mythische Sieger und ewige Verlierer, Götterknaben und Allerweltstypen. Doch in welche Gestalt er auch schlüpfte, in welcher Rolle er auch aufging, allein seine ambivalenten Charaktere waren es, die nachhaltig faszinierten. Nur diese unruhigen Männer, die voller Geheimnisse sind, weil vieles von den irdischen Erschwernissen in ihnen schwelt, erzählten von den Augenblicken wahrer Empfindung – vom Anarchistischen, Gewalttätigen, Neurotischen, Zerrissenen, Untergründig-Obsessiven menschlicher Existenz.

Ein Jekyll, viele Hydes

Zwei, drei Szenen, die für immer im Gedächtnis bleiben: die Momente vor dem Spiegel in TAXI DRIVER (1975/76; R: Martin Scorsese), in denen der Rhythmus der Gesten und das Timbre der Stimme, ihre Effekte und Wirkungen geprobt werden, intensiviert als Augenblicke der Wahrheit. »Are you talkin' to me? Well, I'm the only one here.« Oder der Konflikt mit dem fahrlässigen Freund kurz vor der Jagd in THE DEER HUNTER (Die durch die Hölle gehen; 1978; R: Michael Cimino), den De Niro, weil wieder mal Jagdstiefel vergessen wurden, zu einem Diskurs über die Entschiedenheit und Klarheit menschlichen Handelns erhöht. Er hält dem Freund eine einzelne Patrone vor die Nase und erklärt: »See this? This is this. This ain't something else. This is this. From now on, you're on your own.« Oder der Kampf gegen den eigenen Körper in RAGING BULL (Wie ein wilder Stier; 1979/80; R: Martin Scorsese), als er, um den Altersunterschied (und den Verfall des Körpers) zum Ausdruck zu bringen, ganz selbstverständlich über 50 Pfund zunahm.

An den äußersten Grenzen filmischer Darstellung rüttelte er dabei: an der des Illusionistischen in TAXI DRIVER, wenn er offen die Konstituenten seiner Arbeit vorführt, all die kleinen Tricks, die einer Kinofigur erst ihre mythische Kontur geben. An der Grenze des Rituellen in THE DEER HUNTER, wenn er auf die physische Präsenz der Dinge verweist, die er für sich zu nutzen sucht, um dem Chaos der Erscheinungen (und des Verhaltens) zu trotzen. Und an der Grenze des Reproduktiven in RAGING BULL, wenn er, wie Frieda Grafe einmal schrieb, »um einen richtigen Boxer richtig zu verkörpern, die eigene Haut auf eine Zerreißprobe stellt.«

An den Grenzen filmischer Darstellung zu rütteln, das impliziert selbstverständlich auch, immer aufs Neue die Untiefen der Figuren auszuloten, die er verkörpert, ihre dunklen Seiten, ihre Neurosen, Manien, Tics. Wie kein anderer Darsteller hat De Niro das Obsessive unter der Oberfläche alltäglicher Normalität sichtbar werden lassen, das Wahnhafte,

De Niro als Michael Vronski in THE DEER HUNTER

Robert De Niro Ein Jekyll, viele Hydes

Amerikanische Albträume film:12

Morbide und Irrsinnige unter dem Mantel des gesunden Menschenverstands. »Held der Finsternis« nannte ihn Marion Löhndorf deswegen auch in ihrem sensiblen Essay zur Retrospektive der Berliner Filmfestspiele 2000 [1].

Die Figuren, die er in den 70er Jahren darstellte, sind allesamt Fanatiker ihrer Leidenschaften, die sie nie zu verbergen suchen: der Streetfighter in MEAN STREETS (Hexenkessel; 1972/73; R: Martin Scorsese), der lustvoll einen Briefkasten in die Luft sprengt. Oder der junge *Godfather*, der seine Rache in Corleone, dem Dorf seiner Kindheit, genüsslich zelebriert. Oder der *Taxi Driver* Travis, »Gottes einsamer Mann«, der eines Tages den Schmutz seiner Stadt, all diese Huren und Dealer, Freaks und Killer, nicht mehr aushält, sich bewaffnet und loszieht, um ein Zeichen zu setzen. Oder der Jazzsaxophonist in NEW YORK, NEW YORK (1976/77; R: Martin Scorsese), der einer Frau, in die er sich verliebt hat, um die halbe Welt nachreist und doch immer zu spät kommt, bis er in einer kleinen Stadt, es ist Nacht, und es schneit, sogar ein gerade anfahrendes Auto mit seinem Körper anhalten will, um die Frau endlich zu kriegen. Oder der besessene *Deer Hunter*, der seine Jagd stets mit einem Schuss abschließen will: »Two is pussy. A deer has to be taken with one shot! I tell people that. They don't listen.« Oder der Boxer in RAGING BULL, der auch dann nicht zu Boden geht, wenn er längst besiegt ist. De Niro, so scheint es oft, sucht dabei die präzise Kontur, ohne das Exzessive im Ausdruck zu scheuen. Er muss das Dunkle in sich fühlen, um mit dem Licht immer neue Facetten einer Persönlichkeit zu zeichnen, das Geheimnisvolle kultivieren, um immer weiter die einzelnen Schichten einer Identität aufzudecken.

De Niro ist ein Dr. Jekyll, der in immer andere Mr. Hydes schlüpft. Er benutzt dabei seine Figuren nicht, um sich zu profilieren. Und er imitiert niemanden für sie. Er untersucht sie, Detail für Detail, um den Kern ihrer Persönlichkeit zu erfassen. Wobei er häufig das Gewalttätige, Grausame und Zerstörerische enthüllt, das unterschwellig in ihnen lauert, an der Oberfläche aber nur selten wahrzunehmen ist.

In Scorseses MEAN STREETS spielt er einen anarchistischen City Boy. Dabei gibt er nicht den besonderen Typen

Als Jake La Motta in RAGING BULL

Amerikanische Albträume

film:12

Fanatiker seiner Leidenschaft: ...

Robert De Niro   Ein Jekyll, viele Hydes

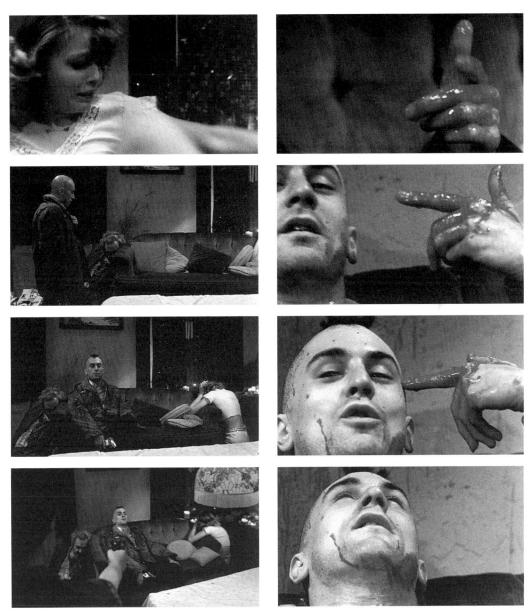

... Das Ende von Travis Bickles Feldzug in TAXI DRIVER

mit besonderen Ecken und Kanten, sondern bringt ein Lebensgefühl zum Ausdruck: das eines neurotisch besessenen Jungen, dem die Straße zur Schule seines Lebens geworden ist – und der deshalb die Straße als offenen Raum für seinen Körper nutzt und die alltäglichen Konflikte als Arena für seine gewalttätigen Fantasien.

In Francis Ford Coppolas THE GODFATHER: PART II (Der Pate – Teil II; 1974) ist er anfangs ein junger, schüchterner Emigrant, der rasch lernt, dass er seinen eigenen Weg finden muss, um zu überleben, und dass er dafür selbst das Äußerste an Gewalt nicht scheuen darf. De Niro spielt allerdings die Momente der Tat nicht aus, sondern unterlegt ihnen eine fiebrige Nervosität, die kenntlich macht, dass Brutalität nur Mittel zum Zweck ist. So changiert er häufig zwischen Entschlossenheit und Fürsorge. Er zeigt, wie einer, der das Umfeld seiner Familie mit Gewalt erweitert, einen Zuwachs an Macht erreicht, die sein Leben in der Familie erst sichert. Wodurch er im Grunde den Gangster als Familienmenschen charakterisiert.

In Scorseses TAXI DRIVER akzentuiert er die Zerrissenheit großstädtischen Lebens. Immer wieder ist zu sehen, wie gebrochen er die Formen und Lichter der Stadt wahrnimmt, wenn er nach vorne durch die Windschutzscheibe alles sich nähern und gleichzeitig im Rückspiegel alles sich entfernen sieht. Ein ornamentales Bild aus Bewegung und Gegenbewegung. Vieles verschwimmt, vieles läuft ineinander: die Rasanz der Dinge, das grelle Funkeln der Laternen und Reklamelichter. Im Rückspiegel bemerkt man, wie die Lichter der Fahrbewegung folgen, während man ober- und unterhalb dieses Spiegels den entgegengesetzten Effekt beobachten kann. Was den Blick auf die Welt völlig zerteilt. Wie es auch den Menschen zerteilt, der die Welt so wahrnehmen muss.

Und in Ciminos THE DEER HUNTER gibt er den Abenteurer als Sonderling, in dem es brodelt vor Energie und Leidenschaft, die er aber durch rituelles Verhalten zu bändigen sucht, als *control freak*. Seine Prinzipien sind der Panzer, der ihn schützt vor der eigenen Wildheit – und der ihn am Ende in Vietnam überleben lässt. De Niro betont dabei, vor allem durch Mimik und Gestik, dass die Ruhe und Entschlusskraft,

Robert De Niro **Ein Jekyll, viele Hydes**

THE GODFATHER: PART II

die seinen Michael Vronski auszuzeichnen scheinen, nur die Vorderseite sind, hinter der Fanatismus, Grimm und Wahnsinn jederzeit explodieren können. Wenn er zu Beginn, direkt nach der Hochzeitsfeier, nachts durch die Straßen seiner Kleinstadt rennt, dabei ein Kleidungsstück nach dem anderen wegwirft, bis er völlig nackt ist, gibt er einen ersten – äußerlichen – Hinweis darauf, was ihn im Innersten reizt und spornt. In den Vietnam-Sequenzen später treten diese fanatischen, dunklen, verrückten Seiten immer stärker hervor. Sie werden zur Kraftquelle, die in barbarischer Umgebung das Überleben ermöglicht.

Wie in den drei meisterlichen Darstellungen zuvor zeichnet De Niro auch hier das Monströse als Teil des Menschlichen – und das Bedrohliche, Dunkle, Zerstörerische als Antriebskraft einer Suche nach Identität inmitten einer zutiefst verunsicherten Gesellschaft. Die alten Werte sind zu Phrasen verkommen. Die gängigen Regeln wirken verlogen und falsch. So bleiben nur noch Verweigerung und Aufruhr (in MEAN STREETS), Brutalisierung und Gegengesellschaft (in

THE GODFATHER: PART II), Rückzug und Rache (in TAXI DRIVER) oder Selbstbesinnung und Entgrenzung (wie in THE DEER HUNTER, in dem immerhin ein persönlicher Ausweg bleibt: die Konfrontation mit den Kräften der Natur, die nach den Erfahrungen des Krieges in Versuchen zur Integration mündet; noch einmal wird der Hirsch gejagt, bis er hilflos vor der Flinte steht, aber dann doch nicht erlegt).

Die Albträume, die in diesen Figuren aufschimmern, sind Folge von gesellschaftlichen Zuständen und individueller Reaktion gleichermaßen: Sie weisen auf das Krank- und Wahnhafte der Situation in den 70ern und fragen nach den Seiten- oder Nebenwegen, die noch persönliche Nischen eröffnen. De Niros Darstellung sucht ein paar Antworten darauf zu bieten, vermittelt zugleich aber auch die Wünsche und Sehnsüchte dahinter.

In TAXI DRIVER gibt sein Travis einmal auf den Straßen von New York sein Innerstes preis: »Loneliness has followed me my whole life, everywhere. In bars, in cars, sidewalks, stores, everywhere. There's no escape. I'm God's lonely man.« Auf der ersten Ebene deklamiert er damit bloß Paul Schraders Text (der seinerseits Tom Wolfe zitiert). Auf der zweiten, seiner eigentlichen Ebene gewährt er – durch die gepresste Modulation, den gedehnten Rhythmus, das heisere Timbre – Einblick ins Neurotisch-Übersteigerte der Gefühlslage. Wenn er dann kurz darauf sich aufrüstet, mit einer 45er Magnum, einer 38er Stupsnase, einem 25er Colt und einer P 38, also die totale Mobilmachung für sich ausruft, und der smarte Waffendealer seine Ware anpreist, als verkaufe er mehr oder weniger gelungene Gummibärchen, fügt sich der persönliche Irrsinn zugleich zum stimmigen Bild einer aus den Fugen geratenen Zeit.

Auf Messers Schneide

Robert De Niro ist ein Kind der Hölle, von Anfang an. Das heißt, er lotet aus, wie weit er gehen kann, um auf Erden die Kraft des Bösen auszuleben. Da gibt es das lustvolle Nachtreten auf den Jungen, der schon geschlagen auf dem Boden liegt (in MEAN STREETS). Oder die gelassene Coolness beim Töten (in THE GODFATHER: PART II). Das entrückte Lächeln nach dem blutigen Rachefeldzug gegen die Kleingangster (in TAXI DRIVER). Und den unerbittlichen Enthusiasmus des Fans, der in seiner Verehrung des großen Komikers weder vor Unterwürfigkeit noch vor Tricks noch vor Zorn zurückschreckt (in KING OF COMEDY [1981/83; R: Martin Scorsese]). Selbst sein Father Desmond hat sich an den Teufel verkauft, um eine Parzelle des Paradieses sich schon auf Erden zu gestatten (in TRUE CONFESSIONS [Fesseln der Macht; 1981; R: Ulu Grosbard]). Und über den Charakter von Travis Bickle notierte Paul Schrader: »Hinter seinem Lächeln, um seine dunklen Augen, in seinen eingefallenen Wangen können wir die verhängnisvolle Anstrengung sehen, die ein Leben voller privater Angst, Leere und Einsamkeit verursacht. Es ist, als wäre er aus einem Land eingewandert, in dem es immer kalt ist, einem Land, dessen Einwohner nur selten sprechen.«

De Niro selbst sieht seine Charaktere nie eindeutig schlecht oder böse. Für ihn sind es »Menschen, die auf Messers Schneide leben.« Diese Figuren erliegen hin und wieder irdischen Versuchungen, aber nur, um sich noch kraftvoller zu wappnen gegen Anmutiges, Schönes, Verführerisches. Undenkbar in der frühen Phase seiner Arbeiten, dass er sich mit Allerweltsproblemen herumschlägt, die durch psychologisches Raffinement zu lösen wären. Oder dass er sich komödiantischen Spielereien hingibt, die bloß unterhaltsamer Schabernack blieben. Kino ist für ihn die Arena, in der er den amerikanischen Albträumen auf den Leib rückt, sie seziert und offen zur Schau stellt.

Gelegentlich suchte er die Albträume an sich selbst zu erproben. Bei den Dreharbeiten zu BLOODY MAMA (1970; R: Roger Corman) ging er, nachdem er den Job erledigt hatte und seine Figur zu Tode gekommen war, nicht nach Hause und ließ es sich gut gehen, sondern blieb am Set. Seine Partnerin Shelley Winters erzählte später, wie sie, als die Beerdigungsszene gedreht wurde, den Schock ihres Lebens bekam. Sie sei hinübergegangen zum offenen Grab und habe nicht glauben können, was sie zu sehen kriegte. »Mein Gott, Bobby«, habe sie sofort geschrien, »komm' raus, um Gottes

Mit Jerry Lewis in KING OF COMEDY

willen, komm' doch raus aus diesem Grab!« Er selbst, so kommentierte er später, habe endlich einmal fühlen wollen, was in einem vorgehe, wenn man die Erde rieche und die Trauer der Freunde fühle, in dem Moment, wo alles vorüber ist.

In Scorseses RAGING BULL findet er sich einmal, was er überhaupt nicht zu fassen vermag, im Gefängnis wieder. Er fragt die Wärter, was denn los sei, er sei schließlich Jake La Motta, *the champion*. Doch die lachen nur. Als er dann in der Zelle sitzt, völlig im Dunkeln, fragt er sich: »Why I'm in prison?« Kurz darauf schlägt er mit seinen Fäusten und seinem Kopf gegen die Wand, stammelnd: »I'm not an animal!« De Niros Körper wirkt dabei wie ein dicker Klumpen, dem nicht mehr klar ist, wo oben und wo unten ist, wie ein bloßes Stück Fleisch jenseits von Gut und Böse. Die physische Darstellung gliedert sich nahtlos ein in die vorgegebene Fiktion.

Robert De Niro   **Auf Messers Schneide**

Father Desmond in TRUE CONFESSIONS

In Coppolas GODFATHER: PART II führt De Niro vor, wie sein Vito Corleone Schritt für Schritt erkennt, dass er keine andere Möglichkeit hat, für seine Familie zu sorgen, als die eine – die Macht an sich zu reißen. Die Tat, die alles ins Rollen bringt, ist gleichzeitig ein Spiel um Weiß und Schwarz, um Licht und Schatten. Über den ganzen Marktplatz und eine lange Straße entlang verfolgt Vito, *totally in black*, den Distriktsmafioso im weißen Anzug. Schließlich betritt er vom Dach her das dunkle Treppenhaus, in dem er seinen Rivalen erwartet. Auf dem Weg nach unten fällt nur das Tageslicht von den Fenstern her auf ihn. Oft sieht man deshalb bloß die Schatten seiner Bewegungen. Noch im Gehen beginnt er, seine Hand und den Revolver, den er trägt, in ein helles Tuch zu binden. Auf dem zweiten Stockwerk von oben bleibt er stehen, löscht die Treppenlampe und wartet. Dabei verschwindet seine Gestalt völlig im Dunkeln; nur die

»I'm not an animal!«: RAGING BULL

hell verbundene Hand leuchtet ein wenig. Als der Mann in Weiß dann kommt, erstaunt ihn das fehlende Licht. Er klopft gegen die Lampe, die mehrmals an- und ausgeht. So wird Vito für kurze Augenblicke aus der Dunkelheit gerissen. Als die Schüsse fallen, ist er dennoch kaum zu sehen. Zu Hause angekommen, nimmt er sofort seinen jüngsten Sohn in den Arm: »Michael, your father loves you very much!« Kurz darauf wird er von allen in der Umgebung mit äußerstem Respekt behandelt. So ist klargestellt: Das Viertel hat einen neuen Paten.

De Niro interpretiert als Erziehung, was in den Klassikern bloßes Faktum war: die Entschiedenheit zur Tat. Weiß/Schwarz und Licht/Schatten sind dabei ambivalente Nuancen, nicht klare Linien, die trennen. Der Kampf zwischen Hell und Dunkel lässt jedoch auf den Krieg im Innersten schließen, auf den Zwang zum Bösen, den Drang, sich im düsteren Alltag aufs Beste zu arrangieren.

Ein Jahrzehnt später, Ende der 80er, gab De Niro, »der Darsteller des Anderen und Fremden« [2], den Monstern direkt Kontur: sehr elegant und intellektuell dem Teufel höchstpersönlich in Alan Parkers ANGEL HEART (1987); eher dickfellig, plump und tapsig dem Gangsterboss Al Capone in Brian De Palmas THE UNTOUCHABLES (1987). In den 90ern variierte er diese Monsterfiguren noch zweimal: 1991 in Scorseses CAPE FEAR (Kap der Angst) und 1994 in MARY SHELLEY'S FRANKENSTEIN unter der Regie von Kenneth Branagh.

Die Monster bei Parker, De Palma und Scorsese blieben weitgehend Ideen-Figuren, die über ihre narrativen und dramaturgischen Funktionen kaum hinausgehen. Sein Frankensteinsches Monster dagegen ist von berührender Vielschichtigkeit. De Niro spielt es als Täter, der letztlich nur Opfer ist und mit seinen Taten um Anerkennung ringt. Nach dem Mord an Frankensteins jungem Bruder ist der gestörte Kontakt zwischen Schöpfer und Kreatur (in eisiger Höhe, mitten in einer endlosen Schneelandschaft) direkt im Dialog thematisiert: »You gave me these emotions. But you didn't tell me how to use them«, klagt er Frankenstein an. Und wirft ihm vor, dass er sich nicht um seine Seele gekümmert habe. »Who were these people of which I am compromised? Good people? Bad people?« Die schnöde Reaktion des Wissenschaftlers: »Materials, nothing more!« Daraufhin der so behände wie berührende Widerspruch des zusammengeflickten Wesens: »You're wrong.« Er spiele zum Beispiel Flöte. In welchem Teil von ihm wohne denn dieses Wissen? In den Händen? Im Hirn? Im Herzen? »You gave me life, and then you left me to die.« Dabei habe er Liebe in sich, von der der andere keine Vorstellung habe, und Wut, wie sie seinesgleichen nicht fassen könne. Branaghs Frankenstein vermag darauf nur mit hilflosen Gesten zu reagieren.

Durch die Maske hindurch lässt De Niro das Verletzliche der entstellten und geschundenen Kreatur spürbar werden. Sein Monster bildet das Gegengewicht zum ewig Strebenden, der im Streben sich verliert, ein Wesen, das daran erinnert, dass zum Leben auch das Sehnen, Lieben und Leiden gehört. Ein Höhepunkt von De Niros Darstellung ist dabei, wenn er präsentiert, wie dieses Gefühl auszuleben ist, als er sich im Schatten einer Familie bewegt, für Wärme und Nahrung sorgt – und dabei selbst erste sinnliche Erfahrungen macht:

Sehen, Lieben, Leiden: MARY SHELLEY'S FRANKENSTEIN

also sinnlich nachvollziehbar macht, wie etwa eine Kartoffel riecht und schmeckt.

Russisches Roulette I

Noch einmal zurück ins Jahr 1978, als er für Michael Cimino in THE DEER HUNTER einen gewöhnlichen Stahlarbeiter spielte, den nur eines auszeichnet: seine Leidenschaft für die Jagd, die er seinem eigenen Ethos entsprechend zu vollziehen pflegt. Er jagt nicht, um zu töten, sondern um sich zu messen an den Kräften der Natur. Wenn er wüsste, dass er »high up in the mountains« ende, wäre er einverstanden, gesteht er einem Freund einmal, es müsste nur im Kopf klar sein, warum. Dieses Bekenntnis macht De Niro zu einem Moment der Erkenntnis und Beichte zugleich. Sein Blick bleibt starr, der Körper wirkt versteift, die Hände spielen mit der Gewehrhülle. Er gibt sich gelassen, deutet aber auch aufs Übermütige seiner Fantasie.

In der großen Jagdsequenz danach zeigt er die ganze Bandbreite seines Repertoires, um die diffizile Persönlichkeit dieses Mannes offen zu legen: die Geschmeidigkeit des Körpers bei der Verfolgung des Hirsches hoch hinauf in den Berg (bei der keiner seiner Freunde Schritt zu halten vermag), der Wechsel von Gehen, Springen, Laufen, Schreiten; die Selbstvergessenheit des passionierten Jägers, der im Moment des Jagens alles um sich herum aus dem Bewusstsein streicht; die sparsamen Gesten, die sich den Riten der Jagd unterordnen; schließlich die Konzentration auf den entscheidenden Augenblick, in dem er das Tier erlegt, als Augenblick der Befriedigung und Bestätigung seiner eigentlichen Identität.

Diese Mischung aus Gelassenheit und Übermut bringt De Niro in Ciminos Film häufig zum Ausdruck. Schon als ihm anfangs auf dem Weg zur Kneipe ein Truck Hindernis und Herausforderung ist. Nachdem ein Freund darauf gewettet hat, dass es ihm nicht gelingen werde, den Lastwagen noch vor der Kneipe rechts zu überholen, gibt er Gas und schlittert zwischen einer Betonmauer auf der rechten und dem Sattelschlepper auf der linken Seite hindurch, touchiert das schwere Gefährt ein wenig und kommt schließlich mit einem abrupten Brems- und Schleudervorgang direkt vor der Bar zum Stehen. Die Kamera, die das Geschehen aus unmittelbarer Nähe fotografiert, in einem Wechsel von dramatisierten Nachfahrten, klassischen (seitlichen) Parallelfahrten und detaillierten Vorwegfahrten (damit einen Eindruck von Geschwindigkeit artikulierend), enthüllt die Gefährlichkeit des Ganzen, aber auch den übermütigen Leichtsinn des Fahrers. Nach seinem Erfolg reicht De Niro lässig den Wetteinsatz zurück: »Here's your truck back. That was a million to one shot against a sure thing.«

Den Weg von dieser Spielerei über die rituelle Jagd und die ernüchternden Erfahrungen des Krieges in Vietnam bis zur Rückkehr in die danach fremd gewordene Heimat spielt De Niro als steten Übergang in die Versteinerung. Seine Mimik, ausgelassen und kräftig zu Beginn, wird in den Vietnam-Sequenzen härter und breiter, auch holzschnittartiger, und endet in Reduktion und Erstarrung. Auch sein Körper, anfangs eher der eines Tänzers, der die Welt seiner eigenen Choreographie unterwirft, wird in den Vietnam-Sequenzen steifer und verschlossener und wirkt am Ende wie der eines geschlagenen Kriegers, der die Uniform braucht, um Haltung zu wahren.

Das Unstete und Dunkle, auch Pathologische und Schizophrene, das zu Beginn so strikt unter Kontrolle blieb durch den Hang zum Rituellen, bricht in Vietnam rasch aus: schon in der ersten Szene, als er nach einer kurzen Bewusstlosigkeit erwacht, von Toten umringt und von einem Vietcong bedrängt, der zuvor eine Handgranate in einen zivilen Unterschlupf geworfen hat. Er greift zum Flammenwerfer, setzt damit den Gegner in Brand und feuert, als sei er von Sinnen, mit einer MP mehrere Salven auf den Toten ab. Der Höhepunkt folgt in der Gefangenschaftssequenz, in der er und seine Freunde zum Russischen Roulette gezwungen werden. De Niro greift dabei zu exzessivem Ausdruck, zu überdeutlicher Gestik und Mimik, um das Krankhafte der Situation noch zuzuspitzen. Wenn er schließlich den Weg freischießt für sich und seine Freunde, ist sein Gesicht völlig verzerrt, als könne nur mit Wahnsinn der Wahnsinn bekämpft werden.

Amerikanische Albträume   film:12

Dem Wahnsinn mit Wahnsinn begegnen: ...

... Die erste Russisch-Roulette-Sequenz in THE DEER HUNTER

Ein letzter Ausbruch, ein letzter Verlust der Kontrolle schließlich nach der ersten Jagd nach der Zeit in Vietnam. De Niro reagiert harsch auf den erregten Freund, der mit seinem Revolver herumfuchtelt. Er reißt ihm die Waffe aus der Hand und überprüft sie. Als er feststellt, dass sie geladen ist, gerät er völlig außer sich: »You want to play games? Okay, I'll play your fucking games.« Er nimmt fünf der sechs Patronen aus den Kammern, lässt die Trommel rotieren und hält seinem Freund den Lauf an die Schläfe, ihn dabei voller Zorn anschnauzend: »How do you feel now? Hah? Big shot?« Er drückt ab, erwischt aber eine leere Kammer. So bleibt seine Wut ohne Folgen.

Danach läuft er hinaus ins Freie und schleudert die Waffe mit Wucht in den nahe gelegenen See. So, als wolle er mit Gewalt einen Teil seiner Erinnerungen auslöschen.

De Niro wirkt in dieser Szene nah und fremd zugleich. Sein Körper bebt vor Zorn, während seine Stimme aus einer anderen Welt zu kommen scheint. Die Züge seines Gesichts sind klar und kantig, während seine Arme im Dienst einer anderen Macht zu agieren scheinen. Seine imagologische Präsenz, niemals wieder konnte er sie so umfassend, so differenziert und genau entwickeln wie in Ciminos THE DEER HUNTER. Mit all den Schatten neben dem Licht. Mit all dem Lärm hinter der Stille. Mit all der Hektik neben der Ruhe. Mit all den Albträumen als selbstverständlichem Bestandteil des Lebens.

Magische Momente

Die Konstituenten von De Niros Arbeit liegen (äußerlich) überdeutlich offen: Da ist die geradezu obsessive Vorbereitung auf seine Rollen: seine lange Reise durch Sizilien, um Dialekt und Bewegungsweisen der Leute zu studieren (für THE GODFATHER: PART II); seine wochenlange Arbeit als Taxifahrer (für TAXI DRIVER); das Erlernen der Fingergriffe am Saxophon (für NEW YORK, NEW YORK); sein Aufenthalt bei den Stahlarbeitern in Ohio (für THE DEER HUNTER); oder das mehrmonatige Training im Boxring (für RAGING BULL).

Da ist sein extremes Spiel mit dem eigenen Gang: mal hektisch, jugendlich forsch (in MEAN STREETS), mal rund, katzenhaft geschmeidig (in THE DEER HUNTER), mal gesetzt, elegant bedächtig (in TRUE CONFESSIONS), mal müde, greisenhaft gebeugt (am Ende von ONCE UPON A TIME IN AMERICA [Es war einmal in Amerika; 1984; R: Sergio Leone]).

Da ist seine unfassbar variable Gestik, die gelegentlich – etwa bei Coppola – einem anderen Körper zu entwachsen scheint. Und sein berühmt-berüchtigtes Grinsen. De Niro selbst dazu: »Mein Körper ist wie ein Instrument. Und ich musste eben lernen, dieses Instrument zu spielen. Genauso, als würde ich Klavierspielen lernen.«

Die Lektüre dieser Bausteine seiner darstellerischen Mittel setzt Lust am Spiel jenseits der Fiktion voraus, auch Aufmerksamkeit und Sinn für Nuancen. Dazu das – wohl notwendige – Schwanken zwischen Charakterisierung der jeweiligen Rolle, mimographischer Annäherung und Benennung der filmischen Strategie dahinter.

Rolle und Typ, Bewegung, Blick und Rede, Repertoire von Gestik und Mimik – und dann Kamera und Montage, die Anblick und Verhalten des Darstellers neu interpretieren, ihm quasi sein »zweites Gesicht« geben: Dies ist das eine, die Basis sozusagen. Aber dann gibt es noch das andere, die besonderen, geheimnisvollen Momente zwischen Darsteller und Kamera, die ein Bild, eine Szene völlig verändern, die etwas aufschimmern lassen, was vielleicht am ehesten als imagologische Präsenz zu bezeichnen ist, hervorgerufen durch die intime Verschmelzung einer Geste, eines Blicks, einer Bewegung, einer Aktion mit einer ungewöhnlichen Kamerabewegung oder einem überraschenden Schnitt.

Bei De Niro ist die große Darstellungskunst zu würdigen, bei Scorsese, selbstverständlich, bei Coppola, Leone und Branagh, auch in John McNaughtons MAD DOG AND GLORY (Sein Name ist Mad Dog; 1993) etwa und in Barry Levinsons SLEEPERS (1996), die Kunst der großen Verwandlung, der definitiven Gesten in Maske und Kostüm (wenn auch nur schwer vorstellbar wäre, ihn an Stelle von John Malkovich in DANGEROUS LIAISONS [Gefährliche Liebschaften; 1989;

Amerikanische Albträume

Das berühmt-berüchtigte Grinsen: MEAN STREETS, TAXI DRIVER, RAGING BULL (linke Spalte); THE UNTOUCHABLES, GOODFELLAS, CAPE FEAR ...

R: Stephen Frears] oder von Daniel Day-Lewis in THE AGE OF INNOCENCE [Zeit der Unschuld; 1993; Martin Scorsese] zu sehen). Aber dann gibt es diese langen, mal eher neugierigen, mal eher perplexen Blicke, dieses körperbetonte, provokant aggressive Gebaren, diese nervösen, betont hektischen Bewegungen, diese distanzierte, eigenartig harsche Gestik. Eine ganz eigene Präsenz jenseits von Figur und Rolle – selbst in TAXI DRIVER, selbst in THE DEER HUNTER – wird sichtbar, die später vor allem in seinen Gangsterfilmen dominiert, ob die nun wie bei John Frankenheimer in RONIN (1998) von gebrochenen Siegertypen oder wie bei James Mangold in COP LAND (1997) von ewigen Verlierern erzählen.

Gerade noch davongekommen

De Niros spätere Rollen sind entspannter und verspielter, dafür auch kleiner und vordergründiger. In den 90ern gestattete er sich sogar, hin und wieder einfach eine Geschichte mitzutragen, sich einfach im dramatischen Acting einzurichten. Doch da noch immer gilt, selbst im Mainstream des heutigen Hollywood, dass Helden niemals bloße Propagandisten einer Idee bleiben dürfen, entwickeln auch seine späten Figuren ihren doppelten Boden. Sie sind niemals nur brav oder glatt oder seriös. Sie sind immer auch Verlorene oder Davongekommene. Oder exzentrische Egomanen, die

... A BRONX TALE, HEAT, THE FAN; RONIN, ANALYZE THIS, 15 MINUTES

Amerikanische Albträume

Mit Sylvester Stallone in COP LAND

dem Motto folgen: Allein die Obsessionen helfen, die Dinge zu begreifen, selbst in Martin Ritts STANLEY & IRIS (1989/90), Tony Scotts THE FAN (1996), Barry Levinsons SLEEPERS (1996) oder in Quentin Tarantinos JACKIE BROWN (1997).

Eine subtile Nuance dieser alten Maxime bietet De Niro als postmoderner Don Quichotte in Irwin Winklers NIGHT AND THE CITY (1992). Da erklärt er sein gehetztes Gewusel zum Krieg gegen die Mächtigen seiner Stadt, während er in Wahrheit doch bloß gegen die Windmühlen seiner schmutzigen Fantasie anrennt.

Eine andere Nuance: De Niro als Polizist in MAD DOG AND GLORY. Durch Zufall rettet er einem Gangster das Leben. Der bedankt sich dafür, indem er ihm ein hübsches Mädchen schickt. Für eine Woche soll sie nur für ihn da sein, ihm seine geheimsten Träume wahr machen. Aber dann entpuppen sich diese Träume als so gewöhnlich, dass sie das

Mit Cliff Gorman (rechts) in
NIGHT AND THE CITY

ungewöhnliche Arrangement ganz durcheinander bringen. Das Innerste dieses Mannes ist, als es schließlich nach außen kommt, nur eine Facette seiner braven, drögen Erscheinung. Die allerdings, das ist von Anfang an klar, impliziert auch Klarheit, Strenge, Konsequenz.

De Niros spielerischer Trick: auch die Macken und Manien des Polizisten voll und ganz auszuspielen. Womit das Drama einen komödiantischen Unterton bekommt. Wayne Dobie, mittelgroß, leicht übergewichtig, ist Spezialist für Spurensicherung, deshalb nennen ihn seine Kollegen gerne »Mad Dog«. Er selbst mag das nicht. Sein Name sei Wayne, antwortet er, wenn er wieder mal mit seinem Spitznamen angesprochen wird. Als er einmal gefragt wird, ob er verheiratet sei, sagt er nur knapp: »No, not personally.«

Es ist dieses Dröge, das ihn so stur, so »mad« macht. Auf der anderen Seite trotzt er seinem Alltag mit reiner Haltung, was ihn auch keusch macht, atypisch und skurril. Darüber wird das Komische transparent, das dem Tragischen stets innewohnt. Wenn er loszieht, um seinen Job zu tun: Tatorte oder Leichen fotografieren, dann geht er nicht, wie sonst Polizisten im Kino, auf einen Kreuzzug, sondern er erledigt einfach seine Arbeit, um wenigstens etwas zu tun. Er ist der Sisyphos unter den Cops. Er rollt seinen Stein, Tag für Tag, und fühlt sich nicht unwohl dabei.

De Niro gibt hier den witzigen Tragiker als ernsthaften Komödianten. Nach dem Nachtdienst bringt er seinen Nachbarn die Morgenzeitungen mit. Seinen Kollegen kauft er Waffeln. Sogar mit Killern redet er ruhig und höflich. Er ist smart, doch nie tough. Er träumt nur davon, gut auszusehen und »Mumm« zu haben. Als seine Nachbarin in Not ist, reißt er sofort die Fäuste hoch, ohne sich durchsetzen zu können. Er tue ja, was er könne, für seine Mitmenschen, gesteht er einmal, aber er sei nun mal kein Held. Der Panzer, der ihn abschottet gegen Wagnis und Experiment, ist sein Takt, seine freundliche Vornehmheit. Ob er gestern einen »weggesteckt« habe, wird er einmal gefragt. Seine Antwort: Er stekke keinen weg – »I'm making love.« De Niros Porträt dieses Wayne Dobie ist eine übersteigerte Fantasie über die Kraft und Würde des kleinen Mannes, der begreift, dass er sich auch mal größer aufspielen muss, um zumindest das wenige, das ihm gehört, nicht zu verspielen.

In John Frankenheimers RONIN kombiniert er den leisen Profi mit dem mythischen Gangster (als tragischem Helden). Es geht um einen metallenen Koffer, von dem niemand weiß, was drin ist. Doch alle kämpfen um ihn, fanatische Nordiren, mafiose Russen, coole CIA-Amis. Dafür wird betrogen und geraubt, erpresst und getötet. Und Katharina Witt tanzt, in einer schönen Nebenrolle, einen doppelten Rittberger auf dem Eis.

De Niro gibt den ehrenhaften Krieger, der das Spiel zwischen listigem Taktieren, aggressiven Sticheleien und offenen Schlachten am besten beherrscht. Er glaubt an den Ehrenkodex des Profis. Er weiß, wie ein alternder Maler kleiner Samurai-Figuren ihm einmal zugesteht, um »die Freude an der Schlacht«, aber auch um den Wert dahinter. Wo-

De Niro in RONIN

hingegen die anderen nur auf ihr Glück hoffen, falsch spielen oder mit Hinterlist und Tücke arbeiten. Loyalität und Würde, für ihn unumstößliches Gesetz, ist bei ihnen ersetzt durch die Maxime »jeder für sich«. So führen sie auch ihren Krieg, ohne die Fronten zu kennen. Mal nehmen sie einen gesicherten Konvoi auseinander, mal kämpfen sie gegen die IRA, mal legen sie sich mit der russischen Mafia an. Sie rasen mit schnellen Autos durch die engen Gassen in Nizza, prügeln sich durch die Arena von Arles, laufen boxend und schiebend quer durch den vollen Pariser Sportpalast. Sie hetzen durch halb Frankreich – und kommen doch unentwegt zu spät.

Amerikanische Albträume — film:12

»Hey, Nick, it's me!« ...

De Niro stellt diesen bloß äußeren Attraktionen seine überaus klare Ausstrahlung entgegen, Ergebnis einer Mischung aus Selbstbewusstsein, Stärke und Gelassenheit. Selbst als klar wird, dass er von Anfang an ein doppeltes Spiel durchgezogen hat, verändert er nicht die Kontur des Typs. Er erhöht quasi die Ideologie der Figur, um der Rasanz der Action-Szenen einen tieferen Sinn zu geben. Er zitiert in seiner Darstellung die mythischen Verklärungen eines Jacques Becker oder Jean-Pierre Melville, deren märchenhafte Charakterisierung des Gangsters als mythischer Figur. Die Aura von düsterer Tristesse und stoischem Gleichmut, die ihn umgibt, ist auch ein Hinweis auf die Verlorenen des französischen Film noir.

Ein schönes Detail dabei, in einer Szene voller Klarheit und Lakonie: Als ein nervöser Brite ihm vorwirft, er habe wohl Angst um die eigene Haut, antwortet er ganz ruhig: »Of course, it contacts my own body.«

Russisches Roulette II

Wie kaum ein anderer hat Robert De Niro in seinen Figuren eine Vision vom Überleben in den Höllen der Großstädte entworfen. Wie kaum ein anderer hat er die untergründigen Facetten der Normalität erkundet. Wie kaum ein anderer hat er die Furcht und die Schmerzen, die Panik und die Schwächen, das Elend und die Marotten, das Leid und die Manien der Besessenen, Verrückten und Verlorenen dargestellt.

Elia Kazan: »De Niro ist sehr einfühlsam, sehr präzise. Er stellt sich sowohl das Innenleben als auch das Äußere vor und hat ein gutes Gefühl. Er ist ein Charakterdarsteller. Alles, was er macht, kalkuliert er. In einem guten Sinne, aber er kalkuliert, wie er sitzt, welche Anzüge er trägt, welcher Ring wo ist, die Brille, alles ist sehr exakt. [...] Brando ist anders, mysteriöser. Man weiß nie, woher seine Ideen kommen. Er ist wirklich sehr intuitiv.« [3] Und: »Brando war ein überzeugter Rebell gegen den bürgerlichen Geist. Dean war ein Rebell gegen die Vaterherrschaft. Brando war ein Freigeist, glücklich in seiner Arroganz. Dean war traurig und düster, man wartete förmlich auf seinen Gefühlsausbruch. De Niro ist vieles in einem. In ihm stecken die verschiedensten Personen. Er findet Ausdruck und Erfüllung, indem er in anderer Leute Haut schlüpft, indem er sich Bild um Bild tiefer vorarbeitet.« [4]

Vielleicht die berührendste Szene seiner Karriere: die Auseinandersetzung mit dem alten Jugendfreund in einer Saigoner Kaschemme (in THE DEER HUNTER), während um sie herum die Welt in Trümmer zu fallen scheint. Innerhalb der Rolle geht es darum, ein altes Versprechen einzuhalten, den Freund nicht in Vietnam zurückzulassen. Doch der tut, als erkenne er ihn nicht, und zwingt ihn damit zu einem Duell im Russischen Roulette, zu einem Spiel um Leben oder Tod also. In De Niros Darstellung dieser Situation geht es um den synkopischen Wechsel von dramatischem Acting, eindringlicher Performance und verzögerndem Schwanken zwischen den Ebenen. Er drängt, schlägt und beschimpft den Freund (»Hey, Nick, it's me!«), rüttelt ihn durch und stößt ihn weg (»I came 12.000 miles to get you«), bis er mit dem Revolver an der eigenen Schläfe ihm im Duell gegenübersitzt. »This what you want?« Er bedrängt und beschwört ihn: »Remember all the different trees? Re-

... De Niro mit Christopher Walken in
THE DEER HUNTER

member that? The mountains?« Er stöhnt, fragt, schreit, lacht und weint – und muss am Ende doch den Tod des Freundes hinnehmen: »One shot?« – »One shot!« Durch die einfachsten Mittel: Haltung von Kopf und Körper, minimale Gestik, zurückhaltende Mimik, stellt er äußerlich klar, was innerlich in ihm tobt. Seine Gefühle, zwischen Resignation und Verzweiflung, sind physisch ablesbar, der Konflikt im Kampf um den alten Freund steht ihm ins Gesicht geschrieben. Ein Triumph der präzisen Kontur, ein Fest des (hier weniger exzessiven denn) prägnanten Ausdrucks.

Robert De Niro: ein gewissenhafter Darsteller, kein Star. Ein perfektionistischer Fanatiker, der weder das Geld noch den Ruhm sucht, sondern den Arbeitserfolg: die definitive, also wahre Verkörperung seiner Figuren. Er habe es stets genossen, Schauspieler zu sein, bekannte er einmal in den 80ern, weil er dabei über andere Menschen so viel erfahre. Er könne ein anderer sein, ohne den Preis dafür zu zahlen, den ein wirklicher Mensch in seinem wirklichen Leben zahlen müsse.

Andererseits, das zeigen ja seine Meisterwerke der 70er, geht es doch gerade um den Preis, der zu zahlen ist, wenn einer, um der Hölle zu trotzen, sich ein Stück vom Paradies auf Erden erkämpft – oder, um dem Alb zu entgehen, sich einen Rest von Würde und Freiheit erträumt. Kein Licht ohne Schatten, das ist klar. Also auch kein Alltag ohne schmerzenden Krieg, ohne dunkle Ängste, ohne tiefe Wunden. ❑

Anmerkungen

1 Marion Löhndorf: Held der Finsternis. In: Hommage Robert De Niro. (Redaktion: Rolf Aurich, Wolfgang Jacobsen, Gabriele Jatho). Berlin 2000, S. 9-52.
2 Ebenda, S. 46.
3 Zitiert nach Meinolf Zurhorst: Robert De Niro. München 1987, S. 157.
4 Zitiert nach dem Presseheft von Martin Scorseses NEW YORK, NEW YORK.

Robert De Niro's Waiting ...
... und kein Erbe in Sicht
Von Georg Seeßlen

Ehrlich gesagt, habe ich nie kapiert, auf wen denn nun Robert De Niro, *talking Italian*, eigentlich wartet; ist ja vielleicht auch egal. Wichtiger ist, dass er schon in diesem Pop-Song von Bananarama ziemlich entrückt ist; irgendwo also steht er herum, ist nicht das begehrte Objekt oder der Kerl, der einen gemeinerweise gerade verlassen hat. Er ist fremd und sachlich in seiner eigenen Aura. De Niro füllt den Raum auf der Leinwand, er ist stärker als alles andere da oben, aber er füllt nicht den Raum zwischen der Leinwand und mir im Zuschauerraum, weshalb Robert De Niro ein Schauspieler ist, der seine Zuschauer – oder sagen wir ruhig: seine Bewunderer – manchmal auch verdammt allein lässt.

Aber vielleicht lässt er sich ja auch immer selbst allein. Nach RAGING BULL (Wie ein wilder Stier; 1979/80; R: Martin Scorsese) gab es keine Steigerung mehr, weder eine der Technik noch eine der Präsenz. Er hatte den Raum auf der Leinwand so gefüllt, dass er explodiert war, die Trümmer waren uns um die Ohren geflogen, und wahrscheinlich hat Jerome Charyn recht, wenn er in *Movieland* meint, der Schauspieler hätte nach dieser Rolle nie wieder »sein nadelartiges Renaissance-Aussehen« bekommen. Renaissance, Wiedergeburt, die helle Antike, die von einem finsteren Mittelalter aus gesehen wird, der Sinnenmensch in Form einer stechenden Nadel – Junge, Junge, da gibt es schon etwas herumzuassoziieren. Auch wenn einerseits vielleicht nur gemeint ist, dass auch ein Robert De Niro nicht seinen Körper beliebig formen und wieder zur alten Form zurückbringen kann, ist uns doch klar, dass niemand auf dieser Welt so schnell ein »nadelartiges Renaissance-Aussehen« übernehmen kann. Wem

Vorläufer (I): Montgomery Clift in RED RIVER (Panik am roten Fluss; 1948; R: Howard Hawks; mit John Wayne), in A PLACE IN THE SUN (Ein Platz an der Sonne; 1951; R: George Stevens; mit Elizabeth Taylor) und in FROM HERE TO ETERNITY (Verdammt in alle Ewigkeit; 1953; R: Fred Zinnemann; mit Burt Lancaster)

Nachfahren (I): Edward Norton mit De Niro in THE SCORE

unter den »Verwandlungskünstlern« der letzten Jahre die Nadelhaftigkeit gegeben ist, wie, sagen wir, Edward Norton, dem fehlt das Renaissance-Element, und bei Brad Pitt ist es womöglich umgekehrt.

Dass der Körper das Instrument des Schauspielers sei, hat De Niro mal gesagt, aber vermutlich ist das doch nicht ganz wahr, weil selbst der begabteste Schauspieler der Welt seinen Körper nicht in einen Koffer packen und wegstellen kann. Wie dem auch sei. Die meisten anderen Schauspieler benutzen ihren Körper wie eine Geige, auf der man verschiedene Melodien spielt, doch nur in der gleichen Klanglichkeit (einschließlich des Umstandes, dass so ein Instrument verstimmt sein kann oder Schäden bekommt), De Niro aber wollte immer wieder ein anderes Instrument sein, oder die Musik selber. Mit jeder neuen Rolle erfand er die Schauspielerei neu. Doch selbst dieses Feld ist irgendwie begrenzt. Jedenfalls gab es nach dem Film RAGING BULL noch großartige De-Niro-Rollen, aber die Leinwand zur Explosion brachte er nicht mehr.

Seitdem wurde die Sehnsucht größer, einen anderen De Niro zu bekommen, einen erklärbaren, einen aushaltbaren De Niro, und man machte sich, zu früh, gewiss, auf die Suche nach jemandem, der halbwegs überzeugend De Niroismen jenseits eines unverbindlichen »Wir haben alle von De Niro gelernt« verkörpern konnte. Aber De Niro war schon selbst nicht in der Mythologie der ewigen Wiederkehr aufgegangen. Er war nicht der neue Marlon Brando, nicht der neue Montgomery Clift, und niemand wollte oder konnte der neue Robert De Niro sein. Und schon gar nicht De Niro selbst, der irgendwann anfing, nur noch ein »guter Schauspieler« zu sein, der sich nie mehr anstrengte als es der Film, in dem er gerade auftrat, wert war. Und sogar zur Masken-Clownerie bereit war, wenn es so wenig war wie in THE ADVENTURES OF ROCKY AND BULLWINKLE (Die Abenteuer von Rocky und Bullwinkle; 2000; R: Des McAnuff). Er wurde, anders gesagt, auch selbst irgendwann einmal »professionell«. Was nicht heißen soll, dass er nicht jederzeit in der Lage ist, seine Einzigartigkeit, sein verdammtes Mehr-als-Können zu zeigen.

Robert De Niro
Robert De Niro's Waiting ...

Vorläufer (II): Marlon Brando mit De Niro in THE SCORE

Vorläufer (III): James Dean mit Elizabeth Taylor in GIANTS (Giganten; 1956; R: George Stevens)

Was ist das Einzigartige an De Niro, und warum gelingen anderen so wenige De Niroismen? Die Vorstellung, De Niro könnte gleichsam jede Rolle spielen, ist falsch. Er spielt immer nur eine Figur (oder vielleicht einen Zustand), diese aber in unendlich vielen Variationen, Perioden und Stimmungen. Es gibt also den Meta-Film von dem »Urwunsch des einsamen Mannes in der Masse, ein anderer sein zu wollen, einer, der von sich reden macht«, wie De Niro selbst einmal sagte. So spielt dieser Schauspieler also nicht so sehr den anderen, als den Wunsch, ein anderer zu werden. Es geht um jene beiden Zustände der Leere, die im »Image« eines Schauspielers zusammenkommen und verschwinden: das unbeschriebene Blatt (also die Fähigkeit eines Schauspielers, nicht mehr vollständig, immer weniger er selbst zu sein) und die Maske (also die Fähigkeit eines Schauspielers, nicht nur ein von der Partitur des Drehbuchs und der *backstory* vorgegebener anderer, sondern auch das Projizierte selbst zu sein – ein Geheimnis des entscheidenden »Weniger« als das vollständige Subjekt). Die beiden Formen der Leere im Spiel mit der Kamera hat De Niro zum Exzess geführt, und seine großen und schmerzhaften Filme handeln vielleicht von einem Niemand, der unter ungeheurem Aufwand und mit fataler Gewalt gegen sich und andere zum Nichts wird. Am Ende ist er wieder draußen, verschwindend, und wartet, ob er nun italienisch spricht oder nicht.

Kein Bild jenseits der Leinwand

Um diesen Weg gegen den amerikanischen Traum zu gehen, setzt De Niro eine Technik des Dazwischen ein. Der Widerspruch zwischen Schauspieler (ein Wesen, das mit den gleichen Mitteln immer anderes Subjekt wird) und Star (ein Wesen, das mit immer anderen Mitteln zum immer gleichen Subjekt wird) wird bei ihm nicht aufgelöst wie bei all den Leinwand-Mythen, die zugleich mehr als sie selbst sein und immer sich selbst »treu« bleiben wollen. Dieser Widerspruch wird von De Niro vielmehr auf der Leinwand gelebt. Er muss sich leeren – was auch heißt: Robert De Niro jenseits der Leinwand gibt es (für uns) nicht, und er muss, ganz direkt, als körperliche Fähigkeit, als körperliches Schicksal konkretes Leben eines anderen aufnehmen.

Diese beiden Techniken widersprechen in gewisser Weise dem traditionellen Bild des Stars, der zuallererst ein Image zu kreieren hat, das über die Rolle eines Films hinausgeht. Das macht Humphrey Bogart in seinen besten (oder schlechtesten, wie man es nimmt) Zeiten vor allem zum Darsteller der Humphrey-Bogart-Haftigkeit, John Wayne zum »nationalen Mythos«, Marilyn Monroe zur Ikone der Weiblichkeit in der Fassung des *material girl* und so weiter. Sie widersprechen freilich auch jenem Schauspieler, der als Gott den Set betritt und dem ein Bediensteter aus dem roten Mantel hilft, wenn er, wie Laurence Olivier, dann vor der Kamera einen anderen »verkörpert«, der ihm, mindestens, ebenbürtig sein muss. Und es widerspricht dem *brooding* der Method Actors, die sich darauf vorbereiten, das Leben eines anderen Menschen nicht nur darzustellen, sondern bis auf den Grund zu zerlegen, und deren Darstellung nichts anderes als ein Kampf sein kann. De Niros Kampf ist zur Hälfte schon vorbei, wenn die Kameras eingeschaltet werden. Das Bild des Schauspielers ist schließlich ausschließlich auf der Leinwand, weder in einem allgemeinen Image, das sich aus Filmen, öffentlichen Auftritten, Sehnsüchten des Publikums, Manipulation und vielem anderen zum populären Mythos zusammensetzen mag, noch in einem Ritual der Darstellung zu finden. Diese

Konzentration der imagelosen Darstellung, die auf eine »Metaphysik«, ein Jenseits der Leinwand verzichtet, findet sich ansonsten allenfalls bei den Darstellern in John Cassavetes' Filmen, bei Gena Rowlands, Peter Falk, Cassavetes selbst. Aber was sie abbilden, ist eine gewöhnliche Situation von Menschen, die auf gewöhnliche Weise »nicht vollständig« und auf jeden Fall schauspielerisch nicht zu Ende erklärt sind. De Niro hat dieses imagelose, materielle Spiel der radikalen Konzentration auf die Leinwand indes noch weiter voran getrieben.

Der De Niroismus hat also zunächst einmal einige beinahe triviale Techniken: Der »private« Teil des Images bleibt weitgehend ausgeschlossen (wir reden nicht von der Behauptung des Ausschlusses, die so kokett daherkommen kann wie bei den *family men* à la Mel Gibson). Fatalerweise gelingt seinen Nachfolgern dies nur durch eine neue Image-Kreation ex negativo (wie zum Beispiel das Verprügeln von Fotografen durch Sean Penn, was ihm prompt das Image eines Fotografenverprüglers einbringt). Im Spiel selbst gibt es keinen Bezug zu einem verbindenden Mythos, und auch jener Meta-Film, vom Mann der Masse, der irgendetwas werden will, verknüpft keineswegs die Rollen so miteinander, dass sie nur Facetten eines Gesamtgeschehens oder gar ewige Wiederkehr des Immergleichen, mal heiter, mal tragödisch, mal heroisch, mal ein bisschen kritisch wie beim traditionellen »Helden« im Kino, werden können. Was wir sehen, passiert jetzt, und es geschieht körperlich. Die Lücken, die, wie im richtigen Leben, im Bild bleiben müssen, das ein Mensch durch seine Bewegungen, seine Gesten und seine Worte geschaffen hat, werden nicht durch die Metaphysik des Images gefüllt, sie bleiben als jene Stellen bestehen, durch die die Leere schimmert.

Nun ist das Image als Bild hinter dem Bild und Bild über dem Bild für beide Teile etwas durchaus Tröstliches, für uns Zuschauer wie für den Schauspieler: Wer ein Image hat, ist nie ganz allein. Kein Wunder also, dass wir alles, was in der Film-Schauspielerei gegen das Image getan wird, als ausgesprochen mutig empfinden. Die Imagelosigkeit des De Niroismus produziert einen Schauspielertypus, der beständig gegen sein Image rebelliert – wie Sharon Stone sogar an der Seite De Niros – ohne ihm jedoch so vollständig entkommen zu können wie es diesem Schauspieler durch ein »günstiges« Zusammentreffen von Biografie, Filmgeschichte und Mise en scène gelingen konnte. Das Image ist in der Regel nichts anderes als der Marktwert des Hollywood-Schauspielers; Image-Verstöße konnten früher sehr heftig durch die Studios bestraft werden, später wurden sie durch einen möglichen Marktwertverlust bestraft. Ein Image der Imagelosigkeit ist daher keineswegs beliebig zu vermehren. Und ganz gewiss nicht mit einer Strategie zu verwechseln, bei der man sich immer einmal wieder »genüsslich gegen sein Image« besetzen lässt wie Bruce Willis. Das imagelose Schauspiel, wie es De Niro und seine konsequentesten Nachfolger betreiben, zerstört das Image als Referenz, schon bevor es überhaupt entstehen kann.

Natürlich ist das Image auf der anderen Seite auch ein Gefängnis. Jeder Schauspieler und jede Schauspielerin in Hollywood muss sich also danach sehnen, ein Image zu entwerfen und es zur rechten Zeit auch wieder zu überschreiten. Bis zu RAGING BULL, und in einem Nach-Effekt noch weit über Scorseses Film hinaus, produzierte De Niro seinen durchaus nicht bescheidenen Marktwert durch diese Art von Image der Imagelosigkeit: ein Schauspieler, der in jeder Rolle eine Art von Anverwandlungsrekord bricht. Oder anders gesagt: ein Verrückter. Wenn jemand wie Nicolas Cage erklärt, er werde sich »nicht über ein Image klassifizieren lassen«, dann sagt er nichts anderes, als dass er der traditionellen Vorstellung von einem Hollywood-Star nicht zu entsprechen gedenkt. (Was im übrigen nicht ganz zufällig dazu geführt haben mag, dass er gleich nach dieser Erklärung eine Hauptrolle in dem Scorsese-Film BRINGING OUT THE DEAD [1999] spielte, die gewissermaßen als eine Fortsetzung und Revision von De Niros TAXI DRIVER [1975/76] empfunden werden konnte.) De Niro hatte also den Weg bereitet für den imagelosen Schauspieler in Hollywood, aber zugleich hatte er eine Marke für das Erreichen dieses Zieles gesetzt, die kaum jemand auch nur anzustreben wagte. Er musste, um seine Gratwanderung zwischen Star und Schauspieler (von

Nachfahren (II): Nicolas Cage mit Patricia Arquette in BRINGING OUT THE DEAD

beidem gleich weit entfernt) durchführen zu können, zugleich Vorbild und unerreichbar werden. Und, das ist das Traurige daran, er musste zum Modell des Scheiterns des imagelosen Schauspielers werden. Natürlich ist das ein lukratives Scheitern, wie man an De Niro selber oder seinem Nachfolger Nicolas Cage sehen kann: Aus dem Schauspieler, der zur bedingungslosen, materiellen Konzentration der Performanz auf der Leinwand fähig ist (also zum größtmöglichen Augenblick der Einsamkeit), wird, wenn diese Möglichkeiten ausgeschöpft sind, der allseitig und widerspruchsfrei einsetzbare Gebrauchsdarsteller, gewissermaßen ein wandelnder, leerer *casting coup*.

Die Rekonstruktion des Stars

Der Augenblick freilich, in dem das imagelose Schauspiel funktionierte, war der Augenblick eines neuen Menschentypus und der Augenblick einer neuen Weise des amerikanischen Kinos, ihn zu sehen. Der Mensch, der von einem Zustand der Leere zum anderen unterwegs ist (eine wunderbare Karikatur liefert Cage in David Lynchs WILD AT HEART [1990]), und der Schauspieler, der die Kunst vom »leeren Blatt« und »unvollständiger Maske« beherrscht, bedingen in sich einen Bruch mit Hollywood und seiner Traumfabrikation. Diese Konzentration auf den Leinwand-Augenblick hat indes eine besondere emotionale Wertigkeit, es ist ein Zustand zwischen Anspannung und Anpassung, zwischen dem Begehren und der Saturierung, der beides ineinander setzt: das gescheiterte Begehren und das begehrliche Scheitern. Er ist daher immer einzigartig und gewöhnlich zugleich.

Mit anderen Worten: Diese Rolle da oben ist gar nicht so erstrebenswert. Wenn schon wir, die Zuschauer, Robert De Niro immer bewundern, aber nicht lieben (auch nicht in der Form, es zu lieben, jemanden zu hassen), wie sollten da seine Kolleginnen und Kollegen unbedingt einen Platz ähnlich dem seinen einnehmen wollen? Mit De Niro wollte man sich sogar so wenig messen, dass die ganze Hollywood-Schauspielerei sich wieder in eine andere Richtung entwickelte. Das

Verwandte (I): De Niro und Harvey Keitel in TAXI DRIVER

Starsystem musste sich gegen einen wie ihn zur Wehr setzen, es musste das Angebot von Identifikation und Sich-Wegträumen gegen diese Leinwand-Explosion verteidigen und den Star wieder zum populistischen Mehrwert der Bilderwelt machen. An die Stelle des imagelosen Stars à la De Niro trat dann der Star, der als reines Image angeboten wird, wie, sagen wir, Tom Cruise, um dann beweisen zu können, dass er »mehr ist als sein Image«. Die Rekonstruktion des populistischen Stars also geschah nicht ohne kräftige Beimengung von De Niroismus: Stars, die nichts anderes sind als ihr Image, wie es sie in der klassischen Hollywood-Zeit durchaus gab, haben wenig Chancen auf Stabilität, und Schauspieler, die ihre Personen vollkommen zu füllen wissen, nicht minder. Die »Leere«, die De Niro in die Leinwandpräsenz einbrachte, ist auch in der Restauration nicht vollständig zu vertreiben.

Natürlich wurden auch dem imagelosen Schauspieler traditionelle Mythen zugewiesen. Am ehesten trafen die Rollen »Monster« und »sympathischer Loser« (das Sympathische musste Ansichtssache bleiben). Das »Monster« und der »sympathische Loser« mussten wieder auseinanderfallen. Steve Buscemi zum Beispiel, der zweifellos ein begnadeter De Niroist hätte werden können, musste seine Augen aufreißen und die gefährlichen De Niroschen Pausen im Wortschwall auslassen, um vollständig ins zweite Rollenfach zu passen.

De Niros Aufstieg und seine Funktion in einer sich wandelnden Filmindustrie sind nicht mit irgendetwas anderem vergleichbar, und daher ist es auch nur sehr bedingt sein Stil, den man einfach übernehmen oder »lernen« könnte. Wenn man über ein ausreichendes Repertoire und gute Beobachtungsgabe verfügt, kann man gewiss einen »De Niro« erschaffen wie Harvey Keitel in Brian De Palmas Mafia-Satire WISE GUYS (1986), der dort als Kasinobesitzer im Stress eine herrliche Parodie all der kleinen De Niroismen – das dummwissende Grinsen, den schleppenden Gang, die fahrigen Handbewegungen – abliefert und ganz nebenbei das Komplementäre der beiden Charaktere kommentiert: Keitel und De Niro in Scorsese-Land, das ist einer, der aus sich heraus will, und es nicht kann, und einer, der in sich hinein will, und es erst recht nicht kann.

Die nächsten Verwandten

Der »geleerte« Schauspieler, der zeigt, wie ein Niemand etwas werden will, besetzt ja weniger die Seele als die Form eines Menschen (das *achievement*), und er bleibt sich selber daher immer in einer bestimmten Weise äußerlich. Die Technik, einen Charakter, anders als die klassischen Method Actors, gleichsam von außen zu sehen, ist am meisten (und unauffälligsten) verbreitet bei den Komikern. So zum Beispiel spielt Jim Carrey zumindest in seinen früheren Filmen immer, als würde er sich gerade gleichsam selbst im Spiegel sehen. Als wäre De Niros Methode zu seiner Natur geworden. Und in MAN ON THE MOON (Der Mondmann; 1999; R: Milos Forman) wurde ihm – als Andy Kaufman –

Nachfahren (III): Jim Carrey in MAN ON THE MOON

Nachfahren (IV): De Niro mit Leonardo DiCaprio in THIS BOY'S LIFE

diese Experiment-Situation gegenüber dem eigenen Körper gleich in die Narration eingeschrieben.

De Niros Präsenz war, anders als beim jungen Marlon Brando, mit dem man ihn immer wieder verglichen hat, nicht durch eine narzisstische, sondern durch eine intellektuelle Verweigerung geprägt. Eine Verweigerung, die seinen Vorläufer Dennis Hopper zur idealen Verkörperung eines ungewöhnlichen Schurken in gewöhnlichen Filmen machte, und die seinen Nachfolger Leonardo DiCaprio zu einem offenen Objekt der Begierde werden ließ. (Vermutlich wusste DiCaprio, was er tat, als er 35.000 Dollar für ein von De Niro signiertes Plakat von RAGING BULL hinlegte.) Die Vorläufer De Niros in dieser Art, bedingungslos mit der Rolle zu verschmelzen, waren auf der Suche nach einem Ort, und sie fanden ihn zumindest auf mythische Art. De Niro hat keinen Ort mehr, er ist ja auch in Scorsese-Land von vornherein ein

Verwandte (II): De Niro mit Meryl Streep in FALLING IN LOVE

Vertriebener oder einer, der da nicht hingehört. So formt er eine Person, eine Geschichte nicht wie ein Maler, sondern wie ein Bildhauer. Er ist auf der Suche nach einer »Identität«, und er findet sie, und dabei ist es konsequent, dass die so falsch ist, wie es die Orte für Marlon Brando und James Dean waren. Jenseits von Eden ist eben kein besonders vernünftiger Ort. Seine Nachfolger aber können nicht einmal das mehr anstreben. Johnny Depp, zum Beispiel, kann nur die schöne Maskenhaftigkeit spielen, er ist immer jemand anderes. Sein Körper ist kein Instrument, sondern ein Notenblatt. Die Leere, die De Niro umgibt, ist bei ihm zum Zentrum geworden.

Aber wofür De Niro ja mehr als alles andere bekannt geworden ist, das ist die Bedingungslosigkeit, mit der er ein anderer wird. Diese Radikalität der Verwandlung ist am ehesten noch bei Meryl Streep, zum Beispiel in SOPHIE'S CHOICE

(Sophies Entscheidung; 1982; R: Alan J. Pakula), zu erkennen; sie ist hier so sehr Sophie, dass nichts mehr von Meryl übrig zu bleiben scheint. Gena Rowlands, in ihren endlosen Transitionen mit den leeren Stellen, ist dagegen einer weiblichen Form des De Niroismus über ihr Wesen am nächsten. Auch sie lässt nur wenig »von sich selbst« übrig; immer muss auch sie sich erst erfinden, und das geht in Cassavetes' A WOMAN UNDER THE INFLUENCE (Eine Frau unter Einfluss; 1974) so schief wie die Geschichte des *Raging Bull* (also nicht nur für die Person auf der Leinwand, sondern auch für alle Beteiligten, einschließlich uns Zuschauern). Den beiden zuzuschauen ist gleich schön und schwierig, weil man dort keine Personen sieht, sondern Prozesse, die sie formen, und Prozesse, die sie zerstören. Aber auch die Verknüpfung von De Niroismus und Cassavetismus erreicht nur den magischen Punkt, an dem keine Steigerung mehr möglich ist, und nicht die Stetigkeit einer Methode.

Beides, der De Niroismus und der Cassavetismus, waren schauspielerische Kriegserklärungen an Hollywood, die über den aggressiven Narzissmus der Method Actors zuvor hinausgingen. Darauf konnte nur ein weiteres Zerfallen der Person oder ihre Rekonstruktion erfolgen, wenn auch nicht auf eine so altmodische Weise, wie sie Kevin Costner anbot. Die nächste Generation hat wieder die Rollenmodelle der Rebellen à la Tom DiCillo und die Angepassten à la Ben Affleck, ein Spiel, das durch die imagelosen Schauspieler-Stars fruchtbarerweise unterbrochen wurde. Wenn auch der Ort und das Subjekt verloren scheinen, so vermögen diese Schauspieler doch immerhin wieder eine »Haltung« zu mythisieren.

De Niroismus ist in erster Linie die Kunst, eine unvollständige Person abzubilden, und nicht, wie bei vorschnellen De Niroisten auch im deutschen Film, eine Person unvollständig abzubilden. Was De Niro als schauspielerische Methode jenseits seiner Manierismen anbietet, ist der Prozess einer Identitätssuche. Wenn also Jim Carrey der durchgeknallte, hysterisierte De Niro ist, der sich quasi nur noch aus Manierismen zusammensetzt, so ist Johnny Depp ein in sich versunkener Nachfahre De Niros, der gleichsam mit

Nachfahren (V): Johnny Depp in THE NINTH GATE (Die neun Pforten; 1999; R: Roman Polanski)

seinem Spiegelbild verschmolzen ist. Das Image ist nicht zerstört, es ist verschwunden.

Schauspielen am Nullpunkt

Dieser eine Teil De Niros also ist nicht zu erreichen (eine reine Ortlosigkeit, die ihn unfähig macht, zum Ausdruck eines Textes zu werden, wie es von einem Bühnendarsteller verlangt wird). Was De Niro unter anderem von den vorherigen Generationen der Method Actors unterscheidet, ist die tiefere Zerlegung der Figur, die nicht mehr bei den psychologischen Mythen der Erklärung haltmacht. Die Rekonstruktion geht von einer buchstäblichen Leere aus, die mit Lebenserfahrungen gefüllt ist, er spielt nicht mehr die Star-Bedeutung mit, sondern reduziert sich vollständig auf die übernommene Rolle. Er bleibt vollständig auf der Oberfläche, wir können nicht die Wärme einer inneren Biografie spüren, aber die Unzahl der Oberflächen-Elemente ergibt zugleich einen erschreckend realen Charakter. »De Niro operiert knapp über dem Nullpunkt der Schauspielerei. Was wir sehen ist nicht ›De Niro‹, nicht ›Virtuosität‹ oder ›Kunst‹, sondern – was? Vielleicht eine Art von Realismus, die gemacht scheint für das Zeitalter der fehlenden Erklärungen«, schreibt Manfred Etten in seinem Aufsatz *Kein Ort, nirgends* [1].

Robert De Niro funktioniert daher also nicht als Schauspieler und nicht als Star, sondern als etwas dazwischen. Warum kann man diese Technik nicht einfach imitieren? Sie hat nicht zuletzt einen sehr genauen biografischen, topografischen und historischen Ursprung. Sie ist ein amerikanisches Schicksal am Ende des Vietnamkrieges und am Ende der Ghettokriege. Die De Niro-Gestalt entwickelte sich zu einer Zeit und an einem »Ort«, an dem Amerika buchstäblich und hoffnungslos verloren schien. Nicht auf eine heroische, sondern auf eine schmutzige Weise. De Niro ist der Charakter, der diesen Nullpunkt in sich trägt (so wie, sagen wir, Leonardo DiCaprio den Nullpunkt der Post-Hippie-Sozialisation hin zu neuer Normalität). In THIS BOY'S LIFE (1993; R: Michael Caton-Jones) kann man den beiden Schauspielern – als Stiefvater und -sohn – dabei zusehen, wie sie um und gegen das De Niro-Syndrom kämpfen. De Niro überträgt hier in gewisser Weise die Geschichte vom Niemand, der etwas werden will, auf die Erstellung eines Bildes (in dem scheinbar schwachen Kind, das ihm ausgeliefert ist). Die Leere schafft sich ein Bild, und das beschreibt wiederum das Dilemma des neuen imagelosen Darstellers: Er muss sich gegen die Rekonstruktion des Images zur Wehr setzen.

Wer einen solchen Nullpunkt, die Erfahrung einer Implosion, in sich trägt, kann nie vollständig trivial erscheinen. Darum herum gruppieren sich die vier Erscheinungsformen des De Niro-Charakters: der Rebell, der Angepasste (noch besser: der Eingepasste), der Loser und der Wahnsinnige. Natürlich ist jede neue De Niro-Rolle eine neue Mischung dieser Elemente oder eine neue Mischung der Vernetzungen. Aber keine führt zu etwas, keine ist eine Lösung (also kein Image, das als Mythos die Widersprüche in sich versöhnen könnte).

In allen vier Möglichkeiten und in den unendlichen Möglichkeiten der Mixturen steht etwas im Vordergrund, was sich bei kaum einem anderen Schauspieler findet, nämlich die Darstellung einer Gefangenschaft in sich selbst. So ist er einer, der gegen sich selber rebelliert, einer, der sich selber zum Verlierer macht, einer, der an sich selber verrückt wird, einer, der sein eigenes Verschwinden in der allgemeinen Konfusion inszeniert. Das macht die enorme, verzweifeltkomische Kraft seiner Taten ebenso aus wie die Intensität seines Stils. Das Erschaffen eines Bildes ist nicht Ziel und Ende, sondern im Gegenteil Motor der inneren und äußeren Unruhe. Nicht nur bei Scorsese erscheint das Bild, das De Niro auf die Leinwand bringt, immer »falsch«. Das heißt nicht nur, dass einzelne Dinge nicht zueinander passen, zum Beispiel die Situation des Helden und seine Kleidung, das, was er sagt, und das, was er tut. Es heißt vielmehr, De Niro ist insofern der vielleicht erste reine »Film-Schauspieler«, weil er nur als Bewegung, nur im Prozess der Transformationen, nur in den Überschreitungen wahrzunehmen ist, und nicht als »Ikon«. Es gibt also keinen Punkt der Ruhe.

Viele jüngere Schauspieler haben sich auf De Niro bezogen und zumindest Aspekte seiner Technik übernommen.

Auch DiCaprio, zum Beispiel, ist technisch gewiss De Niro näher als seinem erklärten Idol Montgomery Clift. Wenn Clifts besondere Art darin lag, dass er selber langsamer war als der Film, so ist die von De Niro – sehen wir von den Geschwindigkeitsduellen in den Scorsese-Filmen ab – gerade schneller als sein Film. Die Mehrzahl der jungen Schauspieler greifen wieder zur Langsamkeit zurück, wie etwa Johnny Depp oder Keanu Reeves, die in ihrer Darstellung wieder das Bild, das Ikon herzustellen wissen, das sich am Ende eben doch besser verkauft. De Niro ist wirklich nichts außerhalb seines Films.

Ganz direkt scheint es Schauspielerinnen leichter zu fallen, De Niroismen zu übernehmen, als männlichen Darstellern, was möglicherweise mit der Beziehung dieses Spiels zum Glamour zu tun hat. Was bei den männlichen Darstellern zu einem gefährlichen »Messen« führen müsste, ist bei den weiblichen reversible Grenzüberschreitung.

Was De Niros große Rollen also ausmacht, ist, dass wir einem Menschen zusehen, der sich selber kaputtmacht. Schon das ist natürlich nicht jedermanns Sache. Das Leben nach dem Nullpunkt, das will auch heißen, dass De Niro in seinen großen Filmen ein Mann ist, der längst verloren hat, aber immer weiter kämpft, weniger gegen den Tod als gegen den endgültigen Verlust seiner Selbstidentifikation oder, pathetisch gesagt, seiner Würde (fatalerweise: das, was dieser Mensch für seine Würde hält). So war er die wandelnde Metapher auf das Amerika der Post-Vietnam-Zeit: ein Mann, der die Kontrolle über die Welt verloren hat. Schlimmer noch: Das, worüber er die Kontrolle verloren hat, hat er zu einem nicht geringen Teil selber angerichtet.

Robert De Niro weiß etwas, das er nicht wissen will. Er handelt nicht nach dem, was er weiß, sondern nach dem, was er wissen will. Das gibt seinen Bewegungen und seinen Zügen etwas Somnambules. In einem gewissen Stadium gönnt ihm die Welt das schiere Leben nicht mehr.

Das macht zweifellos, dass im letzten Drittel seiner Arbeit schon so etwas wie ein Retro-Effekt wirksam ist, eine Erinnerung. Jetzt, so scheint es, da De Niro bei weitem nicht mehr so wählerisch bei seinen Rollen ist, geht es nicht mehr darum, dass er sich in eine filmische Person verwandelt, nun verwandelt sich eine filmische Person in eine Form des angewandten De Niroismus. Dass dies mit leichtgewichtigeren Filmen – und besonders natürlich mit Komödien – am besten funktioniert, liegt auf der Hand. Zur Galerie der liebenswerten Kotzbrocken hat er in den letzten Jahren etwa auch noch einen brüllenden Navy-Ausbilder in dem (vielleicht) gutgemeinten MEN OF HONOR (2001; R: George Tillman Jr.) hinzugefügt, und man kann ihn in einer Taucherglocke eingeschlossen sehen und sich (vielleicht) etwas dabei denken. Aber statt essayistisch und neugierig ist sein Spiel in diesen Filmen tatsächlich enzyklopädisch, so als wolle er immer noch eine Figur hinzufügen und noch eine, die es vorher in seiner Filmografie nicht gab. Wenn er sie je gehabt hat, so verliert der imagelose Schauspieler damit endgültig seine Vor-Bild-Funktion.

Nun ist die Frage, ob diese Wirkung eines Ur-Mythos nicht auch zeitbezogen ist. De Niro ist der Mann, der Kriminelle, der Stadtmensch, bei dem unter der dünnen Haut der Zivilisation etwas mehr als das Barbarische auf seinen Ausbruch lauert. Linke und rechte Hirnhälfte konstruieren eine strategische Männlichkeit. Er ist der Übergang von Gier in Berechnung, den noch »gehaltener«, noch lauernder allenfalls John Cusack beschreiben kann, auch ein Schauspieler mit der Technik des leeren Blattes und der unvollständigen Maske. Und auch er benutzt eine moderate Form des De Niroismus, um eine Form des Übergangs (wie in CITY HALL [1995; R: Harold Becker]) zwischen dem barbarischen Innen und dem zivilisatorischen Außen darzustellen. Aber jemand wie Cusack bringt die Leinwand eher zur Implosion, erzeugt einen Sog, während der machiavellistisch-diabolische Al Pacino dazu tendiert, Zentrum und »Denkmal« zu werden. Er bringt das Bild gleichsam zum Stillstand.

Die Technik des leeren Blattes, auf das der Schauspieler erst durch seine Methode schreiben kann (im Gegensatz zur Technik der magischen Biografie, die Kapitel um Kapitel einer Subjekt-Geschichte schreibt), ist in der Phase der Neo-Star-Mythologie neben den Komikern vor allem den Charakter- und den Teamschauspielern vorbehalten. Wenn sie bei

Nachfahren (VI): John Cusack in HIGH FIDELITY (2000; R: Stephen Frears)

Nachfahren (VII): Tom Hanks in CAST AWAY

Cage keine Linie mehr findet, dann ist bei Cusack die Unmöglichkeit des imagelosen Schauspielers darauf angelegt, das Zentrum des Bildes zurückzuerobern. Der imagelose Schauspieler ist wieder da, wo er im klassischen Hollywood-Film eingesetzt wurde; er fungiert als (mehr oder weniger faszinierendes) Kontrastmittel zum Star oder zur Story. Seine Rebellion verkehrt sich dabei ins Gegenteil. Er wird zum Hilfsmittel der Restauration.

Arbeit am Körper

Andererseits ist der De Niroismus als Technik der körperlichen Einstimmung längst *state of the art*. Sich wie De Niro in RAGING BULL einen Wanst anzufressen und dann wieder wegzuhungern, ist mittlerweile bei männlichen wie weiblichen Stars gang und gäbe. Das ist sozusagen das Antidot gegen die allfällige Virtualisierung: ein Instrument lernen, wenn man einen Musiker darstellt, und eben fett werden, wenn man einen fetten Menschen spielt. Tom Hanks setzt diese Methode eher moderat ein, geflissentlich darauf bedacht, alles Berserkerhafte, das Autodestruktive und »Besessene« von De Niro zu vermeiden. Für Robert Zemeckis' CAST AWAY (Verschollen; 2000) musste er heftig abmagern, aber nie wurde diese Verwandlung so sehr Teil der Botschaft. Auch Hanks bildet einen Meta-Text von sehr allgemeiner Art – Vertreter eines moralischen Mittelstandes am Rande des Abgrunds – und schreibt sich seine Rolle dann erst in einem Akt zweiter Erfahrung ein, die immer wieder auch als körperliche Erfahrung angewandt wird. Das unterscheidet sich erheblich von jenen »körperlichen« Schauspielern, die ihre Stunts selber machen, die Herausforderungen suchen wie einst Jean-Paul Belmondo, dabei aber nur eine vorgeformte Persona füllen. Während diese akrobatischen Schauspieler in gewisser Weise den Körper benutzen, um die eine oder andere blinde Stelle des Images zu füllen (oder es gar auf so naive Weise gänzlich zu definieren wie Jackie Chan), spielt der De Niroismus noch in der moderaten Art eines Tom Hanks die Rolle einer radikaleren Transition. Sie definiert den Menschen durch das, was sich seinem Körper entgegenstellt und durch das, was er kann; wenn Forrest Gumps Mutter behauptet, dumm sei nur, wer etwas Dummes tut, behauptet der De Niroismus, dass man sich einem Mafia-Gangster anverwandle, wenn man sich sizilianische Ausdrucksweisen zu eigen machen kann. De Niroismus ist also, im konsequenten Sinne, nicht nur eine Methode, sondern auch eine Ideologie. Sie erzeugt eine materialistische, eine soziologische Definition des Menschen. Nicht was er »versteht«, macht die Fähigkeit eines Schauspielers aus, ein anderes Subjekt, vollständig oder nicht, darzustellen, sondern die Angleichung seiner Erfahrungswelt. (Konsequenterweise hat De Niro für seine Rolle in BLOODY MAMA [1970; R: Roger Corman] so heftig ausprobiert, wie es ist, wenn man tot ist, dass seine Mitschauspieler über seine Sarg-Aufenthalte ernsthaft erschraken.) Die Technik also muss mit der Ideologie verschwinden, beziehungsweise sich fragmentieren, und die Ideologie, das Menschenbild, muss verschwinden mit den sozialen Widersprüchen, die sie hervorbringt. Der Sieg des Images ist auch der Sieg eines anderen Menschenbildes, des Menschenbildes einer Gesellschaft, die sich wieder zu schließen anschickt.

Die Methode De Niro konstruiert den Menschen auf der Leinwand durch das, was man von ihm wissen kann, durch die Erfahrung, die man mit ihm teilen kann. Sie unterschlägt dabei indessen keineswegs die Präsenz sehr vieler Dinge, die man eben nicht von ihm wissen kann. Das unterscheidet ihn aber auch von Schauspielern wie etwa Nicolas Cage, der, wie er selbst sagt, im Verlauf der Karriere »von der Stilisierung zum Realismus« gelangt ist. Wie De Niro freilich scheint auch Cage mittlerweile beinahe jede Rolle anzunehmen, um eine Art von zurückhaltenden Schauspiel-Lektionen zu geben. Es ist nicht nur eine Rückkehr zum Primat der Technik, zum Primat der Partitur, es ist auch eine Rückkehr zu einem Kino, das sich den Marktstrukturen unterwirft. Auch hier scheint so etwas wie ein Projekt im Gange, das man »Abbrechen des Exzessiven« nennen könnte. So mag etwa Sean Penn – vielleicht der einzige Schauspieler, der je in der Lage war, Woody Allen einen Film (beinahe) zu entreißen – als Beispiel für die Erkenntnis dienen, dass eine Art des Aufstandes der Schauspieler im Film, die Explosion der Leinwand

Nachfahren (VIII): Sean Penn mit De Niro in WE'RE NO ANGELS

durch die Präsenz eines radikal und experimentell verwandelten Körper/Maske-Ensembles, abgeschlagen worden war durch die ökonomische Macht der Produktion. So blieb Penn nur ein konsequenter Wechsel auf die andere Seite der Kamera und sein Bündnis mit den alten Rebellen wie Jack Nicholson.

Nicht mehr der Schauspieler allein, nur das kreative Team kann die Erbschaft des De Niroismus bewahren als eine Methode, in das Funktionieren des Menschen einzudringen:
– De Niro holt das Monster nicht als die andere Möglichkeit aus sich heraus, er lässt es in gewisser Weise halb in sich drin. Die Brutalität wie in THIS BOY'S LIFE verbirgt sich in einer provinziellen Normalität, wie umgekehrt jeder »normale« Charakter von De Niro von der mehr oder weniger unsichtbaren Gegenwart des Monströsen bestimmt ist.

- Der »klassische« Hollywood-Held ist ein Mensch, der weiß. Bei Cassavetes, hat John Sayles gesagt, geht es um Menschen, die unschlüssig sind. De Niro spielt Menschen, auf die weder das eine noch das andere zutrifft. Sie glauben zu wissen, aber sie wissen in der Regel nicht das Richtige. Zum Zögern sind sie indessen ebenfalls unfähig. So entstehen Bilder eines Menschen, der über sich selbst hinaus getragen wird und (sozial) explodieren muss. Seine Nachfolger können das falsche Wissen nur noch in Traum und Gewalt umsetzen.
- Der »rohe Charme«, den er ausstrahlt, genau an dem Schnittpunkt von Dämonie und Normalität, läuft immer auf Sexualität, nie eigentlich auf Erotik hinaus. Bemerkenswerterweise ist De Niros liebenswertester Charakter das Monster von Frankenstein in Kenneth Branaghs Film (1994).
- Was kaum ein Schauspieler sonst fertigbringt, ist das Zentrum von De Niros Darstellung, die dramatische Trivialität des menschlichen Daseins. Er geht gerade in dieser Trivialität *over the edge*, bringt eine Brutalität aus sich heraus, die eigentlich nicht gedeckt ist.

Was also bleibt, ist vor allem der Verwandlungsexzess als radikales Teilen von menschlichen Erfahrungen. Die »großen Verwandlungen« waren nun schon Alltag; Dustin Hoffmans Performance in TOOTSIE (1982; R: Sydney Pollack) schien noch echte Transgression, eine Befragung der Rolle. Wir sehen jemandem zu, der ausprobiert, wie es ist, als ein Bild des anderen Geschlechts zu leben, so genau und konsequent, wie wir De Niro zugesehen haben, der ausprobiert, wie es ist, verprügelt zu werden, gelähmt zu sein (durch Gewichte simuliert) oder Saxophon spielen zu können. In MRS. DOUBTFIRE (1993; R: Chris Columbus) ist Robin Williams schon nur noch das perfekte Bild des anderen ohne eigene Identität. Das Experiment am Subjekt wird in einer subjektlosen Gesellschaft überflüssig.

Robert De Niro ist eine Figur des Übergangs und einer Neudefinition dessen, was Identität im Allgemeinen und schauspielerische Identität im Besonderen ist. Erfüllt hat sich dieses Experiment weniger in einer Linie schauspielerischer Technik als in der Mediengeschichte selbst. Ein Niemand, der etwas werden will, um jeden Preis, eine Leere, die sich hochdramatisch in eine andere Form der Leere verwandelt, das leere Blatt und die unvollständige Maske – das alles ist in jedem *Big Brother*-Container, in jeder Alltagssituation zu beobachten. Vielleicht gibt es das Subjekt tatsächlich nur noch in der De Niroistischen Form.

Mit Robert De Niro ist uns das Kino ganz nahe gekommen. So nahe, dass es nicht lange auszuhalten war. Von beiden Seiten nicht. ❑

Anmerkung

1 Manfred Etten: Kein Ort, nirgends. Die Metamorphosen des Robert De Niro. In: film-dienst, 5/1991, S. 4-7.

Filmografie

I. Filme als Schauspieler

THE WEDDING PARTY (1963/69)
Produktion: Ondine Presentations / Powell Productions.
Produzenten: Brian De Palma, Wilford Leach, Cynthia Munroe.
Regie: Brian De Palma, Wilford Leach, Cynthia Munroe.
Drehbuch: Brian De Palma, Wilford Leach, Cynthia Munroe. *Kamera:* Peter Powell. *Musik:* John Herbert McDowell. *Schnitt:* Brian De Palma, Wilford Leach, Cynthia Munroe. *Ton:* Henry Felt, Betsy Powell, Jim Swan. *Costume Design:* Ellen Rand, Nancy Reeder.
Darsteller/innen: Valda Setterfield (Mrs. Fish), Raymond McNally (Mr. Fish), John Braswell (Reverend Oldfield), Charles Pfluger (Charlie), Jill Clayburgh (Josephine), William Finley (Alistair), **Robert De Niro** (Cecil), Judy Thomas (Celeste), Jennifer Salt (Phoebe), Sue Ann Converse (Ninny), John Quinn (Baker), Richard Kolmar (Jean-Claude / Singh / Klaus), Jane Odin (Carol), Penny Bridgers (Bridesmaid), Nancy Reeder (Bridesmaid), Joanna Chapin (Bridesmaid), Cynthia Munroe (Bridesmaid), Kitty Gallagher (Mrs. Lovett), Clara Gallagher (Mrs. Greely), Vivian Muti (Mrs. Thackery), Helmut Pfluger (Charlie's Father), Andra Akers, Laurie Kennedy, Tony Converse, Louisa Youell, Susan Fowler, Jared Martin, Diana Welles, Robert Groves, Lena Tabori (Wedding Guests).
Format: sw. *Länge:* 92 Min. *US-Kinostart:* 9.4.1969.

TROIS CHAMBRES A MANHATTAN (1965)
Drei Zimmer in Manhattan
Produktion: Les Productions Montaigne. *Produzent:* Charles Lumbroso.
Regie: Marcel Carné. *Drehbuch:* Marcel Carné, Jacques Sigurd, nach dem gleichnamigen Roman von Georges Simenon. *Kamera:* Eugen Schuftan. *Musik:* Mal Waldron. *Schnitt:* Henri Rust.
Darsteller/innen: Annie Girardot (Kay Larsi), Maurice Ronet (François Comte), O.E. Hasse (Hourvitch), Roland Lesaffre (Pierre), Gabriele Ferzetti (Comte Larsi), Geneviève Page (Yolande Combes), Robert Hoffmann (Thierry), Margaret Nolan (June), Virginia Vec (La chanteuse noire), June Shelley (June Elliott), Agnès Petit, Art Simmons, Leroy Haynes, Jean-François Rémi, **Robert De Niro** u.a.

Format: 35mm (1:1,33), sw. *Länge:* 110 Min. *Erstaufführung:* 4.9.1965 (Internationale Filmfestspiele Venedig). *Kinostart Frankreich:* 10.11.1965. *Dt. Kinostart:* 14.1.1966.

GREETINGS (1968)
Greetings / Grüße
Produktion: West End Films / SIGMA III. *Produzent:* Charles Hirsch.
Regie: Brian De Palma. *Drehbuch:* Brian De Palma, Charles Hirsch. *Kamera:* Robert Fiore. *Musik:* The Children of Paradise. *Schnitt:* Brian De Palma. *Ton:* Jeffrey Lesser, Charles Pitts. *Costume Design:* Chuck Shields.
Darsteller/innen: Jonathan Warden (Paul Shaw), **Robert De Niro** (Jon Rubin), Gerrit Graham (Lloyd Clay), Richard Hamilton (Pop Artist), Megan McCormick (Marina), Bettina Kugel (Tina), Jack Cowley (Fashion Photographer), Jane Lee Salmons (Model), Ashley Oliver (Bronx Secretary), Melvin Morgulis (»Rat« Vendor), Cynthia Peltz (Divorcee), Peter Maloney (Earl Roberts), Rutanya Alda (Linda [Babysitter]), Ted Lescault (Bookstore Manager), Mona Feit (Mystic), M. Dobish (TV Cameraman), Richard Landis (Ex-GI), Carol Patton (Blonde in Park), Allen Garfield (Smut Peddler), Sara-Jo Edlin (Nympho-

Filmografie

maniac), Roz Kelly (Photographer), Ray Tuttle (TV News Correspondent), Tisa Chiang (Vietnamese Girl).
Format: 35mm (1:1,85), Farbe. *Länge:* 88 Min. *US-Kinostart:* 15.12.1968. *Dt. Erstaufführung:* Juni 1969 (Internationale Filmfestspiele Berlin). *Dt. Erstausstrahlung:* 8.12.1969 (ARD).

HI, MOM! (1969/70)
Hi, Mom – Confessions of Peeping John
Produktion: West End Films / SIGMA III. *Produzent:* Charles Hirsch.
Regie: Brian De Palma. *Drehbuch:* Brian De Palma, Charles Hirsch. *Kamera:* Robert Elfstrom. *Musik:* Eric Kaz. *Schnitt:* Paul Hirsch. *Ton:* Alan Dater. *Art Director:* Pete Bocour. *Casting:* Joan Rosenfelt.
Darsteller/innen: Charles Durnham (Superintendent), **Robert De Niro** (Jon Rubin), Allen Garfield (Joe Banner), Abraham Goren (Pervert in Theater), Lara Parker (Jeannie Mitchell), Bruce Price (Jimmy Mitchell), Ricky Parker (Ricky Mitchell), Andy Parker (Andy Mitchell), Jennifer Salt (Judy Bishop), Robbie Heywood (Roommate #1), Leslie Bornstein (Roommate #2), Paul Bartel (Uncle Tom Wood), Gerrit Graham (Gerrit Wood), Nelson Peltz (The Playboy), Delia Abrams (Date #1), Tofer Delaney (Date #2), Margaret Pine (Date #3), Hector Valentin Lino Jr. (NIT Journal Revolutionary), Carole Leverett (NIT Journal Revolutionary), Ruth Bocour (NIT Journal #1), Bart De Palma (NIT Journal #2), Arthur Bierman (NIT Journal #3), Bettina Kugel (NIT Journal #4), Buddy Butler, David Connell, Carolyn Craven, Milton Earl Forrest, Joyce Griffin, Kirk Kirksey (»Be Black Baby« Troupes).
Format: 35mm (1:1,85), Farbe, sw. *Länge:* 87 Min. *US-Kinostart:* 27.4.1970. *Dt. Erstausstrahlung:* 25.8.1992 (Tele 5).

SAM'S SONG (1969/71) /
THE SWAP (vermutlich 1979)
Der 1969 entstandene Film SAM'S SONG lief 1971 nur wenige Wochen im US-Kino. Vermutlich 1979 kam eine Videofassung unter den Titeln THE SWAP bzw. IN THE LINE OF FIRE auf den Markt, worin jedoch nur Teile des Originalmaterials als Rückblenden für eine neue Story verwendet wurden, inszeniert von einer anderen Crew und mit anderen Darstellern. Diese Fassung erschien 1982 auf dem dt. Videomarkt unter dem Titel »Wer die Killer ruft«.

SAM'S SONG
Produktion: Cannon. *Produzent:* Christopher C. Dewey. *Ausführende Produzenten:* Yoram Globus, Menahem Golan.
Regie: John Shade (a.k.a. Jordan Leondopoulos). *Kamera:* Alex Phillips Jr. *Musik:* Gershon Kingsley. *Schnitt:* Arline Garson.
Darsteller/innen: **Robert De Niro** (Sam Nicoletti), Jarred Micky (Andrew), Jennifer Warren (Erica Moore), Terrayne Crawford (Carol), Martin J. Kelley (Mitch) u.a.
Format: 35mm (1:1,33), Farbe. *Länge:* 120 Min.

THE SWAP / IN THE LINE OF FIRE
Wer die Killer ruft
Crew und Darsteller/innen der neu gedrehten Szenen:
Regie: John C. Broderick. *Drehbuch:* John C. Broderick. *Kamera:* Rafi Rafaeli. *Schnitt:* Michael Bockman. *Ton:* Bob Dietz.
Darsteller/innen: Anthony Charnota (Vito), Lisa Blount, Sybil Danning (Erica Moore [zehn Jahre später]) u.a.
Länge: 84 Min.
Anmerkung: Für den Soundtrack von THE SWAP wurde Musik von Bill Conti, Ennio Morricone u.a. verwendet.

BLOODY MAMA (1970)
Bloody Mama
Produktion: American International Pictures. *Produzent:* Roger Corman. *Ausführende Produzenten:* Samuel Z. Arkoff, James H. Nicholson.
Regie: Roger Corman. *Drehbuch:* Don Peters, Robert Thom. *Kamera:* John A. Alonzo. *Musik:* Don Randi. *Schnitt:* Eve Newman. *Costume Design:* Thomas Costich.
Darsteller/innen: Shelley Winters (Kate »Ma« Barker), Pat Hingle (Sam Pendlebury), Don Stroud (Herman Barker), Diane Varsi (Mona Gibson), Bruce Dern (Kevin Kirkman), Clint Kimbrough (Arthur Barker), Robert Walden (Fred Barker), **Robert De Niro** (Lloyd Barker), Alex Nicol (George Barker), Michael Fox (Dr. Roth), Scatman Crothers (Moses), Stacy Harris (Agent McClellan), Pamela Dunlap (Rembrandt), Roy Idom (Ferryboat Passenger), Lisa Jill (Young Kate), Steve Mitchell (Sheriff), Frank Snell (Federal Agent).
Format: 35mm (1:1,33), Farbe. *Länge:* 90 Min. *US-Kinostart:* Mai 1970. *Dt. Kinostart:* 18.3.1971.

JENNIFER ON MY MIND (1971)
Produktion: United Artists / Bernard Schwartz Productions. *Produzenten:* Tony Curtis, Bernard Schwartz.
Regie: Noel Black. *Drehbuch:* Erich Segal, nach dem Roman »Heir« von Roger L. Simon. *Kamera:* Andrew Laszlo. *Musik:* Stephen Lawrence, Tom Paxton. *Schnitt:* John W. Wheeler. *Ton:* Newton Avrutis, Howard L. Beals. *Art Director:* Adeline Leonard. *Costume Design:* Joseph G. Aulisi. *Make-up:* Bob O'Bradovich, Duilio Scarozza. *Hair Stylist:* Philip Naso.
Darsteller/innen: Michael Brandon (Marcus), Tippy Walker (Jenny), Steve Vinovich (Ornstein), Lou Gilbert (Max), Chuck McCann (Sam), Peter Bonerz (Sergei), Renée Taylor (Selma), Bruce Kornbluth (Dolci), **Robert De Niro** (Mardigian, Gypsy Cab Driver), Michael McClanathan (Hell's Angel #1), Allan F. Nicholls (Hell's

Angel #2), Ralph J. Pinto (Hell's Angel #3), Barry Bostwick (Nanki, ministrel #1), Jeff Conaway (Hanki, ministrel #2), Nick Lapadula (Motorcycle Cop), Leib Lensky (Cantor), Ketti Porosdcimo (Little Girl at Synagogue), Lino Tucchetto (Singing Gondolier), Rehn Scofield (Hearse Passenger), Alfredo Michelangeli (Hotel Concierge), Frederick (George), Joseph George (Toll Booth Cop), Jack Hollander (State Trooper), Victor Rendina (Old Man), Erich Segal (Gondolier).
Format: 35mm (1:1,85), Farbe. *Länge:* 90 Min. *US-Kinostart:* November 1971.

THE GANG THAT COULDN'T SHOOT STRAIGHT (1971)
Wo Gangster um die Ecke knallen / Spaghetti-Killer
Produktion: MGM. *Produzenten:* Robert Chartoff, Irwin Winkler.
Regie: James Goldstone. *Drehbuch:* Waldo Salt, nach dem gleichnamigen Roman von Jimmy Breslin. *Kamera:* Owen Roizman. *Musik:* Dave Grusin. *Schnitt:* Edward A. Biery. *Ton:* Jack C. Jacobsen, Harry W. Tetrick. *Art Director:* Robert Gundlach. *Costume Design:* Joseph G. Aulisi. *Make-up:* Robert Laden. *Hair Stylist:* William A. Farley.
Darsteller/innen: Jerry Orbach (Kid Sally Palumbo), Leigh Taylor-Young (Angela Palumbo), Jo Van Fleet (Big Momma), Lionel Stander (Baccala), **Robert De Niro** (Mario Trantino), Irving Selbst (Big Jelly), Hervé Villechaize (Beppo), Joe Santos (Exmo), Carmine Caridi (Tony, The Indian), Frank Campanella (Walter Buffalo), Harry Basch (DeLauria), Sander Vanocur (TV Commentator), Phil Bruns (Gallagher), Philip Sterling (District Attorney Goodman), Jack Kehoe (Bartender), Despo (Mourner), Sam Coppola (Julie), James J. Sloyan (Joey), Paul Benedict (Shots O'Toole), Lou Criscuolo (Junior), George Loros (Jerry), Harry Davis (Dominic Laviano), Burt Young (Willie Quarequlo), Jackie Vernon (Herman) u.a.
Format: 35mm (1:1,85), Farbe. *Länge:* 98 Min. *US-Kinostart:* 22.12.1971. *Dt. Kinostart:* 21.7.1972.

BORN TO WIN (1971)
Pforte zur Hölle
Produktion: United Artists / Segal-Tokofsky Productions / Theatre Guild Films. *Produzenten:* Robert Greenhut, Philip Langner, Jerry Tokofsky.
Regie: Ivan Passer. *Drehbuch:* David Scott Milton, Ivan Passer. *Kamera:* Richard C. Kratina, Jack Priestley. *Musik:* William S. Fisher. *Schnitt:* Ralph Rosenbaum. *Ton:* Dennis Maitland. *Art Director:* Murray P. Stern. *Costume Design:* Albert Wolsky. *Make-up:* Herman Buchman.
Darsteller/innen: George Segal (J), Paula Prentiss (Veronica), Karen Black (Parm), Jay Fletcher (Billy Dynamite), Hector Elizondo (Vivian), **Robert De Niro** (Danny), Ed Madsen (Detective), Marcia Jean Kurtz (Marlene), Irving Selbst (Stanley), Tim Pelt (Little Davey), Sylvia Simms (Cashier), Jack Hollander (Harry), Alex Colon (Bus Boy), Max Brandt (Store Clerk), Burt Young (First Hood), Roland Kindhard (Second Hood), Jean David (Laundry Woman), Paul Benjamin (Fixer), Charles McGregor (Lethal Messenger), Cynda Westcott (Billy's Date), Aaron Braunstein (Man in Store), Lockie Edwards (Man in Bar), Diane Molneri (Girl on Terrace), Jane Elder (Girl's Mother).
Format: 35mm, Farbe. *Länge:* 90 Min. *Uraufführung:* 7.10.1971 (New York Film Festival). *US-Kinostart:* Oktober 1971. *Dt. Erstausstrahlung:* 24.8.1993 (ARD).

MEAN STREETS (1972/73)
Hexenkessel
Produktion: Warner Bros. / Taplin-Perry-Scorsese Productions. *Produzent:* Jonathan T. Taplin. *Ausführender Produzent:* E. Lee Perry.
Regie: Martin Scorsese. *Drehbuch:* Martin Scorsese, Mardik Martin. *Kamera:* Kent L. Wakeford. *Schnitt:* Sidney Levin. *Ton:* Donald F. Johnson.
Darsteller/innen: **Robert De Niro** (Johnny Boy), Harvey Keitel (Charlie), David Proval (Tony), Amy Robinson (Teresa), Richard Romanus (Michael), Cesare Danova (Giovanni), Victor Argo (Mario), George Memmoli (Joey Clams), Lenny Scaletta (Jimmy), Jeannie Bell (Diane), Murray Moston (Oscar), David Carradine (Drunk), Robert Carradine (Boy with Gun), Lois Walden (Jewish Girl), Harry Northup (Jerry the Soldier), Dino Seragusa (Old Man), D'Mitch Davis (Officer Davis), Peter Fain (George), Julie Andleman (Girl at Party), Robert Wilder (Benton), Ken Sinclair (Sammy), Jaime Alba (Young Boy #1), Ken Konstantin (Young Boy #2), Nicki »Ack« Aquilino (Man on Docks), B. Mitchell Reed (Disc Jockey), Catherine Scorsese (Woman on Landing), Martin Scorsese (Jimmy Shorts).
Format: 35mm (1:1,85), Farbe. *Länge:* 110 Min. *Uraufführung:* 2.10.1973 (New York Film Festival). *US-Kinostart:* 14.10.1973. *Dt. Kinostart:* 25.6.1976.

BANG THE DRUM SLOWLY (1973)
Das letzte Spiel
Produktion: Paramount Pictures / ANJA Films / Rosenfield Productions / BTDS Partnership. *Produzenten:* Lois Rosenfield, Maurice Rosenfield.
Regie: John D. Hancock. *Drehbuch:* Mark Harris, nach seinem gleichnamigen Roman. *Kamera:* Richard Shore. *Musik:* Stephen Lawrence. *Schnitt:* Richard Marks. *Ton:* Les Lazarowitz. *Production Design:* Robert Gundlach. *Costume Design:* Domingo A. Rodriguez.
Darsteller/innen: Michael Moriarty (Henry Wiggen), **Robert De Niro** (Bruce Pearson), Vincent Gardenia (Dutch Schnell), Phil Foster (Joe Jaros), Ann Wedgeworth (Ka-

Filmografie

tie), Heather MacRae (Holly), Selma Diamond (Tootsie), Barbara Babcock (Team Owner), Maurice Rosenfield (Team Owner), Tom Ligon (Piney Woods), Andy Jarrell (Ugly), Marshall Efron (Bradley), Tom Signorelli (Goose), Danny Burks (Perry), James Donahue (Canada), Hector Elias (Dego), Nicolas Surovy (Aleck Olson), Danny Aiello (Horse), Hector Troy (George), Tony Major (Jonah), Barton Heyman (Red), Jack Hollander (Tegwar Player), Lou Girolami (Tegwar Player), Ernesto Gonzalez (Dr. Chambers) u.a.
Format: 35mm (1:1,85), Farbe. *Länge:* 97 Min. *US-Kinostart:* 26.8.1973. *Dt. Erstausstrahlung:* 17.2.1991 (ZDF).

THE GODFATHER: PART II (1973/74)
Der Pate – Teil II
Produktion: Paramount Pictures / The Coppola Company. *Produzent:* Francis Ford Coppola.
Regie: Francis Ford Coppola. *Drehbuch:* Francis Ford Coppola, Mario Puzo, nach dem gleichnamigen Roman von Mario Puzo. *Kamera:* Gordon Willis. *Musik:* Carmine Coppola, C. Curet Alonso, Nino Rota. *Schnitt:* Barry Malkin, Richard Marks, Peter Zinner. *Production Sound Recordist:* Nathan Boxer, Chuck Wilborn. *Production Design:* Dean Tavoularis. *Art Director:* Angelo P. Graham. *Costume Design:* Theadora Van Runkle. *Make-up:* Charles Schram, Dick Smith, Jim Klinger. *Hair Stylist:* Naomi Cavin. *Casting:* Jane Feinberg, Mike Fenton, Vic Ramos.
Darsteller/innen: Al Pacino (Michael Corleone), Robert Duvall (Tom Hagen), Diane Keaton (Kay Corleone), **Robert De Niro** (Vito Corleone), John Cazale (Frederico »Fredo« Corleone), Talia Shire (Constanzia »Connie« Corleone), Lee Strasberg (Hyman Roth), Michael V. Gazzo (Frankie Pentangeli), G.D. Spradlin (Senator Pat Geary), Richard Bright (Al Neri), Gastone Moschin (Fanucci), Tom Rosqui (Rocco Lampone), Bruno Kirby (Young Clemenza), Frank Sivero (Genco), Francesca De Sapio (Young Mama [Carmella] Corleone), Morgana King (Mama Corleone), Marianna Hill (Deanna Corleone), Leopoldo Trieste (Signor Roberto), Dominic Chianese (Johnny Ola), Amerigo Tot (Michael's Bodyguard), Troy Donahue (Merle Johnson), John Aprea (Young Tessio) u.a.
Format: 35mm (1:1,85), Farbe. *Länge:* 200 Min. *US-Kinostart:* 12.12.1974. *Dt. Kinostart:* 25.9.1975.
Anmerkung: Oscar für Robert De Niro in der Kategorie »Best Actor in a Supporting Role«.

NOVECENTO (1974-76)
1900: 1. Teil: Gewalt, Macht, Leidenschaft.
1900: 2. Teil: Kampf, Liebe, Hoffnung.
Produktion: Artémis / Les Productions Artistes Associés / Produzioni Europee Associati. *Produzent:* Alberto Grimaldi.
Regie: Bernardo Bertolucci. *Drehbuch:* Franco Arcalli, Bernardo Bertolucci, Giuseppe Bertolucci. *Kamera:* Vittorio Storaro. *Musik:* Ennio Morricone. *Schnitt:* Franco Arcalli. *Production Design:* Gianni Quaranta. *Art Director:* Ezio Frigerio. *Costume Design:* Gitt Magrini. *Make-up:* Giannetto De Rossi.
Darsteller/innen: **Robert De Niro** (Alfredo Berlinghieri), Gérard Depardieu (Olmo Dalco), Dominique Sanda (Ada Fiastri Paulhan), Francesca Bertini (Sister Desolata), Laura Betti (Regina), Werner Bruhns (Ottavio Berlinghieri), Stefania Casini (Neve), Sterling Hayden (Leo Dalco), Anna Henkel (Anita), Ellen Schwiers (Amelia), Alida Valli (Signora Pioppo), Romolo Valli (Giovanni), Bianca Magliacca, Giacomo Rizzo (Rigoletto), Pippo Campanini (Don Tarcisio), Paolo Pavesi (Alfredo as a Child), Roberto Maccanti (Olmo as a Child), Antonio Piovanelli (Turo Dalco), Paulo Branco (Orso Dalco), Liu Bosisio (Nella Dalco), Maria Monti (Rosina Dalco), Anna-Maria Gherardi (Eleonora).
Format: 35mm (1:1,85), Farbe. *Länge:* 320 Min. (dt. Fassung: 162 Min. [1. Teil]; 154 Min. [2. Teil]; gekürzte US-Fassung: 245 Min.). *Uraufführung:* 22.5.1976 (Filmfestival Cannes). *Kinostart Italien:* 16.8.1976. *US-Kinostart (der gekürzten amerikanischen Fassung):* 8.10.1977. *Dt. Kinostart:* 21.10.1976 (Teil I), 16.12.1976 (Teil II).

BERTOLUCCI SECONDO IL CINEMA (1975)
Das Kino Bertoluccis
Produktion: Daria / Radiotelevisione Italiana. *Produzenten:* Ovidio G. Assonitis, Luca Olmastroni.
Regie: Gianni Amelio. *Kamera:* Renato Tafuri. *Schnitt:* Sergio Nuti.
Mitwirkende: Bernardo Bertolucci, Giuseppe Bertolucci, Laura Betti, **Robert De Niro**, Gérard Depardieu, Sterling Hayden, Burt Lancaster, Dominique Sanda, Stefania Sandrelli, Vittorio Storaro, Donald Sutherland, Alida Valli.
Format: Farbe. *Länge:* 70 Min. *Uraufführung:* 11.10.1975 (Thonon-les-Bains). *Erstausstrahlung Italien:* 28.2.1976 (RAI 2). *Dt. Erstauffführung:* Juli 1976 (Internationale Filmfestspiele Berlin / Internationales Forum des Jungen Films).
Anmerkung: Dokumentation über die Entstehung von NOVECENTO.

TAXI DRIVER (1975/76)
Taxi Driver
Produktion: Columbia Pictures / Bill/Phillips Productions / Italo/Judeo Productions. *Produzenten:* Julia Phillips, Michael Phillips.
Regie: Martin Scorsese. *Drehbuch:* Paul Schrader. *Kamera:* Michael Chapman. *Musik:* Bernard Herrmann. *Schnitt:* Marcia Lucas, Tom Rolf, Melvin Shapiro. *Ton:* Les Lazarowitz. *Art Director:* Charles Rosen. *Costume Design:* Ruth Morley. *Casting:* Juliet Taylor.
Darsteller/innen: **Robert De Niro** (Travis Bickle), Jodie

Robert De Niro — Filmografie

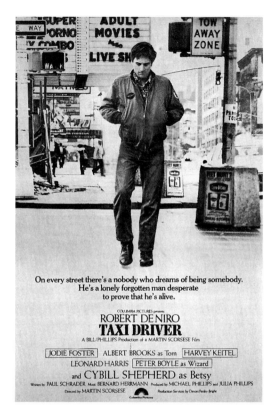

THE LAST TYCOON (1976)
Der letzte Tycoon

Produktion: Paramount Pictures / Academy / Horizon. *Produzent:* Sam Spiegel. *Regie:* Elia Kazan. *Drehbuch:* Harold Pinter, nach dem gleichnamigen Roman von F. Scott Fitzgerald. *Kamera:* Victor J. Kemper. *Musik:* Maurice Jarre. *Schnitt:* Richard Marks. *Production Design:* Gene Callahan, Jack T. Collis. *Art Director:* Jack T. Collis. *Costume Design:* Anna Hill Johnstone, Anthea Sylbert.
Darsteller/innen: **Robert De Niro** (Monroe Stahr), Tony Curtis (Rodriguez), Robert Mitchum (Pat Brady), Jeanne Moreau (Didi), Jack Nicholson (Brimmer), Donald Pleasence (Boxley), Ray Milland (Fleishacker), Dana Andrews (Red Ridingwood), Ingrid Boulting (Kathleen Moore), Peter Strauss (Wylie), Theresa Russell (Cecilia Brady), Tige Andrews (Popolos), Morgan Farley (Marcus), John Carradine (Tour Guide), Jeff Corey (Doctor), Diane Shalet (Stahr's Secretary), Seymour Cassel (Seal Trainer), Anjelica Huston (Edna), Bonnie Bartlett, Sharon Masters (Brady's Secretarys), Eric Christmas (Norman), Leslie Curtis (Mrs. Rodriguez), Lloyd Kino (Butler) u.a.
Format: 35mm (1:2,35), Farbe. *Länge:* 122 Min. US-Kinostart: 17.11.1976. Dt. Kinostart: 11.3.1977.

Foster (Iris), Albert Brooks (Tom), Harvey Keitel (Sport), Leonard Harris (Charles Palantine), Peter Boyle (Wizard), Cybill Shepherd (Betsy), Norman Matlock (Charlie T), Diahnne Abbott (Concession Girl), Frank Adu (Angry Black Man), Victor Argo (Melio), Gino Ardito (Policeman at Rally), Garth Avery (Iris' Friend), Harry Cohn (Cabbie in Bellmore), Copper Cunningham (Hooker in Cab), Brenda Dickson-Weinberg (Soap Opera Woman), Harry Fischler (Dispatcher), Nat Grant (Stick-Up Man), Richard Higgs (Tall Secret Service Man), Beau Kayser (Soap Opera Man), Victor Magnotta (Secret Service Photographer), Bob Maroff (Mafioso), Bill Minkin (Tom's Assistant), Murray Moston (Iris' Time Keeper), Harry Northup (Doughboy), Martin Scorsese (Passenger Watching Silhouette) u.a.
Format: 35mm (1:1,85), Farbe. *Länge:* 114 Min. US-Kinostart: 7.2.1976. Dt. Kinostart: 7.10.1976.
Anmerkung: Oscar-Nominierung für Robert De Niro in der Kategorie »Best Actor in a Leading Role«.

NEW YORK, NEW YORK (1976/77)
New York, New York

Produktion: United Artists / Chartoff-Winkler Productions. *Produzenten:* Irwin Winkler, Robert Chartoff. *Regie:* Martin Scorsese. *Drehbuch:* Earl Mac Rauch, Mardik Martin. *Kamera:* László Kovács. *Musikalische Leitung:* Ralph Burns. *Schnitt:* Irving Lerner, Marcia Lucas, Bert Lovitt, David Ramirez, Tom Rolf. *Ton:* Lawrence Jost. *Production Design:* Boris Leven. *Art Director:* Harry Kemm. *Costume Design:* Theadora Van Runkle. *Casting:* Lynn Stalmaster.
Darsteller/innen: Liza Minnelli (Francine Evans), **Robert De Niro** (Jimmy Doyle), Lionel Stander (Tony Harwell), Barry Primus (Paul Wilson), Mary Kay Place (Bernice), Georgie Auld (Frankie Harte), George Memmoli (Nicky), Dick Miller (Palm Club Owner), Murray Moston (Horace Morris), Lenny Gaines (Artie Kirks), Clarence Clemons (Cecil Powell), Kathi McGinnis (Ellen Flannery), Norman Palmer (Desk Clerk), Adam David Winkler (Jimmy Doyle Jr.), Dimitri Logothetis (Desk Clerk), Frank Sivera (Eddie Di Muzio), Diahnne Abbott (Harlem Club Singer), Margo Winkler (Argumentative Woman), Steven Prince (Record Producer), Don Calfa (Gilbert), Bernie Kuby (Justice of the Peace), Selma Archerd (Wife of Justice of the Peace), Bill Baldwin Sr. (Announcer in Moonlit Terrace), Mary Lindsay (Hat Check Girl in Meadows), Jon Cutler (Musician in Frankie Harte Band), Nicky Blair (Cab Driver), Casey Kasem (DJ), Jay Salerno

Filmografie

(Bus Driver), William Tole (Tommy Dorsey), Sydney Guilaroff (Hairdresser).
Format: 35mm (1:1,85), Farbe. *Länge:* 115 Min. US-Kinostart: 21.6.1977. Dt. Kinostart: 1.9.1977.

THE DEER HUNTER (1978)
Die durch die Hölle gehen
Produktion: EMI Films / Columbia / Warner Bros. *Produzenten:* Michael Cimino, Michael Deeley, John Peverall, Barry Spikings.
Regie: Michael Cimino. *Drehbuch:* Michael Cimino, Louis Garfinkle, Quinn K. Redeker, Deric Washburn. *Kamera:* Vilmos Zsigmond. *Musik:* Stanley Myers. *Schnitt:* Peter Zinner. *Ton:* Darrin Knight. *Art Directors:* Ron Hobbs, Kim Swados. *Make-up:* Del Acevedo, Ed Butterworth. *Hair Stylist:* Mary Keats. *Casting:* Cis Corman.
Darsteller/innen: **Robert De Niro** (Michael Vronsky), John Cazale (Stan), John Savage (Steven), Christopher Walken (Nick), Meryl Streep (Linda), George Dzundza (John), Chuck Aspegren (Axel), Shirley Stoler (Steven's Mother), Rutanya Alda (Angela), Pierre Segui (Julien), Mady Kaplan (Axel's Girl), Amy Wright (Bridesmaid), Mary Ann Haenel (Stan's Girl), Richard Kuss (Linda's Father), Joe Grifasi (Bandleader), Christopher Colombi Jr. (Wedding Man), Victoria Karnafel (Sad Looking Girl), Jack Scardino (Cold Old Man), Joe Strnad (Bingo Caller), Helen Tomko (Helen), Paul D'Amato (Sergeant), Dennis Watlington (Cab Driver), Charlene Darrow (Red Head), Jane-Colette Disko (Girl Checker), Michael Wollet (Stock Boy), Robert Beard (World War Veteran), Joe Dzizmba (World War Veteran), Father Stephen Kopestonsky (Priest), John F. Buchmelter (Bar Patron), Frank Devore (Barman).
Format: 35mm (1:2,35), Farbe. *Länge:* 184 Min. US-Kinostart: 15.12.1978. Dt. Erstaufführung: 23.2.1979 (Internationale Filmfestspiele Berlin). Dt. Kinostart: 8.3.1979.
Anmerkung: Oscar-Nominierung für Robert De Niro in der Kategorie »Best Actor in a Leading Role«.

RAGING BULL (1979/80)
Wie ein wilder Stier
Produktion: United Artists / Chartoff-Winkler Productions. *Produzenten:* Irwin Winkler, Robert Chartoff.
Regie: Martin Scorsese. *Drehbuch:* Paul Schrader, Mardik Martin, nach der Autobiografie »Raging Bull. My Story« von Jake La Motta. *Kamera:* Michael Chapman. *Musik:* Robbie Robertson, Pietro Mascagni. *Schnitt:* Thelma Schoonmaker. *Ton:* Donald O. Mitchell, Bill Nicholson, David J. Kimball. *Production Design:* Gene Rudolf. *Art Director:* Sheldon Haber, Alan Manser, Kirk Axtell. *Costume Design:* John Boxer, Richard Bruno. *Make-up:* Mike Maggi, Michael Westmore. *Hair Stylists:* Verne Caruso, Mary Keats, Mona Orr, Allen Payne, Jean Burt Reilly. *Assistentinnen von Robert De Niro:* Shawn Slovo, Johanne Todd. *Casting:* Cis Corman.
Darsteller/innen: **Robert De Niro** (Jake La Motta), Cathy Moriarty (Vickie La Motta), Joe Pesci (Joey La Motta), Frank Vincent (Salvy), Nicholas Colasanto (Tommy Como), Theresa Saldana (Lenore La Motta), Mario Gallo (Mario), Frank Adonis (Patsy), Joseph Bono (Guido), Frank Topham (Toppy), Lori Anne Flax (Irma), Charles Scorsese (Charlie – Man with Como), Don Dunphy (Radio Announcer), Bill Hanrahan (Eddie Eagan), Rita Bennett (Emma – Miss 48's), James V. Christy (Dr. Pinto), Bernie Allen (Comedian), Floyd Anderson (Jimmy Reeves), Harold Valan (Referee [Reeves' Fight]), Victor Magnotta (Fighting Soldier), Johnny Barnes (Sugar Ray Robinson), John Thomas (Sugar Ray's Trainer) u.a.
Format: 35mm und 16mm (1:1,85), sw, Farbe. *Länge:* 129 Min. US-Kinostart: 14.11.1980. Dt. Erstaufführung: 13.2.1981 (Internationale Filmfestspiele Berlin). Dt. Kinostart: 12.3.1981.
Anmerkung: Oscar für Robert De Niro in der Kategorie »Best Actor in a Leading Role«; Golden Globe in der Kategorie »Best Motion Picture Actor – Drama«.

TRUE CONFESSIONS (1981)
Fesseln der Macht / Gefährliche Beichte
Produktion: United Artists. *Produzent:* James D. Brubaker.
Regie: Ulu Grosbard. *Drehbuch:* Joan Didion, John Gregory Dunne, nach dem gleichnamigen Roman von John Gregory Dunne. *Kamera:* Owen Roizman. *Musik:* Georges Delerue. *Schnitt:* Lynzee Klingman. *Production Design:* Stephen B. Grimes. *Art Director:* W. Stewart Campbell. *Costume Design:* Joe I. Tompkins. *Casting:* Lynn Stalmaster.
Darsteller/innen: **Robert De Niro** (Des Spellacy), Robert Duvall (Tom Spellacy), Charles Durning (Jack Amsterdam), Kenneth McMillan (Frank Crotty), Ed Flanders (Dan T. Campion), Cyril Cusack (Cardinal Danaher), Burgess Meredith (Seamus Fargo), Rose Gregorio (Brenda Samuels), Dan Hedaya (Howard Terke), Gwen Van Dam (Mrs. Fazenda), Thomas Hill (Mr. Fazenda), Jeanette Nolan (Mrs. Spellacy), Jorge Cervera Jr. (Eduardo Duarte), Susan Myers (Bride), Louisa Moritz (Whore), Darwyn Carson (Lorna Keane), Pat Corley (Sonny McDonough), Matthew Faison (Reporter), Richard Foronjy (Ambulance Driver), Joseph G. Medalis (Deputy Coroner), James Hong (Coroner Wong), Ron Ryan, Louis Basile (Detectives) u.a.
Format: 35mm (1:1,85), Farbe. *Länge:* 108 Min. US-Kinostart: September 1981. Dt. Videostart: März 1986.

Robert De Niro Filmografie

KING OF COMEDY (1981/83)
King of Comedy

Produktion: 20th Century Fox / Embassy International Pictures. *Produzent:* Arnon Milchan. *Ausführender Produzent:* Robert Greenhut.
Regie: Martin Scorsese. *Drehbuch:* Paul D. Zimmerman. *Kamera:* Fred Schuler. *Musik:* Robbie Robertson. *Schnitt:* Thelma Schoonmaker. *Ton:* Les Lazarowitz. *Production Design:* Boris Leven. *Art Directors:* Lawrence Miller, Edward Pisoni. *Costume Design:* Richard Bruno. *Make-up:* Philip Goldblatt. *Hair Stylist:* Lyndell Quiyou. *Assistenten von Robert De Niro:* Alan Potashnick, Shawn Slovo. *Casting:* Cis Corman.
Darsteller/innen: **Robert De Niro** (Rupert Pupkin), Jerry Lewis (Jerry Langford), Diahnne Abbott (Rita), Sandra Bernhard (Marsha), Ed Herlihy (Himself), Lou Brown (Band Leader); Loretta Tupper, Peter Potulski, Vinnie Gonzales (Stage Door Fans); Whitey Ryan (Stage Door Guard), Doc Lawless (Chauffeur), Marta Heflin (Young Girl), Katherine Wallach (Autograph Seeker), Charles Kaleina (Autograph Seeker), Richard Baratz (Cartoonist), Catherine Scorsese (Rupert's Mom), Cathy Scorsese (Dolores), Chuck Low (Man in Chinese Restaurant), Liza Minnelli (Herself), Leslie Levinson (Roberta Posner), Margo Winkler (Receptionist), Tony Boschetti (Mr. Gangemi), Shelley Hack (Cathy Long), Mick Jones (Street Scum) u.a.
Format: 35mm (1:1,85), Farbe. *Länge:* 101 Min. *US-Kinostart:* 18.2.1983. *Dt. Kinostart:* 4.3.1983.

ONCE UPON A TIME IN AMERICA (1984)
Es war einmal in Amerika

Produktion: Warner Bros. / Embassy International Pictures / PSO International / Rafran Cinematografica / Wishbone. *Produzent:* Arnon Milchan. *Ausführender Produzent:* Claudio Mancini.
Regie: Sergio Leone. *Drehbuch:* Sergio Leone, Leonardo Benvenuti, Piero De Bernardi, Enrico Medioli, Franco Arcalli, Franco Ferrini, nach dem Roman »The Hoods« von Harry Grey. *Kamera:* Tonino Delli Colli. *Musik:* Ennio Morricone. *Schnitt:* Nino Baragli. *Ton:* Fausto Ancillai. *Art Director:* Carlo Simi. *Costume Design:* Gabriella Pescucci. *Make-up:* Gino Zamprioli, Henry R. Dwork, Manlio Rocchetti, Nilo Jacoponi, Randy Coronato. *Hair Stylists:* Enzo Cardella, Maria Teresa Corridoni, Randy Coronato, Renata Magnanti. *Casting:* Cis Corman, Joy Todd.
Darsteller/innen: **Robert De Niro** (David »Noodles« Aaronson), James Woods (Maximillian Bercouicz), Elizabeth McGovern (Deborah), Treat Williams (Jimmy O'Donnell), Joe Pesci (Frankie Monaldi), Tuesday Weld (Carol), Burt Young (Joe), Danny Aiello (Police Chief Aiello), William Forsythe (Philip »Cockeye« Stein), James Hayden (Patrick »Patsy« Goldberg), Darlanne Fluegel (Eve), Larry Rapp (Fat Moe), Dutch Miller (Van Linden), Robert Harper (Sharkey), Richard Bright (Chicken Joe), Gerard Murphy (Crowning), Amy Ryder (Peggy), Olga Karlatos (Woman in the Puppet Theatre), Mario Brega (Mandy), Ray Dittrich (Trigger), Frank Gio (Beefy), Karen Shallo (Mrs. Aiello), Angelo Florio (Willie the Ape), Scott Tiler (Young Noodles), Rusty Jacobs (Young Max/David), Brian Bloom (Young Patsy), Adrian Curran (Young Cockeye), Mike Monetti (Young Fat Moe) u.a.
Format: 35mm (1:1,85), Farbe. *Länge:* 228 Min (gekürzte US-Fassung: 144 Min.; gekürzte dt. Fassung: 167 Min.). *Uraufführung:* Mai 1984 (Filmfestival Cannes). *US-Kinostart (in der gekürzten Fassung):* 1.6.1984. *Dt. Kinostart (in beiden Fassungen):* 12.10.1984.

FALLING IN LOVE (1984)
Der Liebe verfallen

Produktion: Paramount Pictures. *Produzent:* Marvin Worth.
Regie: Ulu Grosbard. *Drehbuch:* Michael Cristofer. *Kamera:* Peter Suschitzky. *Musik:* Dave Grusin. *Schnitt:* Michael Kahn. *Ton:* Les Lazarowitz. *Production Design:* Santo Loquasto. *Art Director:* Speed Hopkins. *Costume Design:* Richard Bruno. *Make-up:* Maggie Weston. *Hair Stylist:* Maggie Weston. *Assistentin von Robert De Niro:* Trixie Bourne. *Casting:* Pat McCorkle, Juliet Taylor.
Darsteller/innen: **Robert De Niro** (Frank Raftis), Meryl Streep (Molly Gilmore), Harvey Keitel (Ed Lasky), Jane Kaczmarek (Ann Raftis), George Martin (John Trainer), David Clennon (Brian Gilmore), Dianne Wiest (Isabelle), Victor Argo (Victor Rawlins), Wiley Earl (Mike Raftis), Jesse Bradford (Joe Raftis), Chevi Colton (Elevator Woman), Richard Giza (Salesman), Frances Conroy (Waitress), James Ryan (Cashier), Sonny Abagnale (Tow Truck Driver), George Barry (Conductor #1), L.P. McGlynn (Conductor #2), J.S. Klinetob (Conductor #3), Paul Herman (Engineer), Kenneth Welsh (Doctor), John H. Reese (Taxi Driver #1), Clem Caserta (Taxi Driver #2), Yanni Sfinias (Hot Dog Vendor), Donald R. Goodness (Minister) u.a.
Format: 35mm (1:1,85), Farbe. *Länge:* 106 Min. *US-Kinostart:* 17.11.1984. *Dt. Kinostart:* 5.4.1985.

BRAZIL (1984/85)
Brazil

Produktion: Embassy International Pictures / Universal Pictures. *Produzent:* Arnon Milchan.
Regie: Terry Gilliam. *Drehbuch:* Terry Gilliam, Charles McKeown, Tom Stoppard. *Kamera:* Roger Pratt. *Musik:* Michael Kamen. *Schnitt:* Julián Doyle. *Ton:* Bob Doyle, Rodney Glenn. *Production Design:* Norman Garwood. *Art Director:* John Beard, Keith Pain. *Costume Design:* James Acheson. *Special Effects Supervisor:* George Gibbs. *Casting:* Irene Lamb.

Darsteller/innen: Jonathan Pryce (Sam Lowry), **Robert De Niro** (Archibald »Harry« Tuttle), Katherine Helmond (Mrs. Ida Lowry), Ian Holm (Mr. M. Kurtzmann), Bob Hoskins (Spoor), Michael Palin (Jack Lint), Ian Richardson (Mr. Warrenn), Peter Vaughan (Mr. Helpmann), Kim Greist (Jill Layton), Jim Broadbent (Dr. Jaffe), Barbara Hicks (Mrs. Terrain), Charles McKeown (Lime), Derrick O'Connor (Dowser), Kathryn Pogson (Shirley), Bryan Pringle (Spiro), Sheila Reid (Mrs. Buttle), John Flanagan (TV Interviewer / Salesman), Ray Cooper (Technician), Brian Miller (Mr. Buttle), Simon Nash (Boy Buttle), Prudence Oliver (Girl Buttle), Simon Jones (Arrest Official), Derek Deadman (Bill – Dept. of Works) u.a.
Format: 35mm (1:1,85), Farbe. *Länge:* 142 Min. *Uraufführung:* 22.2.1985 (Internationale Filmfestspiele Berlin). *US-Kinostart:* 1.12.1985. *Dt. Kinostart:* 26.4.1985.

THE MISSION (1986)
Mission

Produktion: Warner Bros. / Enigma / Goldcrest Films / Kingsmore. *Produzenten:* Fernando Ghia, David Puttnam. *Ausführende Produzenten:* Alejandro Azzano, Felipe López Caballero.
Regie: Roland Joffé. *Drehbuch:* Robert Bolt. *Kamera:* Chris Menges. *Musik:* Ennio Morricone. *Schnitt:* Jim Clark. *Ton:* Christopher Ackland, Clive Winter. *Production Design:* Stuart Craig. *Art Directors:* John King, George Richardson. *Costume Design:* Enrico Sabbatini. *Make-up:* Tommie Manderson. *Hair Stylist:* Paula Gillespie. *Casting:* Susie Figgis, Juliet Taylor.
Darsteller/innen: **Robert De Niro** (Mendoza), Jeremy Irons (Gabriel), Ray McAnally (Altamirano), Aidan Quinn (Felipe), Cherie Lunghi (Carlotta), Ronald Pickup (Hontar), Chuck Low (Cabeza), Liam Neeson (Fielding), Bercelio Moya (Indian Boy), Sigifredo Ismare (Witch Doctor), Asuncion Ontiveros (Indian Chief), Alejandrino Moya (Chief's Lieutenant), Daniel Berrigan (Sebastian), Rolf Gray (Young Jesuit), Álvaro Guerrero (Jesuit), Tony Lawn (Father Provincial), Joe Daly (Nobleman), Carlos Duflat (Portuguese Commander), Rafael Camerano (Spanish Commander), Monirak Sisowath (Ibaye), Silvestre Chiripua (Indian), Luis Carlos Gonzalez (Boy Singer), Maria Teresa Ripoll (Carlotta's Maid) u.a.
Format: 35mm (1:2,35), Farbe. *Länge:* 126 Min. *Uraufführung:* Mai 1986 (Filmfestival Cannes). *US-Kinostart:* November 1986. *Dt. Kinostart:* 8.1.1987.

ANGEL HEART (1987)
Angel Heart

Produktion: TriStar / Carolco Entertainment / Union / Winkast. *Produzenten:* Alan Marshall, Elliott Kastner. *Ausführende Produzenten:* Mario Kassar, Andrew Vajna.
Regie: Alan Parker. *Drehbuch:* Alan Parker, nach dem Roman »Fallen Angel« von William Hjortsberg. *Kamera:* Michael Seresin. *Musik:* Trevor Jones. *Schnitt:* Gerry Hambling. *Ton:* Danny Michael, Eddy Joseph. *Production Design:* Brian Morris. *Art Directors:* Armin Ganz, Kristi Zea. *Costume Design:* Aude Bronson-Howard. *Make-up:* David Forrest. *Hair Stylist:* Paul LeBlanc. *Casting:* Risa Bramon Garcia, Billy Hopkins.
Darsteller/innen: Mickey Rourke (Harry R. Angel), **Robert De Niro** (Louis Cyphre), Lisa Bonet (Epiphany Proudfoot), Charlotte Rampling (Margaret Krusemark / Madame Zorah), Brownie McGhee (Toots Sweet, Guitar Player), Stocker Fontelieu (Ethan Krusemark / Edward Kelly), Michael Higgins (Dr. Albert Fowler), Elizabeth Whitcraft (Connie), Eliott Keener (Sterne), Charles Gordone (Spider Simpson, Bandleader), Dann Florek (Herman Winesap of Macintosh, Winesap Attorneys at Law), Wilhoite (Nurse), George Buck (Izzy), Judith Drake (Izzy's Wife), Gerald L. Orange (Pastor John), Peggy Severe (Mammy Carter, Herb Store Proprietor), Pruitt Taylor Vince (Delmos), David Petitjean (Baptism Preacher), Rick Washburn (Cajun Heavy), Neil Newlon (Second Cajun Heavy), Oakley Dalton (Big Jacket), Yvonne Bywaters (Margaret's Maid), Loys T. Bergeron (Mike), Joshua Frank (Toothless), Karmen Harris (Harlem Mourner) u.a.
Format: 35mm (1:1,85), Farbe. *Länge:* 113 Min. *US-Kinostart:* 6.3.1987. *Dt. Kinostart:* 3.9.1987.

THE UNTOUCHABLES (1987)
The Untouchables – Die Unbestechlichen

Produktion: Paramount Pictures. *Produzent:* Art Linson.
Regie: Brian De Palma. *Drehbuch:* Oscar Fraley, Eliot Ness, Paul Robsky, David Mamet. *Kamera:* Stephen H. Burum. *Musik:* Ennio Morricone, Ruggero Leoncavallo. *Schnitt:* Jerry Greenberg, Bill Pankow. *Ton:* Jim Tanenbaum. *Production Design:* Patrizia von Brandenstein. *Art Director:* William A. Elliott. *Costume Design:* Marilyn Vance. *Costume Design Robert De Niro:* Richard Bruno. *Make-up:* Michael Hancock. *Hair Stylist:* Bette Iverson. *Assistenten von Robert De Niro:* Maria Teresa Corridoni, Manlio Rocchetti. *Casting:* Mali Finn, Lynn Stalmaster.
Darsteller/innen: Kevin Costner (Eliot Ness), Sean Connery (Jim Malone), Charles Martin Smith (Oscar Wallace), Andy Garcia (Giuseppe Petri, alias George Stone), **Robert De Niro** (Al Capone), Richard Bradford (Mike [Police Chief]), Jack Kehoe (Payne), Brad Sullivan (George), Billy Drago (Frank Nitti), Patricia Clarkson (Ness' Wife), Vito D'Ambrosio (Bowtie Driver), Steven Goldstein (Scoop), Peter Aylward (Lt. Anderson), Don Harvey (Preseuski), Robert Swan (Mountie Captain), John J. Walsh (Bartender), Del Close (Alderman), Colleen Bade (Mrs. Blackmer), Greg Noonan (Rangemaster), Sean Grennan (Cop Cousin), Larry Viverito Sr. (Italian Waiter), Kevin Michael Doyle (Williamson), Mike Ba-

carella (Overcoat Hood), Michael P. Byrne (Ness' Clerk), Kaitlin Montgomery (Ness' Daughter), Aditra Kohl (Blackmer Girl) u.a.
Format: 35mm (1:2,35), Farbe. *Länge:* 119 Min. *US-Kinostart:* 3.6.1987. *Dt. Kinostart:* 15.10.1987.

DEAR AMERICA: LETTERS HOME FROM VIETNAM (1987) (TV)
Dear America – Briefe aus Vietnam
Produktion: GBA / Home Box Office / Virgin International. *Produzenten:* Thomas Bird, Bill Couturié.
Regie: Bill Couturié. *Drehbuch:* Bill Couturié, Richard Dewhurst, nach der gleichnamigen, von Bernard Edelman herausgegebenen Briefsammlung. *Kamera:* Michael G. Chin. *Musik:* Todd Boekelheide. *Schnitt:* Stephen Stept, Gary Weimberg.
Sprecher/innen: Tom Berenger, Ellen Burstyn (Mrs. Stocks), J. Kenneth Campbell, Richard Chaves, Josh Cruze, Willem Dafoe (»Elephant grass«), **Robert De Niro** (»Great sewer«), Brian Dennehy, Kevin Dillon (Jack), Matt Dillon (Mike), Robert Downey Jr., Michael J. Fox (Pfc. Raymond Griffiths), Mark Harmon, John Heard (Johnny Boy), Fred Hirz, Harvey Keitel (2 Lt. Donald Jacques), Elizabeth McGovern (»Me«), Judd Nelson, Sean Penn, Randy Quaid (Cpl. Kevin Macaulay), Timothy Patrick Quill, Eric Roberts, Ray Robertson, Howard E. Rollins Jr., John Savage, Raphael Sbarge, Martin Sheen (Alan) u.a.
Länge: 83 Min. *US-Kinostart:* September 1988. *Dt. Kinostart:* 5.1.1989.

MIDNIGHT RUN (1988)
Midnight Run – Fünf Tage bis Mitternacht
Produktion: City Light Films / Universal Pictures. *Produzent:* Martin Brest. *Ausführender Produzent:* William S. Gilmore.
Regie: Martin Brest. *Drehbuch:* George Gallo. *Kamera:* Donald E. Thorin. *Musik:* Danny Elfman. *Schnitt:* Chris Lebenzon, Michael Tronick, Billy Weber. *Ton:* James R. Alexander. *Production Design:* Angelo P. Graham. *Art Director:* James J. Murakami. *Costume Design:* Gloria Gresham. *Make-up:* Frank Griffin, Daniel C. Striepeke. *Hair Stylists:* Dino Ganziano, Chris Lee. *Casting:* Michael Chinich, Bonnie Timmermann.
Darsteller/innen: **Robert De Niro** (Jack Walsh), Charles Grodin (Jonathan Mardukas), Yaphet Kotto (Alonzo Mosely), John Ashton (Marvin Dorfler), Dennis Farina (Jimmy Serrano), Joe Pantoliano (Eddie Moscone), Richard Foronjy (Tony Darvo), Robert Miranda (Joey), Jack Kehoe (Jerry Geisler), Wendy Phillips (Gail), Danielle DuClos (Denise Walsh), Philip Baker Hall (Sidney), Tom McCleister (Red Wood), Mary Gillis (Bus Ticket Clerk), John Toles-Bey (Monroe Bouchet), Thomas J. Hageboeck (Sergeant Gooch), Stanley White (Stanley), Scott McAfee (Boy on Plane), Linda Margules (Car Rental Clerk), Lois Smith (Mrs. Nelson), Fran Brill (Dana Mardukas) u.a.
Format: 35mm (1:1,85), Farbe. *Länge:* 125 Min. *US-Kinostart:* Juli 1988. *Dt. Kinostart:* 6.10.1988.

JACKNIFE (1989)
Jacknife
Produktion: Kings Road Entertainment / Sandollar-Schaffel Productions / Cineplex Odeon. *Produzenten:* Carol Baum, Robert Schaffel. *Ausführender Produzent:* Sandy Gallin.
Regie: David Hugh Jones. *Drehbuch:* Stephen Metcalfe, nach seinem Drama »Strange Snow«. *Kamera:* Brian West. *Musik:* Bruce Broughton. *Schnitt:* John Bloom. *Ton:* Don Sharpe. *Production Design:* Edward Pisoni. *Art Directors:* William Barclay, Serge Jacques. *Costume Design:* Jane Greenwood. *Casting:* Judy Courtney, D.L. Newton.
Darsteller/innen: **Robert De Niro** (Joseph »Jacknife« Megs), Kathy Baker (Martha), Ed Harris (Dave), Sloane Shelton (Shirley), Ivar Brogger (Depot Mechanic), Michael Arkin (Dispatcher), Tom Isbell (Bobby Buckman), Kirk Taylor (Helicopter Gunner), Jordan Lund (Tiny), Charles Dutton (Jake), Bruce Ramsay (Corridor Student), Jessalyn Gilsig (His Girlfriend), George Gerdes (Tony), Josh Pais (Rick), Lois Dellar (Cocktail Waitress); Joel Miller, Irene Rauch (Restaurant Couple), Paul Hoover (Upscale Bartender), Paul Hart (Potbellied Man), Loudon Wainwright (Ferretti), Brian Delate (Briggs), Walter Massey (Ed Buckman), Elizabeth Franz (Pru Buckman), Sal Dominello (Tuxedo Tailor), Joseph Grillo (Florist), Tim Conover (»Joe College«) u.a.
Format: 35mm (1:1,85), Farbe. *Länge:* 102 Min. *US-Kinostart:* März 1989. *Dt. Kinostart:* 5.10.1989.

WE'RE NO ANGELS (1989)
Wir sind keine Engel
Produktion: Paramount Pictures. *Produzent:* Art Linson. *Ausführender Produzent:* **Robert De Niro**.
Regie: Neil Jordan. *Drehbuch:* David Mamet, nach den Theaterstücken »My Three Angels« von Sam und Bella Spewak und »La cuisine des anges« von Albert Husson. *Kamera:* Philippe Rousselot. *Musik:* George Fenton. *Schnitt:* Mick Audsley, Joke van Wijk. *Ton:* Larry Sutton. *Production Design:* Wolf Kroeger. *Art Director:* Richard Harrison. *Costume Design:* Theoni V. Aldredge. *Make-up:* Ilona Herman. *Hair Stylist:* Ian C. Ballard. *Casting:* Wallis Nicita.
Darsteller/innen: **Robert De Niro** (Ned), Sean Penn (Jim), Demi Moore (Molly), Hoyt Axton (Father Levesque), Bruno Kirby (Deputy), Ray McAnally (Warden), James Russo (Bobby), Wallace Shawn (Translator), John C. Reilly (Young Monk), Jay Brazeau (Sheriff), Ken Buhay

Filmografie

(Bishop Nogalich), Elizabeth Lawrence (Mrs. Blair), Bill Murdoch (Deputy), Jessica Jickels (Rosie), Frank C. Turner (Shopkeeper), Matthew Walker (Blacksmith), Sheelah Megill (Townswoman), Sean Hoy (Workman), Lloyd Berry (Passersby), David McLeod (Passersby), Richard Newman (Passersby), Frank Totino (Bystander), Karen Elizabeth Austin (Bystander), Antony Holland (Doctor), Sylvain Demers (Canadian Priest) u.a.
Format: 35mm (1:2,35), Farbe. *Länge:* 101 Min. *US-Kinostart:* Dezember 1989. *Dt. Videostart:* 20.2.1991.

STANLEY & IRIS (1989/90)
Stanley & Iris

Produktion: MGM / Lantana / Star Partners III. *Produzentin:* Arlene Sellers. *Ausführende Produzenten:* Patrick J. Palmer, Alex Winitsky.
Regie: Martin Ritt. *Drehbuch:* Harriet Frank Jr., Irving Ravetch, nach dem Roman »Union Street« von Pat Barker. *Kamera:* Donald McAlpine. *Musik:* John Williams. *Schnitt:* Sidney Levin. *Ton:* Richard Lightstone. *Production Design:* Joel Schiller. *Art Directors:* Alicia Keywan, Eric Orbom. *Costume Design:* Theoni V. Aldredge. *Make-up:* Suzanne Benoît, Janice Miller. *Hair Stylists:* William A. Farley, Janice Miller, Mickey Scott. *Hair Stylist Robert De Niro:* Steve Atha. *Assistentin von Robert De Niro:* Trixie Bourne. *Casting:* Dianne Crittenden, Karen Hazzard.
Darsteller/innen: Jane Fonda (Iris King), **Robert De Niro** (Stanley Everett Cox), Swoosie Kurtz (Sharon), Martha Plimpton (Kelly King), Harley Cross (Richard King), Jamey Sheridan (Joe), Feodor Chaliapin Jr. (Leonides Cox), Zohra Lampert (Elaine), Loretta Devine (Bertha), Julie Garfield (Belinda), Karen Ludwig (Melissa), Kathy Kinney (Bernice), Laurel Lyle (Muriel), Mary Testa (Joanne), Katherine Cortez (Jan), Stephen Root (Mr. Hershey), Eddie Jones (Mr. Hagen), Fred J. Scollay (Mr. Delancey), Dortha Duckworth (Librarian), Jack Gill (The Pursesnatcher), Bob Aaron (Bakery Foreman), Gordon Masten (Oscar Roebuck), Richard Blackburn (Park Ranger), B.J. Reed (Park Ranger), Conrad Bergschneider (Apple Picker Foreman) u.a.
Format: 35mm (1:2,35), Farbe. *Länge:* 104 Min. *US-Kinostart:* Februar 1990. *Dt. Kinostart:* 24.5.1990.

GOODFELLAS (1989/90)
GoodFellas – Drei Jahrzehnte in der Mafia

Produktion: Warner Bros. / Irwin Winkler Productions. *Produzent:* Irwin Winkler. *Ausführende Produzentin:* Barbara De Fina.
Regie: Martin Scorsese. *Drehbuch:* Nicholas Pileggi, Martin Scorsese, nach dem Buch »Wiseguy« von Nicholas Pileggi. *Kamera:* Michael Ballhaus. *Schnitt:* Thelma Schoonmaker. *Ton:* James Sabat. *Production Design:* Kristi Zea. *Art Director:* Maher Ahmad. *Costume Design:* Richard Bruno. *Make-up:* Carl Fullerton, Allen Weisinger. *Hair Stylists:* Alan D'Angerio, William A. Farley. *Hair Stylist Robert De Niro:* Ilona Herman. *Assistent von Robert De Niro:* Robin Chambers. *Casting:* Ellen Lewis.
Darsteller/innen: **Robert De Niro** (James »Jimmy« Conway), Ray Liotta (Henry Hill), Joe Pesci (Tommy DeVito), Lorraine Bracco (Karen Hill), Paul Sorvino (Paul »Paulie« Cicero), Frank Sivero (Frankie Carbone), Tony Darrow (Sonny Bunz), Mike Starr (Frenchy), Frank Vincent (Billy Batts), Chuck Low (Morris Kessler), Frank DiLeo (Tuddy Cicero), Henny Youngman (Himself), Gina Mastrogiacomo (Janice Rossi), Catherine Scorsese (Mrs. DeVito), Charles Scorsese (Vinnie), Suzanne Shepherd (Karen's Mother), Debi Mazar (Sandy), Margo Winkler (Belle Kessler), Welker White (Lois Byrd), Jerry Vale (Himself), Julie Garfield (Mickey Conway), Christopher Serrone (Young Henry Hill), Elaine Kagan (Mrs. Hill), Beau Starr (Mr. Hill), Kevin Corrigan (Michael Hill) u.a.
Format: 35mm (1:1,85), Farbe. *Länge:* 146 Min. *US-Kinostart:* 19.9.1990. *Dt. Kinostart:* 11.10.1990.

AWAKENINGS (1990)
Zeit des Erwachens

Produktion: Columbia Pictures Corporation. *Produzenten:* Lawrence Lasker, Walter F. Parkes.
Regie: Penny Marshall. *Drehbuch:* Steven Zaillian, nach dem gleichnamigen Buch von Oliver Sacks. *Kamera:* Miroslav Ondrícek. *Musik:* Randy Newman. *Schnitt:* Battle Davis, Gerald B. Greenberg, Jere Huggins. *Ton:* Les Lazarowitz. *Production Design:* Anton Furst. *Art Director:* Bill Groom. *Costume Design:* Cynthia Flynt.
Darsteller/innen: **Robert De Niro** (Leonard Lowe), Robin Williams (Dr. Malcolm Sayer), Julie Kavner (Eleanor Costello), Ruth Nelson (Mrs. Lowe), John Heard (Dr. Kaufman), Penelope Ann Miller (Paula), Alice Drummond (Lucy), Judith Malina (Rose), Barton Heyman (Bert), George Martin (Frank), Anne Meara (Miriam), Richard Libertini (Sidney), Laura Esterman (Lolly), Dexter Gordon (Rolando), Jane Haynes (Frances), Le Clanché du Rand (Magda), Yusef Bulos (Joseph), Gloria Harper (Dottie), Gwyllum Evans (Desmond), Mary Catherine Wright (Nurse Beth), Mary Alice (Nurse Margaret), Keith Diamond (Anthony), Steve Vinovich (Ray), Tiger Haynes (Janitor), John Christopher Jones (Dr. Sullivan), Bradley Whitford (Dr. Tyler), Max von Sydow (Dr. Peter Ingham) u.a.
Format: 35mm (1:1,85), Farbe. *Länge:* 104 Min. *US-Kinostart:* 20.12.1990. *Dt. Kinostart:* 14.2.1991.
Anmerkung: Oscar-Nominierung für Robert De Niro in der Kategorie »Best Actor in a Leading Role«.

Robert De Niro — Filmografie

GUILTY BY SUSPICION (1990/91)
Schuldig bei Verdacht
Produktion: Warner Bros. / Le Studio Canal+ / Arnon Milchan Productions. *Produzent:* Arnon Milchan. *Ausführender Produzent:* Steven Reuther.
Regie: Irwin Winkler. *Drehbuch:* Irwin Winkler. *Kamera:* Michael Ballhaus. *Musik:* James Newton Howard. *Schnitt:* Priscilla Nedd-Friendly. *Ton:* Richard Lightstone. *Production Design:* Leslie Dilley. *Art Director:* Leslie McDonald. *Costume Design:* Richard Bruno. *Make-up:* Julie Hewitt. *Hair Stylist:* Fríða Aradóttir. *Casting:* Marion Dougherty.
Darsteller/innen: **Robert De Niro** (David Merrill), Annette Bening (Ruth Merrill), George Wendt (Bunny Baxter), Patricia Wettig (Dorothy Nolan), Sam Wanamaker (Felix Graff), Luke Edwards (Paulie Merrill), Chris Cooper (Larry Nolan), Ben Piazza (Darryl Zanuck), Martin Scorsese (Joe Lesser), Barry Primus (Bert Alan), Gailard Sartain (Chairman Wood), Robin Gammell (Congressman Tavenner), Brad Sullivan (Congressman Velde), Tom Sizemore (Ray Karlin), Roxann Dawson (Felicia Bannon), Stuart Margolin (Abe Barron), Barry Tubb (Jerry Cooper), Gene Kirkwood (Gene Woods), Margo Winkler (Leta Rosen), Allan Rich (Leonard Marks), Illeana Douglas (Nan), Al Ruscio (Ben Saltman), Bill Bailey (Fox Guard), Adam Baldwin (FBI Man), Nicholas Cilic (Matt Nolan) u.a.
Format: 35mm (1:1,85), Farbe. *Länge:* 105 Min. *US-Kinostart:* 15.3.1991. *Dt. Kinostart:* 15.8.1991.

BACKDRAFT (1990/91)
Backdraft – Männer, die durchs Feuer gehen
Produktion: Universal Pictures / Imagine Films Entertainment / Trilogy Entertainment Group. *Produzenten:* Pen Densham, Richard B. Lewis, John Watson. *Ausführende Produzenten:* Raffaella De Laurentiis, Brian Grazer.
Regie: Ron Howard. *Drehbuch:* Gregory Widen. *Kamera:* Mikael Salomon. *Musik:* Hans Zimmer. *Schnitt:* Daniel Hanley, Mike Hill. *Ton:* Glenn Williams. *Production Design:* Albert Brenner. *Art Director:* Carol Winstead Wood. *Costume Design:* Jodie Tillen. *Make-up:* Robert Norin. *Hair Stylist:* Linda R. Rizzuto. *Hair Stylist Robert De Niro:* Ilona Herman. *Technical Advisor Robert De Niro:* William Cosgrove. *Trainer von Robert De Niro:* Dan Harvey. *Casting:* Janet Hirshenson, Jane Jenkins.
Darsteller/innen: Kurt Russell (Lieutenant Stephen »Bull« McCaffrey), Dennis McCaffrey), William Baldwin (Brian McCaffrey), **Robert De Niro** (Lieutenant Donald »Shadow« Rimgale), Donald Sutherland (Ronald Bartel), Jennifer Jason Leigh (Jennifer Vaitkus), Scott Glenn (Firefighter John »Axe« Adcox), Rebecca De Mornay (Helen McCaffrey), Jason Gedrick (Tim Krizminski), J.T. Walsh (Alderman Marty Swayzak), Anthony Mockus Sr. (Chief John Fitzgerald), Cedric Young (Grindle), Juan Ramírez (Ray Santos), Kevin Casey (Nightingale), Jack McGee (Schmidt), Mark Wheeler (Pengelly), Richard Lexsee (Washington), Beep Iams (Sean McCaffrey), Ryan Todd (Brian [Age 7]), Robert Swan (Willy [Bartender]), Clint Howard (Ricco [Pathologist]), Ron West (Alan Seagrave [Backdraft Victim]), Kevin Crowley (Candidate), Carlos Sanz (Candidate), Harry Hutchinson (Candidate), David A.C. Saunders (Candidate) u.a.
Format: 35mm und 70mm (1:2,35), Farbe. *Länge:* 131 Min. *US-Kinostart:* 24.5.1991. *Dt. Kinostart:* 22.8.1991.

THE GODFATHER FAMILY: A LOOK INSIDE (1991) (TV)
Produzenten: Roman Coppola. *Ausführender Produzent:* Fred Fuchs.
Regie: Jeff Werner. *Drehbuch:* David Gilbert. *Schnitt:* Jeff Werner.
Interviews mit: James Caan, Francis Ford Coppola, **Robert De Niro**, Robert Duvall, Andy Garcia, Al Pacino, Mario Puzo, Talia Shire.
Länge: 73 Min.

CAPE FEAR (1991)
Kap der Angst
Produktion: Universal Pictures / Amblin Entertainment / Cappa Films / Tribeca. *Produzenten:* Barbara De Fina, **Robert De Niro** (uncredited). *Ausführende Produzenten:* Kathleen Kennedy, Frank Marshall.
Regie: Martin Scorsese. *Drehbuch:* James R. Webb, Wesley Strick, nach dem Roman »The Executioners« von John D. MacDonald. *Kamera:* Freddie Francis. *Musik:* Elmer Bernstein, Bernard Herrmann. *Schnitt:* Thelma Schoonmaker. *Ton:* Tod A. Maitland. *Production Design:* Henry Bumstead. *Art Director:* Jack G. Taylor Jr. *Costume Design:* Rita Ryack. *Hair Stylist Robert De Niro:* Ilona Herman. *Assistent von Robert De Niro:* Robin Chambers. *Stunt Double Robert De Niro:* Doug Coleman. *Trainer von Robert De Niro:* Dan Harvey. *Casting:* Ellen Lewis.
Darsteller/innen: **Robert De Niro** (Max Cady), Nick Nolte (Sam J. Bowden), Jessica Lange (Leigh Bowden), Juliette Lewis (Danielle Bowden), Joe Don Baker (Claude Kersek, Private Investigator), Robert Mitchum (Lieutenant Elgart), Gregory Peck (Lee Heller, Cady's Attorney), Martin Balsam (Judge), Illeana Douglas (Lori Davis), Fred Dalton Thompson (Tom Broadbent), Zully Montero (Graciella, The Bowden's Maid), Craig Henne (Prisoner), Forest Burton (Prisoner), Edgar Allan Poe (Prisoner), Rod Ball (Prisoner), W. Paul Bodie (Prisoner), Joel Kolker (Corrections Officer), Antoni Corone (Corrections Officer), Tamara Jones (Ice Cream Cashier), Roger Pretto (Racquetball Colleague), Parris Buckner (Racquetball Colleague), Margot Moreland (Secretary),

Filmografie

Will Knickerbocker (Detective), Robert L. Gerlach (Arresting Officer), Bruce E. Holdstein (Arresting Officer) u.a.
Format: 35mm (1:2,35), Farbe. *Länge:* 128 Min. *US-Kinostart:* 13.11.1991. *Dt. Erstaufführung:* 21.2.1992 (Internationale Filmfestspiele Berlin). *Dt. Kinostart:* 27.2.1992.
Anmerkung: Oscar-Nominierung für Robert De Niro in der Kategorie »Best Actor in a Leading Role«.

MISTRESS (1992)
Mistress – Die Geliebten von Hollywood
Produktion: Tribeca. *Produzenten:* **Robert De Niro**, Meir Teper. *Ausführende Produzentin:* Ruth Charny.
Regie: Barry Primus. *Drehbuch:* Barry Primus, J.F. Lawton. *Story:* Barry Primus. *Kamera:* Sven Kirsten. *Musik:* Galt MacDermot. *Schnitt:* Steven Weisberg. *Ton:* Jacob Goldstein. *Production Design:* Philip Peters. *Art Director:* Randy Eriksen. *Costume Design:* Susan Nininger. *Costume Design Robert De Niro:* Richard Bruno. *Make-up:* Jo-Anne Smith-Ojeil. *Hair Stylist:* Fríða Aradóttir. *Hair Stylist Robert De Niro:* Ilona Herman. *Assistent von Robert De Niro:* Robin Chambers. *Casting:* Gail Levin.
Darsteller/innen: Robert Wuhl (Marvin Landisman), Martin Landau (Jack Roth), Vasek C. Simek (Hans), Thomas R. Voth (Stagehand), Jace Alexander (Stuart Stratland Jr.), Mary Mercier (Shelby's Waitress), Tuesday Knight (Peggy), Eli Wallach (George Lieberhof), Danny Aiello (Carmine Rasso), Jean Smart (Patricia Riley), **Robert De Niro** (Evan Wright), Bill Rotko (Valet), Dimitri Dimitrov (Maitre d'), Sheryl Lee Ralph (Beverly), Chuck Low (Benrie), Ernest Borgnine (Himself), Laurie Metcalf (Rachel Landisman), Fríða Aradóttir (Mrs. Evan M. Wright), Christopher Walken (Warren Zell), Stefan Gierasch (Stratland Sr.), Michael Kelley (Guard at Gate), Jerome Dempsey (Mitch), Roberta Wallach (Nancy), Kathleen Johnson (Party Guest), Leata Galloway (Mitch's Singing Students) u.a.
Format: 35mm (1:1,33), Farbe. *Länge:* 110 Min. *US-Kinostart:* 6.8.1992. *Dt. Kinostart:* 21.5.1992.

NIGHT AND THE CITY (1992)
Night and the City
Produktion: 20th Century Fox / Tribeca / Penta Films. *Produzenten:* Irwin Winkler, Jane Rosenthal.
Regie: Irwin Winkler. *Drehbuch:* Richard Price, nach der gleichnamigen Erzählung von Gerald Kersh. *Kamera:* Tak Fujimoto. *Musik:* James Newton Howard. *Schnitt:* David Brenner. *Supervising Sound Editor:* Michael D. Wilhoit. *Casting:* Todd M. Thaler.
Darsteller/innen: **Robert De Niro** (Harry Fabian), Jessica Lange (Helen Nasseros), Cliff Gorman (Phil), Alan King (Boom Boom Grossman), Jack Warden (Al Grossman), Eli Wallach (Peck), Barry Primus (Tommy Tessler), Gene Kirkwood (Resnick), Ignazio Spalla (Cuda Sanchez), David W. Butler (Bonney), Gerry Murphy (Steel Jaw #1), Clem Caserta (Steel Jaw #2), Anthony Canarozzi (Emmet Gorgon), Byron Utley (Frisker), Margo Winkler (Judge), Maurice Shrog (Gym Manager), Regis Philbin (Himself), Joy Philbin (Herself), Richard Price (Doctor), Frank Jones (Dugan), Thomas Mikal Ford (Herman), Peter Bucossi (Attacker), Bert Randolph Sugar (Guy at Bar), Nathaniel E. Johnson (Kid Client), Brenda Denmark (Kid's Mom) u.a.
Länge: 104 Min. *Format:* 35mm (1:1,33), Farbe. *Uraufführung:* 11.10.1992 (New York Film Festival). *US-Kinostart:* 16.10.1992. *Dt. Kinostart:* 28.1.1993.

MAD DOG AND GLORY (1993)
Sein Name ist Mad Dog
Produktion: Universal Pictures. *Produzenten:* Martin Scorsese, Barbara De Fina. *Ausführender Produzent:* Richard Price.
Regie: John McNaughton. *Drehbuch:* Richard Price. *Kamera:* Robby Müller. *Musik:* Elmer Bernstein. *Schnitt:* Craig McKay, Elena Maganini. *Ton:* James Sabat. *Production Design:* David Chapman. *Art Director:* Mark Haack. *Costume Design:* Rita Ryack. *Make-up:* Ilona Herman, Neal Martz, Nena Smarz, Gunnar Swanson. *Casting:* Todd M. Thaler.
Darsteller/innen: **Robert De Niro** (Wayne »Mad Dog« Dobie), Uma Thurman (Glory), Bill Murray (Frank Milo), Kathy Baker (Lee), David Caruso (Mike), Mike Starr (Harold), Tom Towles (Andrew), Derek Annunciation (Shooter), Doug Hara (Driver), Evan Lionel (Dealer in Car), Anthony Cannata (Pavletz), J.J. Johnston (Shanlon), Guy Van Swearingen (Cop), Jack Wallace (Tommy), Richard Belzer (M.C. / Comic), Clem Caserta (Guy at Table), Fred Squillo (Frank's Gang), Chuck Parello (Frank's Gang), Anthony Fitzpatrick (Detective at Crime Scene), Eric Young (Detective at Crime Scene), Bruce Jarchow (Detective at Crime Scene), Bob Rice (Uniform Cop), William King (Dealer in the Park), Kevin Hurley (Dealer in the Park), Richard Price (Detective in Restaurant), John Polce (Dispatcher) u.a.
Format: 35mm (1:1,85), Farbe. *Länge:* 97 Min. *US-Kinostart:* 5.3.1993. *Dt. Kinostart:* 20.7.1993.

THIS BOY'S LIFE (1993)
This Boy's Life
Produktion: Warner Bros. *Produzent:* Art Linson. *Ausführende Produzenten:* Peter Guber, Jon Peters.
Regie: Michael Caton-Jones. *Drehbuch:* Robert Getchell, nach der gleichnamigen Autobiografie von Tobias Wolff. *Kamera:* David Watkin. *Musik:* Carter Burwell. *Schnitt:* Jim Clark. *Ton:* Rob Young. *Production Design:* Stephen J. Lineweaver. *Art Director:* Sandy Cochrane. *Costume Design:* Richard Hornung. *Make-up:* Jo-Anne Smith-

Robert De Niro — Filmografie

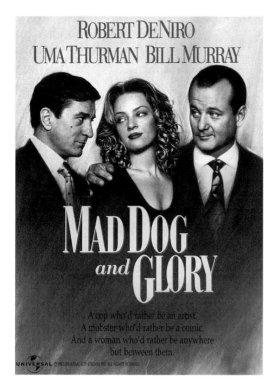

Ojeil. *Hair Stylist:* Susan Stewart. *Casting:* Rachel Abroms, Owens Hill.
Darsteller/innen: **Robert De Niro** (Dwight Hansen), Ellen Barkin (Caroline Wolff), Leonardo DiCaprio (Tobias »Jack« Wolff / Narrator), Jonah Blechman (Arthur Gayle), Eliza Dushku (Pearl Hansen), Chris Cooper (Roy), Carla Gugino (Norma Hansen), Zack Ansley (Skipper Hansen), Tracey Ellis (Kathy), Kathy Kinney (Marian), Bobby Zameroski (Arch Cook), Tobey Maguire (Chuck Bolger), Tristan Tait (Jerry Huff), Travis MacDonald (Psycho), Richard Liss (A&P Manager), Michael Bacall (Terry Taylor), Adam Sneller (Terry Silver), Gerrit Graham (Mr. Howard), Thomas Kopache (Geiger Counter Vendor), Lee Wilkof (Principal Shippy), Sean Murray (Jimmy Voorhees), Jason Horst (Oscar Booker), Deanna Milligan (Silver Sister #1), Morgan Brayton (Silver Sister #2), Robert Munns (Ticket Seller), Bill Dow (Vice Principal), Shawn MacDonald (A&P Employee), Frank C. Turner (Truck Driver), John R. Taylor (Minister) u.a.
Format: 35mm (1:2,35), Farbe. *Länge:* 115 Min. *US-Kinostart:* 9.4.1993. *Dt. Kinostart:* 11.11.1993.

A BRONX TALE (1993)
In den Straßen der Bronx
Produktion: Bronx Tale Inc. / Tribeca / Gatien / Price Entertainment / Savoy Pictures / Penta Entertainment Limited. *Produzenten:* **Robert De Niro**, Jane Rosenthal, Jon Kilik. *Ausführender Produzent:* Peter Gatien.
Regie: **Robert De Niro**. *Drehbuch:* Chazz Palminteri, nach seinem Bühnenstück. *Kamera:* Reynaldo Villalobos. *Musik:* Butch Barbella. *Schnitt:* Robert Q. Lovett, David Ray. *Ton:* Tod Maitland. *Production Design:* Wynn Thomas. *Art Director:* Chris Shriver. *Make-up:* Ilona Herman. *Hair Stylist:* Ilona Herman. *Casting:* Ellen Chenoweth.
Darsteller/innen: **Robert De Niro** (Lorenzo Anello), Chazz Palminteri (Sonny), Lillo Brancato (Calogero »C« Anello [Age 17]), Francis Capra (Calogero »C« Anello [Age 9]), Taral Hicks (Jane), Kathrine Narducci (Rosina Anello), Clem Caserta (Jimmy Whispers), Alfred Sauchelli Jr. (Bobby Bars), Frank Pietrangolare (Danny K.O.), Joe Pesci (Carmine), Robert D'Andrea (Tony Toupee), Eddie Montanaro (Eddie Mush), Fred Fischer (JoJo the Whale), Dave Salerno (Frankie Coffeecake), Joe D'Onofrio (Slick [Age 17]), Luigi D'Angelo (Aldo [Age 17]), Louis Vanaria (Crazy Mario [Age 17]), Dominick Rocchio (Ralphie [Age 17]), Patrick Borriello (Slick [Age 9]), Paul Perri (Crazy Mario [Age 9]), Thomas Mikal Ford (Phil the Peddler), Rocco Parente (Driver [Hey Marie!]) u.a.
Format: 35mm (1:1,85), Farbe. *Länge:* 121 Min. *Uraufführung:* September 1993 (Internationale Filmfestspiele Venedig). *US-Kinostart:* Oktober 1993. *Dt. Kinostart:* 28.7.1994.

MARY SHELLEY'S FRANKENSTEIN (1994)
Mary Shelley's Frankenstein
Produktion: TriStar Pictures / American Zoetrope / Indieprod Films / Japan Satellite Broadcasting. *Produzenten:* Francis Ford Coppola, James V. Hart, John Veitch. *Ausführender Produzent:* Fred Fuchs.
Regie: Kenneth Branagh. *Drehbuch:* Steph Lady, Frank Darabont, nach dem Roman von Mary W. Shelley. *Kamera:* Roger Pratt. *Musik:* Patrick Doyle. *Schnitt:* Andrew Marcus. *Ton:* Ivan Sharrock. *Production Design:* Tim Harvey. *Art Directors:* Martin Childs, Desmond Crowe, John Fenner. *Costume Design:* James Acheson. *Make-up:* Mark Coulier, Paul Engelen. *Creature Make-up:* Daniel Parker. *Assistent von Robert De Niro:* Jonathan Glendening. *Stunt Double Robert De Niro:* Steve Morphew. *Casting:* Priscilla John.
Darsteller/innen: **Robert De Niro** (The Creature), Kenneth Branagh (Victor Frankenstein), Tom Hulce (Henry Cerval), Helena Bonham Carter (Elizabeth), Aidan Quinn (Ship Captain Walton), Ian Holm (Baron Frankenstein), Richard Briers (Grandfather), John Cleese (Dr. Waldeman), Robert Hardy (Professor Krempe), Cherie Lunghi (Victor's Mother), Celia Imrie (Mrs. Moritz),

Filmografie

Trevyn McDowell (Justine), Gerard Horan (Claude), Mark Hadfield (Felix), Joanna Roth (Marie), Sasha Hanau (Maggie), Joseph England (Thomas), Alfred Bell (Landlord), Richard Clifford (Minister), George Asprey (Policeman), Hugh Bonneville (Schiller), Ryan Smith (William), Charles Wyn-Davies (Young William), Rory Jennings (Young Victor), Christina Cuttall (Young Justine), Hannah Taylor-Gordon (Young Elizabeth) u.a.
Format: 35mm (1:1,85), Farbe. *Länge:* 123 Min. *US-Kinostart:* 4.11.1994. *Dt. Kinostart:* 5.1.1995.

LES CENT ET UNE NUITS (1994/95)
101 Nacht – Die Träume des Monsieur Cinéma.
Produktion: Ciné-Tamaris / Recorded Pictures. *Produzent:* Dominique Vignet.
Regie: Agnès Varda. *Drehbuch:* Agnès Varda. *Kamera:* Eric Gautier. *Musik:* Gérard Presgurvic. *Schnitt:* Hugues Darmois. *Ton:* Henri Morelle, Jean-Pierre Duret. *Costume Design:* Leila Adjir, Françoise Disle, Rosalie Varda.
Darsteller/innen: Michel Piccoli (Simon Cinema), Marcello Mastroianni (The Italian Friend), Henri Garcin (Firmin, the Butler), Julie Gayet (Camille Miralis), Mathieu Demy (Mica), Emmanuel Salinger (Vincent), Anouk Aimée, Fanny Ardant, Jean-Paul Belmondo, Romane Bohringer, Sandrine Bonnaire, Jean-Claude Brialy, Patrick Bruel, Alain Delon, Catherine Deneuve, **Robert De Niro**, Gérard Depardieu, Harrison Ford, Gina Lollobrigida, Jeanne Moreau, Hanna Schygulla (Actors for a Day), Sabine Azéma, Jane Birkin, Stephen Dorff, Andrea Ferréol, Assumpta Serna, Daniel Toscan du Plantier (Furtive and Friendly Appearances) u.a.
Format: Farbe. *Länge:* 101 Min. *Kinostart Frankreich:* 25.1.1995. *Deutsche Erstaufführung:* 12.2.1995 (Internationale Filmfestspiele Berlin). *Deutscher Kinostart:* 14.9.1995.

CASINO (1995)
Casino
Produktion: Universal Pictures / Syalis D.A. & Legende Enterprises / De Fina-Cappa. *Produzentin:* Barbara De Fina.
Regie: Martin Scorsese. *Drehbuch:* Nicholas Pileggi, Martin Scorsese, nach dem Buch »Casino: Love and Honor in Las Vegas« von Nicholas Pileggi. *Kamera:* Robert Richardson. *Schnitt:* Thelma Schoonmaker. *Ton:* Charles M. Wilborn. *Production Design:* Dante Ferretti. *Art Director:* Jack G. Taylor Jr. *Costume Design:* John Dunn, Rita Ryack. *Make-up:* Jo-Anne Smith-Ojeil. *Hair Stylist:* Peter Tothpal. *Hair Stylist Robert De Niro:* Ilona Herman. *Trainer von Robert De Niro:* Dan Harvey. *Casting:* Sally Lear, Ellen Lewis.
Darsteller/innen: **Robert De Niro** (Sam »Ace« Rothstein), Sharon Stone (Ginger McKenna-Rothstein), Joe Pesci (Nicholas »Nicky« Santoro Sr.), James Woods (Lester Diamond), Don Rickles (Billy Sherbert), Alan King (Andy Stone), Kevin Pollak (Phillip Green), L.Q. Jones (Commisioner Pat Webb), Dick Smothers (Senator), Frank Vincent (Frank Marino), John Bloom (Don Ward), Pasquale Cajano (Boss Remo Gaggi), Melissa Prophet (Jennifer Santoro), Bill Allison (John Nance), Vinny Vella (Artie Piscano), Oscar Goodman (Sam Rothstein's Attorney), Catherine Scorsese (Mrs. Piscano), Philip Suriano (Dominick Santoro), Erika von Tagen (Older Amy), Frankie Avalon (Himself), Steve Allen (Himself), Jayne Meadows (Herself), Jerry Vale (Himself), Joseph Rigano (Vincent Borelli), Gene Ruffini (Vinny Forlano) u.a.
Format: 35mm (1:2,35), Farbe. *Länge:* 177 Min. *US-Kinostart:* 22.11.1995. *Dt. Kinostart:* 14.3.1996.

HEAT (1995)
Heat
Produktion: Warner Bros. / Forward Pass / Regency Enterprises. *Produzenten:* Michael Mann, Art Linson. *Ausführende Produzenten:* Arnon Milchan, Pieter Jan Brugge.
Regie: Michael Mann. *Drehbuch:* Michael Mann. *Kamera:* Dante Spinotti. *Musik:* Elliot Goldenthal. *Schnitt:* Pasquale Buba, William Goldberg, Dov Hoening, Tom

Rolf. *Ton:* Lee Orloff. *Production Design:* Neil Spisak. *Art Director:* Margie Stone McShirley. *Costume Design:* Deborah Lynn Scott. *Costume Design Robert De Niro:* Marsha Bozeman. *Make-up:* John Caglione Jr. *Hair Stylist:* Vera Mitchell. *Hair Stylist Robert De Niro:* Ilona Herman. *Stunt Double Robert De Niro:* Doug Coleman. *Casting:* Bonnie Timmermann.
Darsteller/innen: Al Pacino (Vincent Hanna), **Robert De Niro** (Neil McCauley), Val Kilmer (Chris Shiherlis), Jon Voight (Nate), Tom Sizemore (Michael Cheritto), Diane Venora (Justine Hanna), Amy Brenneman (Eady), Ashley Judd (Charlene Shiherlis), Mykelti Williamson (Sergeant Drucker), Wes Studi (Detective Casals), Ted Levine (Bosko), Dennis Haysbert (Breedan), William Fichtner (Roger Van Zant), Natalie Portman (Lauren), Tom Noonan (Kelso), Kevin Gage (Waingro), Hank Azaria (Alan Marciano), Susan Traylor (Elaine Cheritto), Kim Staunton (Lillian), Danny Trejo (Trejo), Henry Rollins (Hugh Benny), Jerry Trimble (Schwartz), Martin Ferrero (Construction Clerk), Ricky Harris (Albert Torena), Tone Loc (Richard Torena) u.a.
Format: 35mm (1:2,35), Farbe. *Länge:* 172 Min. US-Kinostart: 15.12.1995. Dt. Kinostart: 29.2.1996.

THE FAN (1996)
The Fan
Produktion: TriStar Pictures / Mandalay Entertainment / Wendy Finerman and Scott Free Productions. *Produzent:* Wendy Finerman. *Ausführende Produzenten:* Barrie M. Osborne, James W. Skotchdopole, Bill Unger. *Regie:* Tony Scott. *Drehbuch:* Phoef Sutton, nach dem gleichnamigen Roman von Peter Abrahams. *Kamera:* Dariusz Wolski. *Musik:* Hans Zimmer, Jeff Rona. *Schnitt:* Claire Simpson, Christian Wagner. *Ton:* William B. Kaplan. *Production Design:* Ida Random. *Art Directors:* Mayne Berke, Adam Lustig. *Costume Design:* Daniel Orlandi, Rita Ryack. *Make-up:* Richard Snell. *Hair Stylist:* Ron Scott. *Assistent von Robert De Niro:* Adam Leichtman. *Casting:* Ellen Lewis.
Darsteller/innen: **Robert De Niro** (Gil Renard), Wesley Snipes (Bobby Rayburn), Ellen Barkin (Jewel Stern), John Leguizamo (Manny), Benicio Del Toro (Juan Primo), Patti D'Arbanville-Quinn (Ellen Renard), Chris Mulkey (Tim), Andrew J. Ferchland (Richie Renard), Brandon Hammond (Sean Rayburn), Charles Hallahan (Coop), Dan Butler (Garrity), Kurt Fuller (Bernie), Michael Jace (Scalper), Frank Medrano (Bartender [Leon]), Don S. Davis (Stook), John Kruk (Lanz), Stoney Jackson (Zamora), Brad Henke (Tjader), Drew Snyder (Burrows), Edith Diaz (Elvira), Walter Addison (Detective Lewis), Wayne Duvall (Detective Baker), Joe Pichler (Sick Sean), James G. MacDonald (Sick Sean's Dad) u.a.
Format: 35mm (1:2,35), Farbe. *Länge:* 120 Min. US-Kinostart: 12.8.1996. Dt. Kinostart: 3.10.1996.

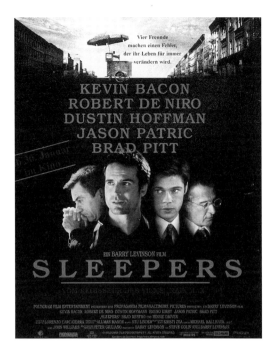

SLEEPERS (1996)
Sleepers
Produktion: Warner Bros. / Baltimore Pictures / PolyGram Filmed Entertainment / Propaganda Films. *Produzenten:* Steve Golin, Barry Levinson. *Ausführender Produzent:* Peter Giuliano.
Regie: Barry Levinson. *Drehbuch:* Barry Levinson, nach dem gleichnamigen Roman von Lorenzo Carcaterra. *Kamera:* Michael Ballhaus. *Musik:* John Williams. *Schnitt:* Stu Linder. *Ton:* Todd A. Maitland. *Production Design:* Kristi Zea. *Art Director:* Timothy Galvin. *Make-up:* Christine A. Leiter. *Hair Stylist:* Scott W. Farley. *Hair Stylist Robert De Niro:* Ilona Herman. *Assistent von Robert De Niro:* Robin Chambers. *Casting:* Louis DiGiaimo.
Darsteller/innen: Kevin Bacon (Sean Nokes), Billy Crudup (Tommy Marcano), **Robert De Niro** (Father Bobby), Ron Eldard (John Reilly), Minnie Driver (Carol Martinez), Vittorio Gassman (King Benny), Dustin Hoffman (Danny Snyder), Terry Kinney (Ralph Ferguson), Bruno Kirby (Shakes' Father), Frank Medrano (Fat Mancho), Jason Patric (Lorenzo, a.k.a. Shakes), Joseph Perrino (Young Shakes), Brad Pitt (Michael Sullivan), Brad Renfro (Young Michael Sullivan), Geoffrey Wigdor (Young John), Jonathan Tucker (Young Tommy), Peter Appel (Boyfriend), Joe Attanasio (Male Juror), Gerry Becker (Forensics Expert), Casandra Brooks (Young John's Mo-

Filmografie

ther), William Butler (Juanito), Eugene Byrd (Rizzo), Rose Caiola (Juror), Pasquale Cajano (Superintendent) u.a.
Format: 35mm (1:2,35), Farbe. *Länge:* 147 Min. *Uraufführung:* September 1996 (Internationale Filmfestspiele Venedig). *US-Kinostart:* 18.10.1996. *Dt. Kinostart:* 30.1.1997.

MARVIN'S ROOM (1996)
Marvins Töchter
Produktion: Tribeca / Miramax. *Produzenten:* **Robert De Niro**, Jane Rosenthal, Scott Rudin. *Ausführende Produzenten:* Tod Scott Brody, Lori Steinberg.
Regie: Jerry Zaks. *Drehbuch:* Scott McPherson, nach seinem gleichnamigen Theaterstück. *Kamera:* Piotr Sobocinski. *Musik:* Rachel Portman, Carly Simon. *Schnitt:* Jim Clark. *Ton:* Danny Michael. *Production Design:* David Gropman. *Art Director:* Peter Rogness. *Costume Design:* Julie Weiss. *Casting:* Ilene Starger.
Darsteller/innen: Meryl Streep (Lee), Leonardo DiCaprio (Hank), Diane Keaton (Bessie), **Robert De Niro** (Dr. Wally), Hume Cronyn (Marvin), Gwen Verdon (Ruth), Hal Scardino (Charlie), Dan Hedaya (Bob), Margo Martindale (Dr. Charlotte), Cynthia Nixon (Retirement Home Director), Kelly Ripa (Coral), John Callahan (Lance), Olga Merediz (Beauty Shop Lady), Joe Lisi (Bruno), Steve DuMouchel (Gas Station Guy), Bitty Schram (Janine), Lizbeth MacKay (Novice), Helen Stenborg (Nun on Phone), Sally Parrish (Nun #3) u.a.
Format: 35mm (1:1,85), Farbe. *Länge:* 98 Min. *US-Kinostart:* 18.12.1996. *Dt. Erstaufführung:* 20.2.1997 (Internationale Filmfestspiele Berlin). *Dt. Kinostart:* 5.6.1997.

A SALUTE TO MARTIN SCORSESE (1997)
(TV / 25th American Film Institute Life Achievement Award)
Produktion: American Film Institute / New Liberty. *Produzent:* Michael Stevens. *Ausführender Produzent:* George Stevens Jr.
Regie: Louis J. Horvitz. *Buch:* Chris Henchy, Robert Shrum, George Stevens Jr. *Schnitt:* Michael Polito. *Musik:* Dennis McCarthy. *Ton:* Ed Greene, Doug Nelson. *Production Design:* Rene Lagler.
Mitwirkende: Martin Scorsese, Sharon Stone, Joe Pesci, Kris Kristofferson, Winona Ryder, James Woods, Kevin Pollak, Jodie Foster, **Robert De Niro**, Don Rickles, Gregory Peck, Paul Sorvino, Billy Bob Thornton, Clint Eastwood.
US-Erstausstrahlung: 28.5.1997.

COP LAND (1997)
Cop Land
Produktion: Miramax / Woods Entertainment. *Produzenten:* Cathy Konrad, Ezra Swerdlow, Cary Woods. *Ausführende Produzenten:* Meryl Poster, Bob Weinstein, Harvey Weinstein.
Regie: James Mangold. *Drehbuch:* James Mangold. *Kamera:* Eric Alan Edwards. *Musik:* Howard Shore. *Schnitt:* Craig McKay. *Ton:* Harry Peck Bolles, Allan Byer. *Production Design:* Lester Cohen. *Art Director:* Wing Lee. *Costume Design:* Ellen Lutter. *Make-up:* Steven Lawrence, Lori Hicks. *Hair Stylist:* Francesca Paris. *Casting:* Gayle Keller, Todd M. Thaler.
Darsteller/innen: Sylvester Stallone (Sheriff Freddy Heflin), Harvey Keitel (Ray Donlan), Ray Liotta (Gary »Figgsy« Figgis), **Robert De Niro** (Lt. Moe Tilden, Internal Affairs), Peter Berg (Joey Randone), Janeane Garofalo (Deputy Cindy Bretts), Robert Patrick (Jack Duffy), Michael Rapaport (Murray »Superboy« Babitch), Annabella Sciorra (Liz Randone), Noah Emmerich (Deputy Bill Geisler), Cathy Moriarty (Rose Donlan), John Spencer (Leo Crasky), Frank Vincent (PDA President Vincent Lassaro), Malik Yoba (Detective Carson, Internal Affairs), Arthur J. Nascarella (Frank LaGunda), Edie Falco (Berta), Victor L. Williams (Russell), Paul Calderon (Hector [Medic]), John Doman (Lassaro's Aide), Debbie Harry (Delores), Vincent Laresca (Medic #2), Oliver Solomon (Black Man), Terri Towns (Black Woman) u.a.
Format: 35mm (1:1,85), Farbe. *Länge:* 104 Min. *US-Kinostart:* 15.8.1997. *Dt. Kinostart:* 29.1.1998.

WAG THE DOG (1997)
Wag the Dog – Wenn der Schwanz mit dem Hund wedelt
Produktion: Baltimore Pictures / New Line Cinema / Punch / Tribeca. *Produzenten:* **Robert De Niro**, Barry Levinson, Jane Rosenthal. *Ausführende Produzenten:* Michael De Luca, Claire Rudnick Polstein, Ezra Swerdlow.
Regie: Barry Levinson. *Drehbuch:* Hilary Henkin, David Mamet, nach dem Roman »American Hero« von Larry Beinhart. *Kamera:* Robert Richardson. *Musik:* Mark Knopfler. *Schnitt:* Stu Linder. *Ton:* Steve Cantamessa. *Production Design:* Wynn Thomas. *Art Director:* Mark Worthington. *Make-up:* Peter Montagna. *Hair Stylist:* Hazel Catmull. *Hair Stylist Robert De Niro:* Ilona Herman. *Stunt Double Robert De Niro:* John Polce. *Assistenten von Robert De Niro:* Robin Chambers, Adam Leichtman. *Casting:* Ellen Chenoweth, Debra Zane.
Darsteller/innen: Dustin Hoffman (Stanley Motss), **Robert De Niro** (Conrad Brean), Anne Heche (Winifred Ames), Denis Leary (Fad King), Willie Nelson (Johnny Dean), Andrea Martin (Liz Butsky), Kirsten Dunst (Tracy Lime), William H. Macy (CIA Agent Mr. Young), John Michael Higgins (John Levy), Suzie Plakson (Grace),

Woody Harrelson (Sgt. William Schumann), Michael Belson (President), Suzanne Cryer (Amy Cain), Jason Cottle (A.D.), David Koechner (Director), Harland Williams (Pet Wrangler), Sean Masterson (Bob Richardson), Bernard Hocke (Technician), Jenna Byrne (Sharon), Maurice Woods (Kid With Shoes), Roebuck »Pops« Staples (Himself), Phil Morris (Co-Pilot), Chris Ellis (Officer), Ed Morgan (Store Owner), J. Patrick McCormack (Pilot) u.a.
Format: 35mm (1:1,85), Farbe. *Länge:* 97 Min. *US-Kinostart:* 25.12.1997. *Dt. Erstaufführung:* 20.2.1998 (Internationale Filmfestspiele Berlin). *Dt. Kinostart:* 26.3.1998.

JACKIE BROWN (1997)
Jackie Brown
Produktion: A Band Apart / Mighty Mighty Afrodite / Miramax. *Produzent:* Lawrence Bender. *Ausführende Produzenten:* Richard N. Gladstein, Elmore Leonard, Bob Weinstein, Harvey Weinstein.
Regie: Quentin Tarantino. *Drehbuch:* Quentin Tarantino, nach dem Roman »Rum Punch« von Elmore Leonard. *Kamera:* Guillermo Navarro. *Schnitt:* Sally Menke. *Ton:* Mark Ulano. *Production Design:* David Wasco. *Art Director:* Daniel Bradford. *Make-up:* Ermahn Ospina. *Hair Stylist:* Robert L. Stevenson. *Hair Stylist Robert De Niro:* Ilona Herman. *Stunt Double Robert De Niro:* John Polce. *Assistenten von Robert De Niro:* Robin Chambers, Adam Leichtman. *Casting:* Robyn M. Mitchell.
Darsteller/innen: Pam Grier (Jackie Brown), Samuel L. Jackson (Ordell Robbie), Robert Forster (Max Cherry), Bridget Fonda (Melanie), Michael Keaton (Ray Nicolette), **Robert De Niro** (Louis Gara), Michael Bowen (Mark Dargus), Chris Tucker (Beaumont Livingston), Lisa Gay Hamilton (Sheronda), Tommy »Tiny« Lister Jr. (Winston), Hattie Winston (Simone), Denise Crosby (Public Defender), Sid Haig (Judge), Aimee Graham (Amy, Billingsley Sales Girl), Ellis E. Williams (Cockatoo Bartender), Tangie Ambrose (Billingsley Sales Girl #2), T'Keyah »Crystal« Keymáh (Raynelle, Ordell's Junkie Friend), Venessia Valentino (Cabo Flight Attendant), Diana Uribe (Anita Lopez), Renee Kelly (Cocktail Waitress), Elizabeth McInerney (Bartender at Sam's), Colleen Mayne (Girl at Security Gate), Laura Lovelace (Steakhouse Waitress) u.a.
Format: 35mm (1:1,85), Farbe. *Länge:* 151 Min. *US-Kinostart:* 25.12.1997. *Dt. Erstaufführung:* 17.2.1998 (Internationale Filmfestspiele Berlin). *Dt. Kinostart:* 16.4.1998.

GREAT EXPECTATIONS (1997/98)
Große Erwartungen
Produktion: 20th Century Fox. *Produzent:* Art Linson. *Ausführende Produzentin:* Deborah Lee.
Regie: Alfonso Cuarón. *Drehbuch:* Mitch Glazer, nach dem gleichnamigen Roman von Charles Dickens. *Kamera:* Emmanuel Lubezki. *Musik:* Patrick Doyle. *Schnitt:* Steven Weisberg. *Ton:* Tom Nelson. *Production Design:* Tony Burrough. *Art Director:* John Kasarda. *Costume Design:* Judianna Makovsky. *Make-up:* Cecilia Verardi. *Hair Stylist:* Angel De Angelis. *Hair Stylist Robert De Niro:* Ilona Herman. *Assistent von Robert De Niro:* Robin Chambers. *Casting:* Jill Greenberg.
Darsteller/innen: Ethan Hawke (Finnegan »Finn« Bell), Gwyneth Paltrow (Estella), Hank Azaria (Walter Plane), Chris Cooper (»Uncle« Joe), Anne Bancroft (Ms. Nora Dinsmoor), **Robert De Niro** (Prisoner Arthur Lustig), Josh Mostel (Jerry Ragno), Kim Dickens (Maggie Bell), Nell Campbell (Erica Thrall), Gabriel Mick (Owen), Jeremy James Kissner (Finnegan Bell at Age 10), Raquel Beaudene (Estella at Age 10), Stephen Spinella (Carter Macleish), Marla Sucharetza (Ruth Shepard), Isabelle Anderson (Lois Pope), Peter Jacobson (Man on Phone), Drena De Niro (Marcy), Lance Reddick (Anton Le Farge), Craig Braun (Mr. Barrow), Kim Snyder (Mrs. Barrow), Nicholas Wolfert (Security Guard), Gerry Bamman (Ted Rabinowitz), Dorin Seymour (Senator Elwood), Clem Caserta (Hitman #1), Frank Pietrangolare (Hitman

Filmografie

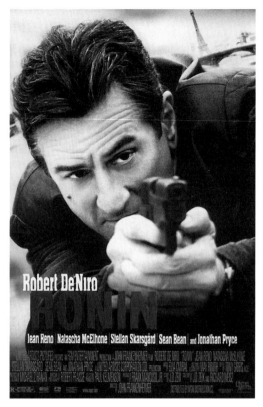

gård (Gregor), Sean Bean (Spence), Skipp Sudduth (Larry), Michael Lonsdale (Jean-Pierre), Jan Triska (Dapper Gent), Jonathan Pryce (Seamus), Ron Perkins (The Man with the Newspaper), Féodor Atkine (Mikhi), Katarina Witt (Natacha Kirilova), Bernard Bloch (Sergi), Dominic Gugliametti (Clown Iceskater), Alan Beckworth (Clown Iceskater), Daniel Breton (Sergi's Accomplice), Amidou Ben Messaoud (Man at Exchange), Tolsty (The »Boss«), Gérard Moulévrier (Tour Guide), Lionel Vitrant (The »Target«), Vincent Schmitt (Artes Messenger), Léopoldine Serre (Artes Little Girl), Lou Maraval (Artes Little Girl) u.a.
Format: 35mm (1:2,35), Farbe. *Länge:* 121 Min. *US-Kinostart:* 25.9.1998. *Dt. Kinostart:* 3.12.1998.

LENNY BRUCE: SWEAR TO TELL THE TRUTH (1998) (TV)
Produktion: HBO Documentary / Whyaduck Productions. *Produzent:* Robert B. Weide. *Ausführende Produzentin:* Sheila Nevins.
Regie: Robert B. Weide. *Drehbuch:* Robert B. Weide. *Schnitt:* Geof Bartz, Robert B. Weide.
Mitwirkende: **Robert De Niro** (Narrator [voice]), Steve Allen, Honey Bruce Friedmann, Kitty Bruce, Lenny Bruce (archive footage), JoJo D'Amore, John Dolan, Martin Garbus, Jackie Gayle, Nat Hentoff, Paul Krassner, Richard Kuh, Sally Marr, Frankie Ray, Maynard Sloate, Jack Sobel, Howard Solomon, Lotus Weinstock.
Länge: 94 Min.
US-Erstausstrahlung: 21.10.1998.

NEW YORK CITY ... COME VISIT THE WORLD (1998)
Produktion: New York Convention / Visitors Bureau. *Produzent:* Rick Wilson.
Regie: Adam Goodman. *Drehbuch:* Adam Goodman. *Kamera:* Jon Nixon.
Mitwirkende: **Robert De Niro**, James Earl Jones, Katie Couric, Donald Trump, Rudolph W. Giuliani.
Länge: 14 Min.
Anmerkung: Dokumentar-Kurzfilm.

ANALYZE THIS (1999)
Reine Nervensache
Produktion: Warner Bros. / Village Roadshow / NPV Entertainment / Baltimore Pictures / Spring Creek / Face / Tribeca. *Produzentinnen:* Paula Weinstein, Jane Rosenthal. *Ausführende Produzenten:* Billy Crystal, Chris Brigham, Bruce Berman.
Regie: Harold Ramis. *Drehbuch:* Peter Tolan, Kenneth Lonergan, Harold Ramis. *Story:* Kenneth Lonergan, Peter Tolan. *Kamera:* Stuart Dryburgh. *Musik:* Howard Shore. *Schnitt:* Christopher Tellefsen. *Ton:* Les Lazarowitz. *Production Design:* Wynn Thomas. *Art Director:* Jefferson

#2), Dennis Paladino (Hitman #3), Clem Caserta Jr. (Hitman #4) u.a.
Format: 35mm (1:2,35), Farbe. *Länge:* 111 Min. *US-Kinostart:* 30.1.1998. *Dt. Erstaufführung:* 21.2.1998 (Internationale Filmfestspiele Berlin). *Dt. Kinostart:* 5.3.1998.

RONIN (1998)
Ronin
Produktion: MGM. *Produzent:* Frank Mancuso Jr. *Ausführender Produzent:* Paul Kelmenson.
Regie: John Frankenheimer. *Drehbuch:* J.D. Zeik, David Mamet. *Story:* J.D. Zeik. *Kamera:* Robert Fraisse. *Musik:* Elia Cmiral. *Schnitt:* Antony Gibbs. *Supervising Sound Editor:* Mike Le Mare. *Production Design:* Michael Z. Hanan. *Art Director:* Gérard Viard. *Costume Design Robert De Niro:* Karen Muller Serreau. *Make-up:* Paul Le Marinel. *Hair Stylists:* Jean-Charles Bachelier, Fabienne Bressan. *Hair Stylist Robert De Niro:* Ilona Herman. *Stunt Double Robert De Niro:* Léonard Trombetta. *Casting:* Margot Capelier, Amanda Mackey Johnson, Cathy Sandrich.
Darsteller/innen: **Robert De Niro** (Sam), Jean Reno (Vincent), Natascha McElhone (Dierdre), Stellan Skars-

Sage. *Make-up:* Michael Laudati. *Hair Stylist:* Scott W. Farley. *Hair Stylist Robert De Niro:* Ilona Herman. *Assistentinnen von Robert De Niro:* Brenda Ventura, Jay Cannistraci. *Casting:* Ellen Chenoweth, Laura Rosenthal.
Darteller/innen: **Robert De Niro** (Boss Paul Vitti), Billy Crystal (Ben Sobel, M.D.), Lisa Kudrow (Laura MacNamara), Joe Viterelli (Jelly), Chazz Palminteri (Boss Primo Sidone), Kresimir Novakovic ('50s Gangster), Bart Tangredi (Young Paul Vitti), Michael Straka (Young Manetta), Joe Rigano (Manetta), Richard Castellano (Jimmy Boots), Molly Shannon (Caroline), Max Casella (Nicky Shivers), Frank Pietrangolare (Tuna), Kyle Sabihy (Michael Sobel), Bill Macy (Isaac Sobel, M.D.), Rebecca Schull (Dorothy Sobel), Pat Cooper (Salvatore Masiello), Leo Rossi (Carlo Mangano), Aasif Mandvi (E.R. Doctor), Neil Pepe (Carl), Tony Darrow (Moony), R.M. Haley (Producer), Ian Marioles (Soundman), Donnamarie Recco (Sheila), Vince Cecere (Tino) u.a.
Format: 35mm (1:1,85), Farbe. *Länge:* 103 Min. *US-Kinostart:* 5.3.1999. *Dt. Kinostart:* 20.5.1999.

FLAWLESS (1999)
Makellos
Produktion: MGM / Tribeca. *Produzenten:* Jane Rosenthal, Joel Schumacher, **Robert De Niro** (uncredited). *Ausführender Produzent:* Neil A. Machlis.
Regie: Joel Schumacher. *Drehbuch:* Joel Schumacher. *Kamera:* Declan Quinn. *Musik:* Bruce Roberts. *Schnitt:* Mark Stevens. *Ton:* Gary Alper. *Production Design:* Jan Roelfs. *Art Director:* Sarah Knowles. *Costume Design Robert De Niro:* Marcie Olivi. *Make-up:* Margot Boccia. *Hair Stylist:* Aaron F. Quarles. *Assistent von Robert De Niro:* Adam Leichtman. *Casting:* Mali Finn.
Darsteller/innen: **Robert De Niro** (Walt Koontz), Philip Seymour Hoffman (Rusty Zimmerman), Barry Miller (Leonard Wilcox), Chris Bauer (Jacko), Skipp Sudduth (Tommy), Wilson Jermaine Heredia (Cha-Cha), Nashom Benjamin (Amazing Grace), Scott Allen Cooper (Ivana), Rory Cochrane (Pogo), Daphne Rubin-Vega (Tia), Vincent Laresca (Raymond Camacho), Karina Arroyave (Amber), John Enos (Sonny), Jude Ciccolella (Detective Noonan), Mina Bern (Mrs. Spivak), Wanda De Jesus (Karen), Madhur Jaffrey (Dr. Nirmala), Mark Margolis (Vinnie), Shiek Mahmud-Bey (Vance), Luis Saguar (Mr. Z), Kyle Rivers (LeShaun), Sammy Rhee (Mr. Pim), Hyunsoo Lee (Mrs. Pim), Richie LaMontagne (Carmine), Penny Balfour (Cristal) u.a.
Format: 35mm (1:1,85), Farbe. *Länge:* 112 Min. *US-Kinostart:* 24.11.1999. *Dt. Kinostart:* 6.7.2000.

THE ADVENTURES OF ROCKY AND BULLWINKLE (2000)
Die Abenteuer von Rocky und Bullwinkle
Produktion: Universal Pictures / Capella International / KC Medien / Tribeca. *Produzenten:* **Robert De Niro**, Jane Rosenthal. *Ausführende Produzenten:* David Nicksay, Tiffany Ward.
Regie: Des McAnuff. *Drehbuch:* Kenneth Lonergan, Jay Ward. *Kamera:* Thomas E. Ackerman. *Musik:* Lavant Coppock, Lisa McClowry, Mark Mothersbaugh. *Schnitt:* Dennis Virkler. *Ton:* Willie D. Burton. *Production Design:* Gavin Bocquet. *Art Director:* Bill Rea. *Costume Design:* Marlene Stewart. *Costume Design Robert De Niro:* Marcie Olivi. *Make-up:* John M. Elliott Jr. *Hair Stylist:* Kim Santantonio. *Assistent von Robert De Niro:* Adam Leichtman. *Casting:* Karen Margiotta, Mary Margiotta.
Darsteller/innen und Sprecher/innen: Rene Russo (Natasha Fatale), Jason Alexander (Boris Badenov), Piper Perabo (Karen Sympathy), Randy Quaid (Cappy Von Trapment), **Robert De Niro** (Fearless Leader), June Foray (Rocket J. »Rocky« Squirrel / Cartoon Natasha Fatale / Narrator's Mother [voice]), Keith Scott (Bullwinkle J. Moose / Narrator / Fearless Leader / Cartoon

Filmografie

Boris Badenov [voice]), Janeane Garofalo (Minnie Mogul), Carl Reiner (P.G. Biggershot), Jonathan Winters (Whoppa Chopper Pilot / Ohio Cop with Bullhorn / Jeb), John Goodman (Oklahoma Cop), Kenan Thompson (Lewis), Kel Mitchell (Martain), James Rebhorn (President Signoff), David Alan Grier (Measures), Norman Lloyd (Wossamotta U. President), Jon Polito (Schoentell), Rod Biermann (Ole), Don Novello (Fruit Vendor Twins), John Brandon (General Administration), Harrison Young (General Foods), Nigel Gibbs (General Store), Ed Gale (The Mole), Philip Proctor (RBTV Floor Director), Dian Bachar (RBTV Studio Technician), Drena De Niro (RBTV Lackey), Mark Holton (F.B.I. Agent [Potato]), Doug Jones (F.B.I. Agent [Carrot]) u.a.
Format: 35mm (1:1,85), Farbe. *Länge:* 88 Min. *US-Premiere:* 24.6.2000. *US-Kinostart:* 30.6.2000. *Dt. Kinostart:* 10.12.2000.

MEET THE PARENTS (2000)
Meine Braut, ihr Vater und ich

Produktion: Universal Pictures / DreamWorks SKG / Tribeca / Nancy Tenenbaum Productions. *Produzenten:* **Robert De Niro**, Jay Roach, Jane Rosenthal, Nancy Tenenbaum.
Regie: Jay Roach. *Drehbuch:* Greg Glienna, Mary Ruth Clarke, James Herzfeld, John Hamburg. *Story:* Greg Glienna, Mary Ruth Clarke. *Kamera:* Peter James. *Musik:* Randy Newman. *Schnitt:* Jon Poll. *Ton:* Andy Malcolm. *Production Design:* Rusty Smith. *Art Director:* John Kasarda. *Costume Design:* Daniel Orlandi. *Costume Design Robert De Niro:* Greg Outcalt. *Make-up:* Michael Bigger. *Hair Stylist:* Michael Bigger. *Hair Stylist Robert De Niro:* Linda Melo. *Casting:* Ellen Chenoweth.
Darsteller/innen: **Robert De Niro** (Mr. Jack Byrnes), Ben Stiller (Greg M. Focker), Teri Polo (Pamela »Pam« Martha Byrnes), Blythe Danner (Mrs. Dina Byrnes), Nicole DeHuff (Deborah »Debbie« Byrnes), Jon Abrahams (Dennis »Denny« Byrnes), Thomas McCarthy (Dr. Robert »Bob« Banks), Phyllis George (Mrs. Linda Banks), James Rebhorn (Dr. Larry Banks), Owen Wilson (Kevin »Kev« Rawley), Kali Rocha (Flight Attendant), Bernie Sheredy (Norm the Interrogator), Judah Friedlander (Pharmacy Clerk), Peter Bartlett (Animal Shelter Worker), John Elsen (Chicago Airport Security), Mark Hammer (Hospital Patient), Amy Hohn (Ticket Agent), William Severs (Father O'Boyle), John Fiore (Kinky), Marilyn Dobrin (Lost Luggage Clerk), Frank Santorelli (Courier), Russell Hornsby (Late Night Courier), Patricia Cook (Little Girl), Cody Arens (Little Boy) u.a.
Format: 35mm (1:2,35), Farbe. *Länge:* 108 Min. *US-Kinostart:* 6.10.2000. *Dt. Kinostart:* 7.12.2000.

MEN OF HONOR (2000)
Men of Honor

Produktion: Fox 2000 Pictures / State Street Pictures. *Produzenten:* Bill Badalato, Robert Teitel. *Ausführende Produzenten:* Bill Cosby, Stan Robertson.
Regie: George Tillman Jr. *Drehbuch:* Scott Marshall Smith. *Kamera:* Anthony B. Richmond. *Musik:* Mark Isham. *Schnitt:* John Carter, Dirk Westervelt. *Ton:* David Obermeyer. *Production Design:* Leslie Dilley. *Art Director:* Lawrence A. Hubbs. *Costume Design Robert De Niro:* Marcie Olivi. *Make-up:* Stacye P. Branche. *Hair Stylist:* Stacye P. Branche. *Hair Stylist Robert De Niro:* Ilona Herman. *Assistent von Robert De Niro:* Adam Leichtman. *Casting:* Anne McCarthy, Megann Ratzow, Mary Vernieu.
Darsteller/innen: **Robert De Niro** (Leslie W. »Billy« Sunday), Cuba Gooding Jr. (Carl Brashear), Charlize Theron (Gwen Sunday), Aunjanue Ellis (Jo), Hal Holbrook (Mr. Pappy), Michael Rapaport (Snowhill), Powers Boothe (Captain Pullman), David Keith (Captain Hartigan), Holt McCallany (Rourke), Joshua Leonard (Isert), Dennis Troutman (Boots), Joshua Feinman (DuBoyce), Theo Nicholas Pagones (Mellegrano), Ryan Honey (Yarmouth), David Conrad (Hanks), Chris Warren Jr. (Young Carl), Lester B. Hanson (Admiral Yon), Jack Frazier (Rear Admiral French), David Richard Heath (Medical Officer), Demene E. Hall (Mrs. Biddle), Alimi Ballard (Coke), Shawn Michael Howard (Junie), Troy Lund (Sentry), Henry Harris (Rescued Pilot), Matt Dotson (Marine Guard) u.a.
Format: 35mm (1:2,35), Farbe. *Länge:* 128 Min. *US-Kinostart:* 10.11.2000. *Dt Kinostart:* 10.5.2001.

15 MINUTES (2000/01)
15 Minuten Ruhm

Produktion: Industry Entertainment / New Line Cinema / New Redemption / Tribeca. *Produzenten:* Keith Addis, David Blocker, John Herzfeld, Nick Wechsler. *Ausführende Produzentin:* Claire Rudnick Polstein.
Regie: John Herzfeld. *Drehbuch:* John Herzfeld. *Kamera:* Jean-Yves Escoffier. *Musik:* Anthony Marinelli. *Schnitt:* Steven Cohen. *Ton:* Eddy Bydalek, Kendall Marsh, Kim H. Ornitz. *Production Design:* Mayne Schuyler Berke. *Art Director:* Jess Gonchor. *Costume Design Robert De Niro:* Marcie Olivi. *Make-up:* Deborah K. Larsen. *Hair Stylist:* Nina Paskowitz. *Hair Stylist Robert De Niro:* John E. Jackson. *Stunt Double Robert De Niro:* Pete Antico. *Assistenten von Robert De Niro:* Robin Chambers, Adam Leichtman, Brenda Ventura. *Casting:* Mindy Marin.
Darsteller/innen: **Robert De Niro** (Eddie Fleming), Edward Burns (Jordy Warsaw), Kelsey Grammer (Robert Hawkins), Avery Brooks (Leon Jackson), Melina Kanakaredes (Nicolette Karas), Karel Roden (Emil Slovak),

Robert De Niro — Filmografie

Oleg Taktarov (Oleg Razgul), Vera Farmiga (Daphne Handlova), John DiResta (Bobby Korfin), James Handy (Captain Duffy), Darius McCrary (Tommy Cullen), Bruce Cutler (Himself), Kim Cattrall (Cassandra), David Alan Grier (Mugger), Vladimir Mashkov (Milos), Irina Gasanova (Tamina), Noelle Evans (Honey), Mindy Marin (Maggie), Christine Claibourne (Maggie's Assistant), Paul Herman (Eddie's Pal), Gabriel Casseus (Unique), Joe Lisi (Police Captain), Stephen Davis (Murphy), Bill Stanton (Garcia), Louis F. Garcia (Fire Chief) u.a.
Format: 35mm (1:2,35), Farbe. *Länge:* 120 Min. *US-Kinostart:* 9.3.2001. *Dt. Kinostart:* 12.4.2001.

THE SCORE (2000/01)
The Score

Produktion: Paramount Pictures / Mandalay Pictures / Eagle Point / Horseshoe Bay / Lee Rich Productions. *Produzenten:* Gary Foster, Lee Rich. *Ausführende Produzenten:* Adam Platnick, Bernie Williams.
Regie: Frank Oz. *Drehbuch:* Kario Salem, Lem Dobbs, Scott Marshall Smith. *Story:* Daniel E. Taylor, Kario Salem. *Kamera:* Rob Hahn. *Musik:* Howard Shore. *Schnitt:* Richard Pearson. *Ton:* Glen Gauthier. *Production Design:* Jackson De Govia. *Art Directors:* Claude Paré, Tom Reta. *Costume Design:* Aude Bronson-Howard. *Stunt Double Robert De Niro:* Pete Antico. *Casting:* Suni Ellis, Margery Simkin.
Darsteller/innen: **Robert De Niro** (Nick), Edward Norton (Jack Teller / Brian), Marlon Brando (Max), Angela Bassett (Diane), Gary Farmer (Burt), Jamie Harrold (Steven), Paul Soles (Danny), Serge Houde (Laurent), Jean-René Ouellet (Andre), Martin Drainville (Jean-Claude), Claude Despins (Albert), Richard Waugh (Sapperstein), Mark Camacho (Sapperstein's Cousin), Marie-Josée D'Amours (Woman in Study), Gavin Svensson (Man in Study), Thinh Truong Nguyen (Tuan), Carlos Essagian (Cop), Christian Tessier (Drunk), Lenie Scoffié (Storekeeper), Bobby Brown (Tony), Maurice Demers (Philippe); Christian Jacques, Henry Farmer, Dacky Thermidor, Gerard Blouin (Guards); Charles V. Doucet (Old Engineer), Pierre Drolet (Worker), Norman Mikael Berketa (Bureaucrat Official) u.a.
Format: 35mm (1:2,35), Farbe. *Länge:* 123 Min. *US-Kinostart:* 9.7.2001. *Dt. Kinostart:* 9.8.2001.

CITY BY THE SEA (2001)

Produktion: Brillstein-Grey Entertainment / Franchise Pictures / Sea Breeze Productions Inc. *Produzenten:* Matthew Baer, Michael Caton-Jones, Brad Grey, Elie Samaha. *Ausführende Produzenten:* Don Carmody, Dan Klores, Roger Paradiso, Andrew Stevens.
Regie: Michael Caton-Jones. *Drehbuch:* Ken Hixon. *Kamera:* Karl Walter Lindenlaub, Declan Quinn. *Schnitt:* Jim Clark. *Ton:* Tom Nelson. *Production Design:* Jane Musky. *Art Director:* Darrell K. Keister. *Costume Design:* Richard Owings. *Make-up:* Nicki Ledermann. *Casting:* Amanda Mackey Johnson, Cathy Sandrich.
Darsteller/innen: **Robert De Niro** (Detective Vincent Lamarca), James Franco (Joey LaMarca), Patti LuPone, Eliza Dushku (Gina), Drena De Niro, Leslie Cohen (Jean), John Doman (Capt. Henderson), George Dzundza, Angel Feliciano (Tom), William Forsythe, Riley G (Detective with Megaphone), Chris Huvane (Police Officer), Christopher Jumper (Young Vincent), Joanne Lamstein (Screeming Teen), Frances McDormand (Michelle), Anson Mount, Nestor Serrano.
Vorauss. US-Kinostart: Februar 2002.

Filmografie

II. Filme als Regisseur:

A BRONX TALE (1993)
siehe unter I. Filme als Schauspieler

III. Filme als Produzent:

WE'RE NO ANGELS (1989)
siehe unter I. Filme als Schauspieler

CAPE FEAR (1991)
(uncredited)
siehe unter I. Filme als Schauspieler

THUNDERHEART (1992)
Halbblut
Produktion: Tribeca / Waterhouse. *Produzent:* **Robert De Niro**. *Ausführender Produzent:* Michael Nozik.
Regie: Michael Apted. *Drehbuch:* John Fusco. *Musik:* James Horner. *Kamera:* Roger Deakins. *Schnitt:* Ian Crafford. *Ton:* Christopher Newman. *Production Design:* Dan Bishop. *Costume Design:* Susan Lyall.
Darsteller/innen: Val Kilmer (Ray Levoi), Sam Shepard (Frank Coutelle), Graham Greene (Walter Crow Horse), Fred Ward (Jack Milton), Fred Dalton Thompson (William Dawes), Sheila Tousey (Maggie Eagle Bear), Ted Thin Elk (Grandpa Sam Reaches), John Trudell (Jimmy Looks Twice), Julius Drum (Richard Yellow Hawk), Sarah Brave (Malsy Blue Legs), Allan R.J. Joseph (Leo Fast Elk), Sylvan Pumpkin Seed (Hobart), Patrick Massett (Agent Mackey), Rex Linn (FBI Agent), Brian A. O'Meara (FBI Agent), Duane Brewer (Ranger), Lewis C. Bradshaw (Ranger), Dennis Banks (Himself), Candy Hamilton (School Teacher), Jerome Mack (Maggie's Kid), Tom M. LeBeau (Ray's Father), Bridgit P. Schock (Ray's Mother), Terry Graber (Doctor), David Crosby (Bartender), Jerry Allan Hietala (Drunken Brawler) u.a.
Format: 35mm (1:1,85), Farbe. *Länge:* 119 Min. *US-Kinostart:* April 1992. *Dt. Kinostart:* 10.9.1992.

MISTRESS (1992)
siehe unter I. Filme als Schauspieler

TRIBECA (1993) (TV-Serie)
Produktion: TriStar Pictures / Montana Beach Ltd. *Produzenten:* Robert Mickelson, Jane Rosenthal, Hans Tobeason. *Ausführende Produzenten:* David J. Burke, **Robert De Niro**.
Regie: David J. Burke, Melanie Mayron, Michael Dinner u.a. *Drehbuch:* David J. Burke, Lenore Kletter, Melanie Mayron u.a. *Musik:* David Mansfield u.a. *Schnitt:* Kristina Boden, Norman Gay, Elizabeth Gazzara u.a. *Production Design:* Vaughan Edwards, Santo Loquasto, Tom Warren u.a. *Costume Design:* Judianna Makovsky. *Make-up:* Peter Montagna.
Darsteller: Philip Bosco (Harry Arsharsky), Joe Morton (Officer Carleton Thomas) u.a.
Länge: 7 Folgen à 60 Min. *US-Erstausstrahlung:* Ab 23.3.1993.

A BRONX TALE (1993)
siehe unter I. Filme als Schauspieler

THE NIGHT WE NEVER MET (1993)
Die Nacht mit meinem Traummann
Produktion: Miramax / Tribeca. *Produzenten:* Michael Peyser, **Robert De Niro** (uncredited / für Tribeca). *Ausführende Produzenten:* Sidney Kimmel, Bob Weinstein, Harvey Weinstein.
Regie: Warren Leight. *Drehbuch:* Warren Leight. *Kamera:* John Thomas. *Musik:* Evan Lurie. *Schnitt:* Camilla Toniolo. *Ton:* Kevin Lee, Magdaline Volaitis. *Production Design:* Lester Cohen. *Art Director:* Daniel Talpers. *Costume Design:* Ellen Lutter. *Make-up:* Joe Cuervo. *Hair Stylist:* William A. Kohout. *Casting:* Judie Fixler, Billy Hopkins, Suzanne Smith, Cary Wong.
Darsteller/innen: Matthew Broderick (Sam Lester), Annabella Sciorra (Ellen Holder), Jeanne Tripplehorn (Pastel), Tim Guinee (Kenneth), Michelle Hurst (Leslie), Dana Wheeler-Nicholson (Inga), Brooke Smith (Catha), Mary B. McCann (Yogurt-Eating Date), Naomi Campbell (French Cheese Shopper), Michael Mastrototaro (Triple Creme Cheese Shopper), Katharine Houghton (Less / More Cheese Lady), Mary Fulham (I'm Double Parked Lady), Kathryn Rossetter (Excuse Me Shopper), Steven Goldstein (3rd Cheese Man), Catherine Lloyd Burns (Deli Customer), Bitty Schram (Pharmacy Clerk), Bill Campbell (Shep), Suzanne Lanza (Shep's New Date), Michael Mantell (Aaron Holder) u.a.
Format: 35mm (1:1,85), Farbe. *Länge:* 99 Min. *US-Kinostart:* Oktober 1993. *Dt. Kinostart:* 3.2.1994.

PANTHER (1995)
Panther
Produktion: PolyGram Filmed Entertainment / Tribeca / Gramercy Pictures / MVP Films / Working Title Films. *Produzenten:* Preston L. Holmes, Mario Van Peebles, Melvin Van Peebles, **Robert De Niro** (uncredited / für Tribeca). *Ausführende Produzenten:* Tim Bevan, Eric Fellner.
Regie: Mario Van Peebles. *Drehbuch:* Melvin Van Peebles, nach seinem gleichnamigen Roman. *Kamera:* Edward J. Pei. *Musik:* Stanley Clarke. *Schnitt:* Earl Watson. *Ton:* Susumu Tokunow. *Production Design:* Richard Hoover. *Art Directors:* Bruce Robert Hill, Carol Lavoie. *Costume Design:* Paul Simmons. *Make-up:* Kim D. Davis. *Hair Stylist:* Ted Long. *Casting:* Tony Lee, Andrea Reed, Robi Reed-Humes.

Robert De Niro Filmografie

Darsteller/innen: Kadeem Hardison (Judge), Bokeem Woodbine (Tyrone), Joe Don Baker (Brimmer), Courtney B. Vance (Bobby Seale), Tyrin Turner (Cy), Marcus Chong (Huey Newton), Anthony Griffith (Eldridge Cleaver), Bobby Brown (Rose), Angela Bassett (Betty Shabazz), Nefertiti (Alma), James Russo (Rodgers), Jenifer Lewis (Rita), Chris Rock (Yuck Mouth), Roger Guenveur Smith (Pruitt), Michael Wincott (Tynan), Richard A. Dysart (J. Edgar Hoover), M. Emmet Walsh (Dorsett), Wesley Jonathan (Little Bobby Hutton), Kahlil Nelson (Boy on Bike), Thyais Walsh (Bernadette), Anthony Johnson (Sabu), Dick Gregory (Reverend Slocum), Kool Moe Dee (Jamal), Lahmard J. Tate (Gene McKinney), William Fuller (Sergeant Schreck), David Greenlee (Patrolman), Melvin Van Peebles (Old Jailbird), Adam Powers (Hippie), Brent Schaefer (Emory Douglas), Mark Curry (Lombard).
Format: 35mm (1:1,85), sw, Farbe. *Länge:* 124 Min. *US-Kinostart:* 3.5.1995. *Dt. Kinostart:* 11.4.1996.

FAITHFUL (1996)
Der Hochzeitstag

Produktion: Miramax / New Line Cinema / Price Entertainment / Savoy Pictures / Tribeca. *Produzenten:* **Robert De Niro**, Jane Rosenthal. *Ausführende Produzenten:* Peter Gatien, Dan Lauria.
Regie: Paul Mazursky. *Drehbuch:* Chazz Palminteri, nach seinem gleichnamigen Theaterstück. *Kamera:* Fred Murphy. *Musik:* Phillip Johnston. *Schnitt:* Nicholas C. Smith. *Ton:* Bill Daly. *Production Design:* Jeffrey Townsend. *Art Director:* Caty Maxey. *Costume Design:* Hope Hanafin. *Hair Stylist:* Peggy Schierholz. *Casting:* Ellen Chenoweth.
Darsteller/innen: Cher (Margaret), Chazz Palminteri (Tony), Ryan O'Neal (Jack), Paul Mazursky (Dr. Susskind), Amber Smith (Debbie), Elisa Leonetti (Maria), Mark Nassar (Maria's Boyfriend), Stephen Spinella (Young Man at Rolls), Jeffrey Wright (Young Man at Rolls), David Marino (Little Tony), Steven Randazzo (Tony's Father), Olinda Turturro (Tony's Mother), Max Norat (Jewelery Store Salesman), Allison Janney (Saleslady), Chris O'Neill (Priest), Michael Mulheren (Foreman), Jerry Walsh (Trucking Dispatcher), Gianna Ranaudo (Teacher), Omar Scroggins (Kid), Zakee Howze (Kid), Paul Ronan (Young Guy in Car), Steve Carreri (Young Guy in Car), James Archer.
Format: 35mm (1:1,85), Farbe. *Länge:* 91 Min. *US-Kinostart:* 3.4.1996. *Dt. Kinostart:* 19.9.1996.

MARVIN'S ROOM (1996)
siehe unter I. Filme als Schauspieler

WAG THE DOG (1997)
siehe unter I. Filme als Schauspieler

WITNESS TO THE MOB (1998) (TV)
The Mob – Der Pate von Manhattan

Produktion: Tribeca / NBC. *Produzentin:* Caroline Baron. *Ausführende Produzenten:* **Robert De Niro**, Brad Epstein, Jane Rosenthal.
Regie: Thaddeus O'Sullivan. *Drehbuch:* Stanley Weiser. *Kamera:* Frank Prinzi. *Musik:* Sonny Kompanek. *Schnitt:* David Ray. *Ton:* T.J. O'Mara. *Production Design:* Wynn Thomas. *Art Directors:* Randall Richards, Fredda Slavin. *Costume Design:* Daniel Orlandi. *Hair Stylist:* Roy Bryson, William A. Kohout. *Make-up:* John Caglione Jr., Linda Grimes. *Casting:* Ilene Starger.
Darsteller/innen: Nicholas Turturro (Sammy »The Bull« Gravano), Tom Sizemore (John Gotti), Debi Mazar (Deborah Gravano), Abe Vigoda (Paul Castellano), Philip Baker Hall (Toddo Aurello), Adam J. Roth (The Sign Painter), Frank Vincent (Frankie DeCicco), Lenny Venito (Sal DiMaggio), Johnny Williams (Angelo Ruggiero), Frankie Valli (Frank LoCascio), Michael Imperioli (Louie Milito), Vincent Pastore (Mikey De Batt), Michael Ryan Segal (Nicky Cowboy), Richard Bright (Joe [Old Man] Paruta), Chris Cenatiempo (Jimmy Falcona), John Cenatiempo (Jake Falcone), Steven Randazzo (Jimmy Rotondo), Richard Council (Louie Di Bono), Kirk Acevedo, Nicholas Kepros (Vincent »The Chin«), Jessica Di Cicco (Karen), Kathrine Narducci (Linda Milito), Arthur J. Nascarella (Bruce Mouw), Jason Robards III (Andrew Maloney) u.a.
Länge: 162 Minuten. *US-Erstausstrahlung:* 10.5.1998. *Dt. DVD-Start:* 28.03.2001.

ENTROPY (1999)

Produktion: Baldwin/Cohen Productions / Disorder Productions / Interlight / Phoenician Entertainment / Tribeca Productions. *Produzenten:* **Robert De Niro**, Brad Epstein, Phil Joanou, Jane Rosenthal, Elie Samaha. *Ausführende Produzenten:* Ashok Amritraj, Andrew Stevens.
Regie: Phil Joanou. *Drehbuch:* Phil Joanou. *Kamera:* Carolyn Chen. *Musik:* George Fenton, Mr. Dan. *Schnitt:* John Galt. *Ton:* Jeff Pullman. *Production Design:* Lisa Albin. *Costume Design:* Robinson David C. *Casting:* Pat McCorkle.
Darsteller/innen: Stephen Dorff (Jake), Judith Godrèche (Stella), Kelly Macdonald (Pia), Lauren Holly (Claire), Jon Tenney (Kevin), Frank Vincent (Sal), Paul Guilfoyle (Andy), Hector Elizondo (The Chairman), Bray Poor (Wyatt), Shannon Fiedler (Isabelle), Zachary Tyler (Lukas), Jim Gaffigan (Bucky), Dominic Hawksley (Pierre), Drena De Niro (Waitress), Bono (Himself), The Edge (Himself), Larry Mullen Jr. (Himself), Adam Clayton (Himself), Craig Emanuel (Jake's Lawyer), Duke Moosekian (Todd Smith), Brad Epstein (Claire's Manager), Richard Livingston (Claire's Agent), Kurt Loder (Himself), Julie Nathanson (Blind Date #1), Miriam Shor

Filmografie

(Blind Date #2), Kate Miller (Blind Date #3), Meghan Strange (Blind Date #4 [Molly]), Charlene Blaine (Stewardess), Betty Blunch (Chapel Owner), Tyde Kierney (Priest), Norm Jones (Elvis), Andy Fowle (Contractor), Cheryl Alexander (Nurse), Puddy (Billy the Cat).
Format: 35mm (1:1,85), Farbe. *Länge:* 104 Min. *Uraufführung:* 15.4.1999 (Los Angeles Independent Film Festival).

FLAWLESS (1999)
(uncredited)
siehe unter I. Filme als Schauspieler

THE ADVENTURES OF ROCKY & BULLWINKLE (2000)
siehe unter I. Filme als Schauspieler

MEET THE PARENTS (2000)
siehe unter I. Filme als Schauspieler

HOLIDAY HEART (2000) (TV)
Produktion: MGM Television / Tribeca. *Ausführende Produzenten:* **Robert De Niro**, Brad Epstein, Jane Rosenthal. *Regie:* Robert Townsend. *Drehbuch:* Cheryl L. West, nach ihrem gleichnamigen Theaterstück. *Kamera:* Jan Kiesser. *Musik:* Stephen James Taylor. *Schnitt:* Sabrina Plisco-Morris. *Production Design:* Eric Norlin. *Costume Design:* Kate Healey. *Casting:* Mindy Marin, Coreen Mayrs.
Darsteller/innen: Ving Rhames (Holiday Heart), Alfre Woodard (Wanda), Jesika Reynolds (Niki), Mykelti Williamson (Silas), Jonathan Wallace (Jambalaya Blue), Blu Mankuma (Pastor Henry), Lorena Gale (Mrs. Owens), Phil Hayes (Sergeant), James Kidnie (Penthouse M.C.), Benz Antoinee (Fisher), Guy Fauchon (Travel Agent Dan), Ron Selmour (L.T.), Patricia Idlette (Mrs. Walker), Mary Antonini (Sarah), Emy Aneke, Roger Haskett (UPS Delivery Man), Errol G. Farquharson (Goon), Bob Dawson (Farmer), Doug Cameron (Taxi Driver), Scott Swanson (Principal), Willie Taylor (Willie Taylor), Steven Miller (Velveeta), Mark Finley (Drag Queen #3), Rhys Williams, Peter Williams.
Länge: 100 Min. *US-Erstausstrahlung:* 10.12.2000.

Bibliografie

Abkürzungen:
Cahiers = Cahiers du cinéma; FAZ = Frankfurter Allgemeine Zeitung; fd = film-dienst; FR = Frankfurter Rundschau; KStA = Kölner Stadt-Anzeiger; ND = Neues Deutschland; S&S = Sight & Sound; SZ = Süddeutsche Zeitung; taz = die tageszeitung; TSP = Der Tagesspiegel.

Bücher

(dt.:) Berndt Schulz: Robert De Niro. Rastatt: Pabel 1992. – Meinolf Zurhorst: Robert De Niro: Seine Filme – Sein Leben. München: Heyne 1998 (4. Aufl.) – Hommage Robert De Niro. Redaktion: Rolf Aurich, Wolfgang Jacobsen, Gabriele Jatho. Berlin: jovis 2000.
(engl.:) James Cameron-Wilson: The Cinema of Robert De Niro. London: Zomba House 1986. – Keith McKay: Robert De Niro. The Hero Behind the Masks. New York: St. Martin's Press 1986. – Douglas Brode: The Films of Robert De Niro. Secausus, New Jersey: Carol 1993 (auch London: Virgin 1993 [2. Aufl. 1996]). – John Parker: De Niro. London: Gollancz 1995. – Andy Dougan: Robert De Niro: Untouchable: An Unauthorised Biography. London: Virgin 1996 (auch New York: Thunder's Mouth 1996). – Jack Hunter (Hg.): Robert De Niro, Movie Top Ten. London: Creation Books 2000. – Elfreda Powell: The Unofficial Robert De Niro. Bristol: Parragon 1996 (auch Philadelphia: Chelsea House 1997). – Bill Cosgrove: Robert De Niro and the Fireman. Danbury: Rutledge 1997 (auf eigene Kosten verlegter Bericht Cosgroves, De Niros Assistent bei BACKDRAFT und Feuerwehrmann, über die Dreharbeiten und seine Bekanntschaft mit De Niro). – Patrick Agan: Robert De Niro: The Man, the Myth, the Movies. London: Hale 1998 (3. Aufl.).
(span.:) José Luis Mena, Andrés Peláez: Robert De Niro. Madrid: JC Edition 1994.

Buchkapitel

(dt.:) Peter W. Jansen: Schwarze Engel. In: Peter W. Jansen / Wolfram Schütte: Martin Scorsese (Reihe Film 37). München, Wien: Hanser 1986, S. 31-53 (mit De Niro beschäftigen sich insb. die Abschnitte »Von Keitel zu De Niro« und »... und Coppola und Cimino« [S. 42-50]). – Gundolf S. Freyermuth: Robert Der Hero. In: Ders.: Spion unter Sternen: Lauschangriff auf Hauptdarsteller. Berlin: Links 1994, S. 10-33. – Bernd Kiefer: »Method!« – »What Method? Heat!« Zu Robert De Niro and Al Pacino in Michael Manns HEAT. In: Thomas Koebner (Hg.): Schauspielkunst im Film. St. Augustin: Gardez! 1998, S. 107-123.
(engl.:) Mark Harris: Robert De Niro / Michael Moriarty: Obedience to Self. In: Danny Peary (Hg.): Close-ups: The Movie Star Book. New York: Workman 1978, S. 551-554. – David Overbey: Robert De Niro: Odd Man Out. In: E. Ann Lloyd (Hg.): Movies of the Seventies. London 1984, S. 48-50 (zuerst erschienen in: The Movie, Chapter 82 [1981]). – Ken Page: Going Solo: Performance and Identity in NEW YORK, NEW YORK and TAXI DRIVER. In: Pat Kirkham, Janet Thunim (Hg.): You Tarzan: Masculinity, Movies and Men. London: Lawrence & Wishart 1993. – David Friedkin: Blind Rage and »Brotherly Love«: The Male Psyche at War with Itself in RAGING BULL. In: Steven G. Kellerman (Hg.): Perspectives on RAGING BULL. New York u.a.: Hall/Maxwell 1994, S. 122-130.

Artikel/Aufsätze/Porträts

(dt.:) Thomas Veszelits: Amerika mag keine heilen Helden mehr. AZ besuchte Robert De Niro. In: Abendzeitung (München), 26.7.1976. – Bernd Lubowski: Robert De Niro – schweigsamer Held und Hollywoods Total-Außenseiter. In: Berliner Morgenpost, 19.11.1976. – Maria Ratschewa: Ein Held mit gebrochener Männlichkeit. In: Deutsches Allgemeines Sonntagsblatt, 17.6.1979. – Frauke Hank: Besessen von der Wirklichkeit. In: Stuttgarter Zeitung, 6.2.1981. – Bodo Fründt: Rebell in vielen Masken. In: Stern, 19.3.1981, S. 96ff. – Günther Kriewitz: Der TAXIDRIVER auf Erfolgskurs. In: Stuttgarter Zeitung, 14.3.1983. – Dietmar Bittrich: Ein Schauspieler, den es eigentlich nicht gibt. Ist Robert De Niro »wahnsinnig«? In: Weltwoche, 11.10.1984, S. 67. – Dietmar Bittrich: Der Star des neuen Hollywood. In: Berliner Morgenpost, 14.10.1984 (über De Niro in ONCE UPON A TIME IN AMERICA). – Dietmar Bittrich: Jedesmal ein anderer Mensch. In: Rheinischer Merkur, 19.10.1984, S. 26. – Claudius Crönert: Heimlich Hemingway und Dos Passos gelesen. In: Berliner Morgenpost, 16.11.1984 (über den Berlin-Besuch der ONCE UPON A TIME IN AMERICA-Stars Leone, De Niro und Connelly). – Milan Pavlovic: Er setzt Taten wie Worte ein. In: KStA, 6.4.1985. – Barbara Goldsmith: De Niro – Chamäleon. In: Kölner Illustrierte, Juni 1985. – Henry Marx: Ungehobene Schätze bei Tennessee Williams. Theaterbrief vom New Yorker Broadway: Die Hollywood-Stars Robert De Niro und Jack Lemmon versuchen sich auf der Bühne. In: Die Welt, 11.6.1986. – Udo Kier: Der Triebtäter. In: Tempo, 1/1987, S. 78. – Manfred Etten: Kein Ort, nirgends: Die

Metamorphosen des Robert De Niro. In: fd, 5/1991. – Andreas Kilb: Wahnsinn als Methode. In: Zeit-Magazin, 12.7.1991, S. 10-18 (Porträt). – Michael Althen: Der Teufel möglicherweise. In: Steadycam 21 (Frühjahr 1992), S. 44-48. – Andreas Conrad: VisitenKarte. In: TSP, 27.4.1992. – mrt.: Interview mit Robert De Niro. In: TSP, 17.5.1992 (über den Versuch, De Niro zu interviewen). – Jörg Sievers: Exzentriker des Alltags. In: Stuttgarter Zeitung, 11.8.1992. – Eberhard von Elterlein: Meister der Metamorphosen. In: Die Welt, 17.8.1993 (anlässlich De Niros fünfzigstem Geburtstag). – Mariam Niroumand: Real Mensch. In: taz, 20.8.1993 (anlässlich einer ARD-Filmreihe zu De Niros fünfzigstem Geburtstag). – Jochen Thielmann: »Your Talent Is Your Choice«: Eine Bestandsaufnahme der Karriere des Schauspielers Robert De Niro. In: Blimp, Sommer 1993, S. 38-44. – Eberhard von Elterlein: Robert De Niro gab sein Regie-Debüt. In: Die Welt, 30.6.1994. – Thomas Klingenmaier: Gequälte Seele unter Latex. Robert De Niro wird Frankensteins Monster. In: Sonntag aktuell, 1.1.1995. – tkl: Der Filmolymp – Robert De Niro. In: Stuttgarter Zeitung, 21.7.1995. – Karl Wegmann: Gottes einsamster Mann darf wieder mitspielen. In: taz, 10.8.1995. – Steffen Jakobs: Der Tort des Handlungsreisenden. Von den Grenzen schauspielerischen Wandlungsvermögens. In: FAZ, 5.10.1996 (Kritik an De Niros Darbietung in THE FAN).– o.A.: Robert De Niro Ritter der Ehrenlegion. In: Berliner Morgenpost, 11.5.1997. – Hans-Dieter Schütt: Versessen auf Verwandlung. In: ND, 1.8.1997. – o.A.: Pariser Justiz fahndet nach Robert De Niro. In: TSP, 9.2.1998 (über De Niros Festnahme bei Ermittlungen gegen einen Callgirl-Ring in Frankreich). – o.A.: Robert De Niro verklagt Pariser Polizei. In: Berliner Morgenpost, 12.2.1998. – o.A.: Der einzige Zeuge. Pariser Polizei holt Robert De Niro ab. In: FAZ, 12.2.1998. – Julian Hanich: Der Leibhaftige höchstpersönlich. In: TSP, 21.2.1998 (Porträt). – Andreas Conrad: Robert De Niro lobt Cannes in Berlin. In: TSP, 22.2.1998 (über De Niros Pressekonferenz auf der Berlinale 1998). – Peter Zander: Schmallippiger Superstar. In: TSP, 22.2.1998. – Hanns-Georg Rodek: Wie ein wilder Stier lernte, mit seinen Kräften hauszuhalten. In: Die Welt, 28.2.1998. – JvU: De Niros Rache. In: TSP, 28.2.1998 (über De Niros Festnahme bei Ermittlungen gegen einen Callgirl-Ring in Frankreich). – Ulrich Lössl: Der böse Bobby. In: Zitty, 4/1998, S. 38f (zu De Niros Präsenz auf der Berlinale '98). – Sabine Horst: Mehrfach »lebenslänglich«. Die Gangsterrollen Robert De Niros. In: epd Film, 12/1999, S. 14-18. – Andreas Conrad: Eine Handvoll Glamour mehr. Berlin will neben Jeanne Moreau offenbar auch Robert De Niro einen Bären verleihen. In: TSP, 21.1.2000. – A.P.: De Niro zu Ehren. Berliner Hommage für den Schauspieler. In: FAZ, 29.1.2000. – Günter Göckenjan: Der Charme des Psychopathen. In: Berliner Zeitung, 9.2.2000 (zur De Niro-Hommage auf der Berlinale 2000). – Frank Noack. Das Biest. Hommage II: Robert De Niro. In: TSP, 9.2.2000. – o.A.: Ein Fall für De Niro. In: taz, 10.-19.2.2001 (Serie zur De Niro-Hommage auf der Berlinale 2000, die jeden Tag eine andere berühmte Rolle De Niros vorstellt). – Markus Tschiedert: Die gleichen Unterhosen wie Capone. Akribische Vorbereitung als Markenzeichen: Berlinale-Hommage gilt Hollywoods Verwandlungskünstler Robert De Niro. In: Berliner Morgenpost, 15.2.2000. – Lars-Olav Beier: Athlet der Leinwand. Ein Bär für den Stier: Die Berlinale ehrt Robert De Niro. In: FAZ, 16.2.2000. – sus: Ganz weit weg: Die Hommage an Robert De Niro. In: SZ, 17.2.2000. – Milan Pavlovic: Suche nach der Seele. Berlinale I: Eindrücke vom Festival am Potsdamer Platz. In: KStA, 19.2.2000 (über die Zusammenstellung der De Niro-Hommage und De Niros unterschätztes komisches Talent.) – Stefan Grissemann: Talkin' to me? In: tip, 3/2000 (zur De Niro-Hommage auf der Berlinale 2000). – Hans-Joachim Neumann: Bobby der Große. In: Zitty, 4/2000 (zur De Niro-Hommage auf der Berlinale 2000).

(engl.:) D.J. Badder: Robert De Niro. In: Film Dope, Sept. 1976, S. 46 (mit Biografie und Filmografie). – o.A.: Robert De Niro, the Man All the Stars Envy. In: Woman's Own, 4.9.1976. – Vincent Canby: In Films, Acting Is Behavior. In: NYT, 12.12.1976. – S. Braudy: Robert De Niro – the Return of the Silent Screen Star. In: NYT, 6.3.1977. – M. Brenner: What's Robert De Niro Hiding? In: Redbook, Mai 1977, S. 116f (Porträt). – P. Gardner: It's Dilemma, It's Delimit, It's De Niro. In: New York Magazine, 16.5.1977, S. 33-37 (Porträt). – o.A.: De Niro Subject of Two Magazine Cover Stories. In: Boxoffice, 23.5.1977, S. 13. – David Thomson: Two Gentlemen of Corleone. In: Take One, Mai 1978, S. 42-43, 57 (über De Niro und Al Pacino). – D. Kehr: A Star Is Made. In: Film Comment, Jan./Feb. 1979. – S. Byron: Rules of the Game. In: Village Voice, 5.11.1979. – F. Feretti: The Delicate Art of Creating a Brutal Film Hero. In: NYT, 23.11.1980. – N. Sinyard: Monsters of Machismo. In: Films Illustrated, 5.5.1981. – L. Dewson: Robert De Niro Gambles for Laughs as KING OF COMEDY. In: Photoplay Movies & Video, Aug. 1983. – Robin Wood: The Homosexual Subtext: RAGING BULL. In: Australian Journal of Screen Theory, 15-16/1983, S. 57-66. – H. Hinson: Some Notes of Method Actors. In: S&S, 3/1984, S. 200-205. – Sally Hibbin: Star Profile: Robert De Niro. In: Films & Filming, Mai 1984, S. 6-7. – Janet Maslin: Screen; De Niro, Streep Star in FALLING IN LOVE. In: NYT, 21.11.1984, S. C11. – David McGillivray: US Actor. In: Films & Filming, März 1985, S. 12. – Curtis Hutchinson: Robert De Niro at the NFT. In: Films & Filming, April 1985, S. 3 (Bericht über einen Vortrag De Niros im National Film Theatre). – Mark Le Fanu: Looking for Mr. De Niro. In: S&S, Winter 1985/86, S.

46-49 (über den schwierigen Versuch, eine De-Niro-Biografie zu schreiben). – E. Nemy: Robert De Niro Set for New Play at Public Theatre. In: NYT, 14.2.1986. – D. Kleiman: De Niro on Marquee; a Line at the Box Office. In: NYT, 1.7.1986, S. C11. – o.A.: De Niro Signed for Cameo Role as Capone in THE UNTOUCHABLES. In: Variety, 27.8.1986. – B. Bruce: Martin Scorsese: Five Films. In: Movie (UK), Winter 1986, S. 88-94 (über KING OF COMEDY, MEAN STREETS, TAXI DRIVER, NEW YORK, NEW YORK und RAGING BULL). – L. Cooke: NEW YORK, NEW YORK: Looking at De Niro. In: Movie (UK), Wintcr 1986, S. 101-107 (über De Niros Rolle und sein Schauspiel in NEW YORK, NEW YORK). – Vincent Canby: De Niro in THE UNTOUCHABLES. In: NYT, 3.6.1987. – L. Heaton: The Untouchable Robert De Niro. In: Photoplay Movies & Video, Sept. 1987, S. 40-45. – P. Agan: Robert De Niro – the Reluctant Superstar! In: Hollywood Studio Magazine, 11/1987, S. 30-31 (Porträt). – Tim Pulleine: Defining De Niro. In: Films & Filming, Okt. 1988, S. 24-26. – M. Farrow: »Angels« Find Heaven in the Canadian Bush. In: NYT, 28.5.1989, S. 11ff. – W.H. Honan: De Niro Is Trying Life behind the Camera. In: NYT, 23.8.1989, S. C13-C14. – o.A.: Business: If He Can Make It there ... In: Time, 4.9.1989, S. 52 (Porträt). – Barry Paris: De Niro's Tribeca. In: American Film, Okt. 1989, S. 38. – Barry Paris: Maximum Expression. In: American Film, Okt. 1989, S. 30-39, 54 (Porträt, Filmografie). – J. Robbins: De Niro's Working on 14 Projects as His Tribeca Film Factory Nears Readiness. In: Variety, 24.1.1990, S. 16 M. – Gordon: Grill Power. In: New York Magazine, 9.4.1990, S. 76ff (Porträt). – W. Riley: De Niro Melting the Ice. In: Film Monthly, Mai 1990, S. 42. – o.A.: De Niro Signed to BACKDRAFT: Cast to Take Heat. In: Variety, 11.7.1990, S. 10. – M. Frankel: Tribeca Stories. In: American Film, Okt. 1990, S. 40-43, 48, 50 (Bericht über De Niros Tribeca Film Center in New York City). – Barry Norman: Raging De Niro. In: Radio Times, 13.10.1990, S. 32, 34. – Oliver Sacks: Into a Realm where Time Stops. In: NYT, 16.12.1990, S. 1ff (über De Niro in AWAKENINGS). – L. Van Gelder: At the Movies. In: NYT, 1.2.1991, S. C6. – o.A.: Colleagues Say De Niro Has No Peer. In: NYT, 11.3.1991, S. C13. – o.A.: De Niro's Company Readies Its Debut Tri-Star Pic. In: Variety, 27.5.1991, S. 14. – C. James: Or maybe He's not the Big Bad Wolf. In: NYT, 2.8.1992, S. 1f (Porträt). – o.A.: Courting a Monster Star in Hopes of a Monster Film. In: NYT, 28.2.1993, S. 4 (über das Casting von De Niro für FRANKENSTEIN). – C. James: Bill Murray Takes on De Niro and a Groundhog. In: NYT, 14.3.1993, S. 22. – J. Potter: Scorsese, De Niro and the Critical Reception of THE KING OF COMEDY. In: Michigan Academician, 3/1993, S. 214f. – J.E. Frook: De Niro Electrifying. In: Variety, 12.4.1993, S. 14. – Janet Maslin: De Niro on Each Side of Camera but Artfully out of the Way, too. In: NYT, 29.9.1993, S. C13ff (über A BRONX TALE). – E. Kaye: Robert De Niro. In: NYT, 14.11.1993, S. 44-47 (Porträt). – Barry Norman: [[fiaf kein Titel]]. In: Radio Times, 5.3.1994, S. 40. – Steve Vineberg: Soapbox: Robert De Niro. In: Modern Review, April/Mai 1994, S. 14-15. – Martin Scorsese: De Niro and Me. In: Projections (7), 1997, 36-59. – M. Sager: The Man Who Acts Like God. In: Esquire, Dez. 1997, S. 74-80. – Patricia Caspari: Berlinale Honors the Method in Robert De Niro's Madness. In: Die Welt, 19.2.2000.

(fr.:) CL: Robert De Niro: des projets jusqu'en 1980 ... In: L'Express, 24.5.1976. – Alain Duroy: Héros de TAXI DRIVER. Robert De Niro »vit« les personnages qu'il incarne. In: Ciné-Revue, 24.6.1976. – H. Feet: Robert De Niro. In: Amis du Film et de la Télévision, Sept. 1976, S. 13. – Michel Cieutat: Robert De Niro ou les contraires inséparables. In: Positif, Nov. 1977, S. 11-21 (Porträt). – o.A.: Robert De Niro. In: Ecran, Jan. 1978, S. 51. – F. Regnault: L'acteur. Plaidoyer pro Niro. In: Cahiers, März 1978, S. 49-51 (über De Niro in NEW YORK, NEW YORK). – Alain Wais: Nés pour courir. In: Le Monde, 11.12.1980, S. 19. – J.-L. Cors: A la cour du roi Nicholson [part 1]. In: Image et Son, Jan. 1982, S. 89-102 (Dossier über eine neue Generation von US-Schauspielern wie Al Pacino, Robert De Niro, John Travolta u.a.). – J.L. Bourget: Robert De Niro. In: Positif, Mai 1982. – P. Reynaert: Regard oblique sur une carrière rectiligne. In: Visions, Okt. 1984, S. 18-19. – Michèle Halberstadt: De Niro. In toute humilité. In: Première, März 1985. – o.A.: La vedette de la semaine. In: Ciné-Revue, 29.5.1986, S. 48 (Porträt). – A. Garel / F. Guerif: Visages du cinéma américain (II). In: Revue du Cinéma, Dez. 1988, S. 64-70 (mit Filmografie). – Maurice Elia: Robert De Niro ou le perfectionnisme au service de la sensibilité. In: Séquences, März 1990, S. 38-39 (Karriereprofil, Filmografie). – Jacques Zimmer: L'homme au masque de sire. In: Revue du Cinéma, April 1990, S. 72-73. – o.A.: Robert De Niro. In: Stars, Dcz. 1990 (mit Biografie und Filmografie). – Jean-Pierre Lavoignat: Un producteur nommé De Niro. In: Studio Magazine, Mai 1992. – Jacques Valot / Bernard Bénoliel: Robert De Niro, acteur-auteur. In: Mensuel du Cinéma, April 1994, S. 8-14 (über De Niros verschiedene Filmcharaktere im Laufe seiner Karriere und sein Regiedebüt A BRONX TALE). – Jacques Valot: Au-devant du réel. In: Mensuel du Cinéma, April 1994. – Martin Scorsese: De Niro et moi. In: Cahiers, März 1996, S. 24-35. – A. Caron: La dernière tentation de Travis Bickle. In: Séquences (Kan.), März/Apr. 1996, S. 14-26. – Michel Braudeau: Un Américain en colère. In: Le Monde, 25.2.1998 (über die Ermittlungen gegen De Niro). – Jean-Pierre Lavoignat: De Niro forcement. In: Studio Magazine, Feb. 1998. – Jean-Pierre Lavoignat: Duo sur canapé. De Niro – Tarantino. In: Studio Magazine, April 1998, S. 115.

Bibliografie

Interviews mit Robert De Niro

(dt.:) Wolfgang J. Fuchs: »Sich ausleben, ohne die Folgen tragen zu müssen«. Ein Gespräch mit Robert De Niro. In: Film-Beobachter, Feb. 1981. – Marisol Trujillo: Schweigen kann sehr laut sein. Der Augenblick von der Kamera. In: Film und Fernsehen, 5/1986, S. 43-50 (Interview mit De Niro und Jack Lemmon). – Martin Schweighofer: »Gefällig sein ist gefährlich«. In: Wochenpresse, 13.9.1990. – Gerhard Midding: New York Stories. In: taz, 21.5.1992 (Interview über De Niros Produktionsfirma Tribeca). – Martin Risel: Er ist kein Schauspieler, er ist ein Chamäleon. In: Berliner Morgenpost, 4.6.1992. – Eberhard von Elterlein: Robert De Niros Hommage an den eigenen Vater. In: Berliner Morgenpost, 28.7.1994 (Interview zu A BRONX TALE). – Silke Haladjian: Vorsicht in den Kurven! In: Die Woche, 28.7.1994 (Interview zu A BRONX TALE). – Bettina Peulecke: »Ich werde nichts X-Beliebiges inszenieren.« In: Zitty, 15/1994, S. 68 (Interview mit Robert De Niro zu seinem Regiedebüt A BRONX TALE). – Uwe Mies: Jetzt bekomme ich nur noch Vaterrollen. In: ND, 28.7.1994. – Dieter Oßwald: »Ich habe Laien engagiert – die übertreiben nicht.« In: Berliner Zeitung, 28.7.1994 (Interview mit Robert De Niro zu A BRONX TALE). – Urs Jenny / Hellmuth Karasek: »Auch böse Menschen haben ein Herz.« Robert De Niro über Kino-Gangster, Kino-Gewalt und sein Regiedebüt. In: Der Spiegel 29/1994, S. 142-149. – Ludwig Schilfgras: Interview mit Kenneth Branagh und Robert De Niro zu MARY SHELLEY'S FRANKENSTEIN. In: Zitty 1/1995, S. 95f. – Elisabeth Sereda: Die Jungs von nebenan. Der Club der New Yorker: Scorsese, De Niro und Pesci. In: Die Woche, 15.3.1996. – Marcus Rothe: »Ich will glaubwürdiger sein als andere.« In: Berliner Morgenpost, 26.3.1998 (Interview zu WAG THE DOG). – Robert Weixlbaumer: »Ich will sichergehen, daß es richtig gut ist«. In: Berliner Zeitung, 26.3.1998. – Ulrich Lössl: Keine finanziellen Erwägungen. In: Zitty 7/1998, S. 74 (Interview zu WAG THE DOG).

(engl.:) G. Flatley: Look – Bobby's Shipping into Brando's Shoes. In: NYT, 4.11.1973, S. 13f. – o.A.: The Quiet Chameleon. In: Time, 27.1.1975, S. 68. – Jack Kroll: De Niro: A Star for the '70s. In: Newsweek, 16.5.1977, S. 80-84f. – C. Hodenfield: NEW YORK, NEW YORK: Martin Scorsese's Back-lot Sonata ... in which Robert De Niro Trades His .44 for a New Axe. In: Rolling Stone, 16.6.1977, S. 36-44. – o.A.: De Niro: The Phantom of the Cinema. In: Time, 25.7.1977, S. 57-60. – J. Klemesrud: »That I Had Never Acted Helped Me to Be Natural«. In: NYT, 15.11.1980 (Interview zu RAGING BULL). – o.A.: Dialogue on Film: Robert De Niro. In: American Film, März 1981, S. 39-48 (Interview mit De Niro über seine Vorbereitung auf RAGING BULL und seine Zusammenarbeit mit Regisseuren). – Jack Kroll: The Arts: De Niro as Capone: The Magnificent Obsessive. In: Newsweek, 8.6.1987, S. 64-65 (Interview zu THE UNTOUCHABLES). – G. Hadley-Garcia: Robert De Niro, the All-American Gangster. In: Photoplay Movies & Video, Aug. 1987, S. 34-36. – F. Schruers: De Niro. In: Rolling Stone, 25.8.1988, S. 42ff. – T. Crawley: De Niro. In: Photoplay Movies & Video, Jan. 1989, S. 14-15. – F. Schruers: Awake and Sing. In: Premiere (US), Jan. 1991, 88-90 (Interview zu AWAKENINGS). – Steve Grant / Brian Case: Method and the Man: Petty in Pink. In: Time Out, 22.5.1991, S. 13-17 (Interview zu GUILTY BY SUSPICION). – R. Guilliatt: Bob a Job. In: Time Out, 13.1.1993, S. 20-21 (Interview zu NIGHT AND THE CITY). – o.A.: De Niro's Tale. In: Film, März 1994, S. 12 (Interview zu A BRONX TALE). – Garth Pearce: Dark Star. In: Time Out, 18.12.1996, S. 18-19 (Interview zu SLEEPERS).

(fr.:) Jerry Bauer: Robert De Niro Superstar. In: Ciné-Revue, 4.9.1975, S. 8-10. – Yvonne Baby: Robert De Niro – Autoportrait. In: Le Monde, 19.2.1981. – J.-P. Wauters: Raging Scorsese/De Niro. In: Film en Télévisie, 16.4.1981. – J. MacTrevor: »Je suis nerveux quand le public ne m'aime pas!« In: Ciné-Revue, 5.11.1981. – J. MacTrevor: Le mysterieux Robert De Niro! In: Ciné-Revue, 10.1.1985. – Marie-Elisabeth Rouchy / François Gorin / Philippe Piazzo: Le rêve du Rital. Il était une fois le Bronx. In: Télérama, 20.4.1994, S. 24-26, 28 (Interview mit De Niro über seine erste Regiearbeit A BRONX TALE).

Interviews mit anderen über De Niro

(dt.:) Hans Schifferle: Berlinale (1): Ein Höhepunkt des Festivals: Die Scorsese-Pressekonferenz. In: Steadycam 22 (Herbst 1992), S. 9-15 (u.a. über De Niros Rolle in CAPE FEAR).

(engl.:) S. Morrison: An Interview with Martin Scorsese. In: Cineaction, Sommer/Herbst 1986, S. 3-11. – Barry Norman: AWAKENINGS. In: Radio Times, 16.2.1991, S. 30 (Interview mit Robin Williams über seine Rolle und die Zusammenarbeit mit De Niro). – Louise Tanner: Who's in Town. In: Films in Review, 3-4/1993, S. 123-124 (Interview mit Michael Caton-Jones über seine Zusammenarbeit mit De Niro in THIS BOY'S LIFE). – Nigel Floyd: A Dog's Chance. In: Time Out, 9.6.1993. S. 28 (Interview mit John McNaughton über das Casting von Bill Murray und Robert De Niro). – Geoff Andrew: Mann to Man. In: Time Out, 17.1.1996, S. 16-17 (Interview mit Michael Mann über die Performance von De Niro und Pacino in HEAT). – Chris Pizzello: Bedlam on the Basepaths. In: American Cinematographer, 9/1996, S. 54-56, 58, 60 (Interview mit Kameramann Dariusz Wolski über seine Zusammenarbeit mit Tony Scott und Robert De Niro in THE FAN).

Zu De Niros Regiearbeit A BRONX TALE

Kritiken: **(dt.:)** Hans-Joachim Neumann, Zitty, 15/1994. – Volker Gunske, tip, 16/1994. – Steffen Jacobs, TSP, 27.7.1994. – Eberhard von Elterlein, Berliner Morgenpost, 28.7.1994. – eve, Die Welt, 28.7.1994. – Rupert Koppold, Stuttgarter Zeitung, 28.7.1994. – mn, taz, 28.7.1994. – Ernst O. Mühl, ND, 28.7.1994. – Angela Schmitt-Gläser, FR, 28.7.1994. – Rainer Finne, Deutsches Allgemeines Sonntagsblatt, 29.7.1994. – Fritz Göttler, SZ, 29.7.1994. – Norbert Grob, Die Zeit, 29.7.1994. – Verena Lueken, FAZ, 30.7.1994. – Uwe Mies, KStA, 30.7.1994. – Franz Everschor, fd, 14/1994. – Torbjörn Bergflödt, Neue Züricher Zeitung, 10.8.1994. – Silvia Hallensleben, epd Film, 8/1994. – G. Anfang, Medien & Erziehung, Aug. 1994.
(engl.:) Todd McCarthy, Variety, 27.9.1993. – Janet Maslin, NYT, 29.9.1993. – David Ansen, Newsweek, 4.10.1993. – David D. Kim, Village Voice, 5.10.1993. – Richard Schickel, Time, 11.10.1993. – David Denby, New York Magazine, 18.10.1993. – Peter Travers, Rolling Stone, 28.10.1993. – E. Grant, Film Journal, Okt./Nov. 1993. – P. Dietmeier, Boxoffice, Dez. 1993. – J. Painter, Film Threat, Feb. 1994. – Robert Yates, S&S, 3/1994. – L. Van Gelder, NYT, 24.4.1994. – I. Solotaroff, Esquire, Nov. 1994.
(fr.:) Michel Ciment, Positif, Nov. 1993. – E. Castiel, Séquences, Nov./Dez. 1993. – Marco de Blois, 24 Images, Dez./Jan. 1993/94. – o.A., Cinéma 72, 16.4.1994. – J.-M.F., Le Monde, 21.4.1994. – Bernard Bénoliel, Mensuel du Cinéma, April 1994. – Jérôme Fabre, Jeune Cinéma, April/Mai 1994. – Noël Herpe, Positif, Mai 1994. – V. Ostria, Cahiers, Mai 1994 (Kurzkritik). – B. Prayez, Grand Angle, März 1995.
Weitere Texte: **(dt.:)** Eberhard von Elterlein: Robert De Niros Hommage an den eigenen Vater. In: Berliner Morgenpost, 28.7.1994 (Interview mit De Niro). – Silke Haladjian: Vorsicht in den Kurven! In: Die Woche, 28.7.1994 (Interview mit De Niro). – Dieter Oßwald: »Ich habe Laien engagiert – die übertreiben nicht.« In: Berliner Zeitung, 28.7.1994 (Interview mit De Niro). – Bettina Peulecke: »Ich werde nichts X-Beliebiges inszenieren.« In: Zitty, 15/1994, S. 68 (Interview mit De Niro).
(engl.:) Geoff Andrew: Tip for the Top. In: Time Out, 16.2.1993, S. 8 (Interview mit Chazz Palminteri). – C. Brown: California Suite. In: Premiere (US), Juni 1993, S. 23-24 (über die Finanzierung von A BRONX TALE). – B. Weinraub: Two Tales of Youth and Wildness, Urban and Rural. In: NYT, 13.9.1993, S. C13-C14. – B. Weber: First He Imitates De Niro, then He Stars with Him. In: NYT, 26.9.1993, S. 30. – Janet Maslin: De Niro on Each Side of Camera but Artfully out of the Way, too. In: NYT, 29.9.1993, S. C13ff. – o.A.: De Niro's Tale. In: Film, März 1994, S. 12 (Interview mit De Niro).
(fr.:) S. Ly-Cuong: Paradis perdus. In: Mensuel du Cinéma, Jan. 1994, S. 78 (über A BRONX TALE, THE REMAINS OF THE DAY, CARLITO'S WAY und FEARLESS). – Marie-Elisabeth Rouchy / François Gorin / Philippe Piazzo: Le rêve du Rital. Il était une fois le Bronx. In: Télérama, 20.4.1994, S. 24-26, 28 (Interview mit Robert De Niro). – Jacques Valot / Bernard Bénoliel: Robert De Niro, acteur-auteur. In: Mensuel du Cinéma, April 1994, S. 8-14 (über De Niros verschiedene Filmcharaktere und A BRONX TALE).

Sonstiges:

Don Pintabona / Judith Choate: Tribeca Grill Cookbook: Celebrating Ten Years of Taste. New York: Tribeca 2000 (Kochbuch zum zehnten Geburtstag des »Tribeca Grill«-Restaurants in New York; Vorwort von Robert De Niro).

Über die Autoren und Autorinnen

Michael Althen, geboren 1962 in München. Bis September 2001 Filmredakteur der *Süddeutschen Zeitung*, seither für die *Frankfurter Allgemeine Zeitung* in Berlin. Bücher über Robert Mitchum, Rock Hudson und Dean Martin. Filme: DAS KINO BITTET ZU TISCH (WDR 1995); gemeinsam mit Dominik Graf: DAS WISPERN IM BERG DER DINGE (BR/WDR 1998) und MÜNCHEN – GEHEIMNISSE EINER STADT (BR 2000).

Lars-Olav Beier, geboren 1965. Texte für *Steadycam*, *Filmbulletin*, *tip* und *Focus*. Mitarbeiter bei der *Frankfurter Allgemeinen Zeitung*. Seit November 2001 Redakteur beim *Spiegel*. Fernsehbeiträge für den WDR. Bücher u.a.: »Teamwork in der Traumfabrik« (1993, zusammen mit Gerhard Midding), »Der unbestechliche Blick – Robert Wise und seine Filme« (1996), Mitherausgeber von »Arthur Penn« (1998) und »Alfred Hitchcock« (1999).

Norbert Grob, geboren in Frankfurt/Main. Filmhistoriker, Filmkritiker. Dissertation in Berlin, Habilitation in Marburg. Assistenz in Berlin, Dozentur in Marburg und Mainz. Filmhistorische Bücher (als Autor und Herausgeber) u.a. über Erich von Stroheim, William Wyler und Otto Preminger, über Wim Wenders, Samuel Fuller und Nicholas Ray, über »Die Macht der Filmkritik« und »Das Jahr 1945 und das Kino«. Demnächst: »Zwischen Licht und Schatten. Essays zum Kino«. Texte, Kritiken, Porträts u.a. für *Die Zeit*, *Filme*, *Filmbulletin*, *epd Film*. Filme für das Fernsehen des WDR u.a. über Alfred Hitchcock, Elem Klimow, Robert Siodmak, Otto Preminger, über Gerd Oswald, Rudolf Thome, Hou Hsiao Hsien und André Téchiné, über den amerikanischen Film noir und den künstlichen Menschen im Film.

Sabine Horst, geboren 1960, Studium der Germanistik, arbeitete als Redakteurin für verschiedene Stadtzeitschriften und die *Audiovisionen* in der *Frankfurter Rundschau*; lebt jetzt als freie Autorin und Filmkritikerin in Frankfurt. Texte u.a. für die *Frankfurter Rundschau*, *epd Film*, *Freitag*, *tip* und den Hessischen Rundfunk. Aufsätze und Essays über Kino und kritische Theorie, Woody Allen, Johnny Weissmuller, Joel und Ethan Coen.

Gerhard Midding, geboren 1961. Studium der Theaterwissenschaft, Kunstgeschichte und Literaturwissenschaft. Texte u.a. für *Filmbulletin*, *Kölner Stadt-Anzeiger*, *Tagesanzeiger* und die *Berliner Zeitung*. Radiobeiträge für den SFB, Fernsehbeiträge für den WDR. Mitarbeit an verschiedenen Filmbüchern. Eigene Publikationen als Autor oder Herausgeber u.a.: »Mitchum/Russell« (1991), »Teamwork in der Traumfabrik« (1993) und »Clint Eastwood. Der konservative Rebell« (1996).

Katja Nicodemus, geboren 1968. Studium der allgemeinen und vergleichenden Literaturwissenschaft in Berlin und Paris, Filmredakteurin zunächst beim *tip*, jetzt bei der *taz*, journalistische Tätigkeiten für Radio und Fernsehen.

Daniela Sannwald, Dipl.-Psych., Promotion 1995 »Von der Filmkrise zum Neuen Deutschen Film«. Filmkritiken für die *Frankfurter Rundschau*, *Tagesspiegel*, *RAY*. Veröffentlichungen zur deutschen und US-amerikanischen Filmgeschichte.

Georg Seeßlen, geboren 1948. Freier Autor und Dozent. Texte u.a. für *Die Zeit*, *Spiegel*, *Frankfurter Rundschau*, *Konkret*, *epd Film*, *Zoom/Film*, *blimp*. (Mit-)Autor von Büchern über Quentin Tarantino, Joel & Ethan Coen, Alfred Hitchcock, Bruce Willis, Martin Scorsese, David Fincher, Drew Barrymore, Jim Jarmusch u.a. Lebt in Kaufbeuren.

Ulrich Sonnenschein, geboren 1961. Seit 1989 Autor, Moderator und Redakteur beim Hessischen Rundfunk, in der Redaktion *Kultur Aktuell*. Herausgeber der Essaybände »Sucht und Sehnsucht – Rauschrisiken in der Erlebnisgesellschaft«, »Alles so schön bunt hier – Jugendkultur und Popmusik«, »Die Kick-Kultur – Zur Konjunktur der Süchte«.

Rudolf Worschech, geboren 1958. Redakteur der Zeitschrift *epd Film*. Studium der Germanistik, Slawistik und Theater-, Film und Fernsehwissenschaften. Von 1987 bis 1995 wissenschaftlicher Mitarbeiter des Deutschen Filmmuseums Frankfurt: Ausstellungen, Restaurierungen, Filmreihen. Kataloge und Publikationen, u.a. zum deutschen Film.

Fotonachweise

Umschlag vorne: Videoprints aus TAXI DRIVER
Umschlag hinten: Robert De Niro mit Martin Scorsese bei den Dreharbeiten zu RAGING BULL (Filmbild Fundus Robert Fischer)

Archiv des Verlags: 66, 222, 224 (unten), 227, 230, 233, 237, 238, 246, 255-257, 259-261
Filmbild Fundus Robert Fischer: 19, 21, 23, 25, 27-29, 31, 33, 44, 47, 49, 52, 53, 61, 62, 65, 67, 73, 76, 81, 93, 101, 103-105, 107, 109, 111-113, 115, 152, 157, 158, 161, 162, 166, 167, 172, 175-177, 179, 180, 183-185, 188, 189, 193, 194, 199, 202, 203, 214, 215, 223, 224 (oben), 231, 232, 240, 243
Filmmuseum Berlin – Deutsche Kinemathek / Fotoarchiv: 13, 89, 132, 229
Herbert Klemens: 170

Alle anderen Abbildungen sind Prints aus den Filmkopien: Bertz Verlag / die jeweiligen Copyright-Inhaber

Index

A
ABENTEUER VON GOOPY UND BAGHA, DIE 11
ABENTEUER VON ROCKY UND BULLWINKLE, DIE s. ADVENTURES OF ROCKY AND BULLWINKLE, THE
About a Boy (Nick Hornby) 190
ADVENTURES OF ROCKY AND BULLWINKLE, THE 188, 189, 222
Aerosmith 183
Affleck, Ben 233
AGE OF INNOCENCE, THE 212
Aiello, Danny 177
Allen, Woody 176, 239
Altman, Robert 62
American Blood (Don De Lillo) 88
AMERICAN GIGOLO 51
American Hero (Larry Beinhart) 184
ANALYZE THIS 9, 71, 122, 136, 154
ANGEL HEART 90, 149, 204
Antonioni, Michelangelo 16
Apted, Michael 174
Armani, Giorgio 70
ASPHALT-COWBOY 27
Atatürk, Mustafa Kemal 44
AWAKENINGS 94, 156, 157, 159, 171, 173, 187

B
BACKDRAFT 98, 174
Badham, John 45
Bajazzo (Ruggero Leoncavallo) 40
Baker, Kathy 115
Bananarama 221
BANG THE DRUM SLOWLY 28, 30, 94
Bär, Der (Tschechow) 15
Bartkowiak, Andrzej 51
Baryshnikov, Michail 171
Battling Spumonti Brothers, The 174
Bazin, André 24
Beatles, The 12
Beatty, Warren 11, 92
Becker, Harold 237
Becker, Jacques 216, 218
BEGEGNUNG 102
Beinhart, Larry 184
Belmondo, Jean-Paul 238
Belushi, James 183
Bening, Annette 113
Bergman, Andrew 28
Bergman, Ingmar 183
Berry, John 111
Bertolucci, Bernardo 50, 52, 53, 137
Black, Noel 30
BLAIR WITCH PROJECT, THE 34
BLOODY MAMA 31-33, 57, 201, 239
BLOW-UP 16
BODY DOUBLE 17
Bogart, Humphrey 8, 173, 225
Bogdanovich, Peter 11
BONFIRE OF THE VANITIES, THE 170, 173
BONNIE AND CLYDE 31
Boorman, John 22
BORN TO WIN 30, 33
BOXCAR BERTHA 176
Branagh, Kenneth 90, 154, 204, 205, 211, 241
Brancato, Lillo 38, 118
Brando, Marlon 7, 15, 54, 60, 62, 64, 66, 77, 99, 219, 222, 231, 232
BRAZIL 34, 92
Brenneman, Amy 77, 161
Brest, Martin 91, 100, 156, 163
BRIEF ENCOUNTER 102
BRINGING OUT THE DEAD 227
Broderick, John 22, 24, 26
BRONX TALE, A 38, 47, 100, 118, 120, 121, 126, 127, 179, 181, 182
Brooks, James L. 182
BULLETS OVER BROADWAY 176
Buscemi, Steve 230

C
Cage, Nicolas 227, 228, 238, 239
Cagney, James 41, 57, 191
Cameron, James 82
Cameron-Wilson, James 7
Campbell, Naomi 177
CAPE FEAR (1962) 82
CAPE FEAR (1991) 58, 82, 98, 130, 133, 148, 149, 154, 175, 177, 178, 204
Capone, Al 35, 36, 38, 40, 41, 70, 71, 90, 147
Capra, Francis 118
Carrey, Jim 230, 233
Caruso, David 114
CASINO 12, 44, 46, 49, 50, 58, 71, 72, 75, 126-128, 142, 146, 160, 181
Cassavetes, John 226, 233, 241
CAST AWAY 238
Castellano, »Big Paul« 72
Caton-Jones, Michael 90, 179, 234
Chaliapin Jr., Feodor 108
Chan, Jackie 238
Chandler, Raymond 61
Chaplin, Charlie 169
Charnotta, Anthony 24
Charyn, Jerome 221
Cher 182, 183
Christofer, Michael 104
Cimino, Michael 102, 124, 171, 173, 192, 198, 206, 210
CITY HALL 237
Clift, Montgomery 15, 99, 222, 236
Clinton, Bill 184, 185
Cobb, Lee J. 14
Collette, Tony 190
Columbus, Chris 241
Connery, Sean 154
Cooper, Chris 122
Cooper, Gary 110, 112, 191
COP LAND 212
Coppola, Francis Ford 11, 12, 27, 51, 54, 58, 63, 66, 70, 198, 203, 211
Corman, Roger 31, 33, 57, 201, 239
Costner, Kevin 35, 233
CRIME, LA 91
Cronenberg, David 90
Cruise, Tom 229
Crystal, Billy 136, 166
Curtis, Jackie 15
Cusack, John 237, 238
Cyrano de Bergerac (Edmond Rostand) 15

D
DANGEROUS LIAISONS 211
Danning, Sybil 22

Darling, Candy 15
Dassin, Jules 177
Day-Lewis, Daniel 212
De Lillo, Don 88
De Palma, Brian 11, 13, 14, 16-18, 20, 24, 33-35, 70, 90, 147, 172, 173, 204, 230
De Toth, André 111
Dean, James 15, 60, 71, 99, 191, 219, 232
DEER HUNTER, THE 102, 124, 137, 142, 171, 173, 192, 198, 200, 206, 210-212, 219
Depardieu, Gérard 52
Depp, Johnny 232, 233, 236
DeVito, Danny 171, 174
Dey, Tom 190
DiCaprio, Leonardo 182, 231, 234, 236
DiCillo, Tom 233
DIE DURCH DIE HÖLLE GEHEN s. DEER HUNTER, THE
Dietrich, Marlene 7
Dorff, Stephen 186
Douglas, Kirk 191
Duvall, Robert 166
Dyer, Richard 60

E

EASY RIDER 11
EHRE DER PRIZZIS, DIE 179
EISKALTE ENGEL, DER 77
ENTROPY 185, 186
ES WAR EINMAL IN AMERIKA s. ONCE UPON A TIME IN AMERICA
Evans, Robert 184
EXIT WOUNDS 51

F

Fairbanks, Douglas 169, 191
FAITHFUL 182
Falk, Peter 226
FALLING IN LOVE 91, 100, 102, 105, 106, 108, 109, 117, 137, 142
FAN, THE 17, 88, 148, 149, 151, 152, 156, 214
Farber, Manny 91
Farina, Dennis 156
Fassbinder, Rainer Werner 11
FAUST DER REBELLEN, DIE 176
FEGEFEUER DER EITELKEITEN 173
Fellini, Federico 19

FENSTER ZUM HOF, DAS 19, 77
FESSELN DER MACHT s. TRUE CONFESSIONS
15 MINUTES 148, 150, 189
FINGERS 96
FIRM, THE 182
Fishburne, Laurence 178
FLAWLESS 158, 159, 186, 187
FLIEGE, DIE 90
FLY, THE 90
Fonda, Bridget 94, 137
Fonda, Jane 108, 130, 137, 141, 166
Fonda, Peter 19
Ford, John 7
Forman, Milos 230
Foster, Jodie 146
Frank, Harriet 110
Frankenheimer, John 95, 114, 212, 216
FRAU UNTER EINFLUSS, EINE 233
Frears, Stephen 212
Fremde sind wir uns selbst (Julia Kristeva) 145
FRESHMAN, THE 28
FRÖHLICHE WISSENSCHAFT, DIE 11
FRÜHE WERKE 11
15 MINUTEN RUHM s. 15 MINUTES

G

Gable, Clark 110, 112
GAI SAVOIR, LE 11
Gallo, George 162
GANG THAT COULDN'T SHOOT STRAIGHT, THE 21, 26-28, 57
Garfield, Allen 18
Gatien, Peter 180
GEFÄHRLICHE BEICHTE s. TRUE CONFESSIONS
GEFÄHRLICHE LIEBSCHAFTEN 211
Gere, Richard 51
Gibson, Mel 226
Gilliam, Terry 34, 92
Glamour, Glory and Gold (Jackie Curtis) 15
Godard, Jean-Luc 11, 20
GODFATHER, THE 27, 54, 64
GODFATHER: PART II, THE 12, 51, 52, 54, 55, 58, 59, 62-64, 66, 198-201, 203, 210
GODFATHER-Trilogie 61, 63, 66
Godrèche, Judith 186
Gold Lust 174

Goldblum, Jeff 90
Goldstone, James 21, 26, 57
GOODFELLAS 44, 46-48, 58, 71-73, 95, 163, 169
GOOPY GYNE BAGHA BYNE 11
Grafe, Frieda 192
Graham, Gerrit 12, 20
Grant, Cary 191
Grant, Hugh 190
GREETINGS 11-22, 34
Grodin, Charles 100, 162, 166
Grosbard, Ulu 91, 100, 104, 105, 137, 165, 201
Guevara, Ernesto Che 20
GUILTY BY SUSPICION 93, 100, 110, 111, 113, 178

H

HALBBLUT s. THUNDERHEART
Hancock, John D. 28, 94
Hanks, Tom 238
HAPPINESS 186
Hawks, Howard 41
HEAT 57, 58, 76, 80, 95, 114, 124, 161, 167, 181
Heche, Anne 166
Hepburn, Katherine 7
Herzfeld, John 148, 189
HEXENKESSEL s. MEAN STREETS
HI, MOM! 18-22, 33
Hicks, Taral 121
HIGH NOON 114
Hirsch, Charles 13, 18
Hirsch, Foster 62
Hitchcock, Alfred 7, 16, 17, 19, 77, 175
HOCHZEITSTAG, DER s. FAITHFUL
Hoffman, Dustin 9, 163, 174, 184, 185, 241
Hoffman, Philip Seymour 158, 159, 186
HOLIDAY HEART 187, 188
HOOK 175
Hopper, Dennis 231
Hornby, Nick 190
Howard, Ron 98, 174, 182
Huston, John 179

I

IN DEN STRASSEN DER BRONX s. BRONX TALE, A
IN THE LINE OF FIRE s. SAM'S SONG
Irons, Jeremy 165, 166, 171

Index

J

JACKIE BROWN 9, 71, 94, 137, 138, 214
Jameson, Fredric 62
JENNIFER ON MY MIND 30
Joanou, Phil 185, 186
Joffé, Roland 90, 150, 165, 171
Jordan, Neil 172, 173

K

Kaczmarek, Jane 104
Kael, Pauline 20
KAP DER ANGST s. CAPE FEAR (1991)
Karloff, Boris 154
Kaufman, Andy 230
Kazan, Elia 110, 218
Keaton, Diane 183
Keitel, Harvey 26, 46, 61, 96, 230
Kelly, Mary Pat 73
Kennedy, John F. 44
Kennedy, Robert 44
Kilik, John 179
KILLERS, THE 22
Kilmer, Val 174
KING OF COMEDY 201
KLEINE CÄSAR, DER 41, 68
KÖDER FÜR DIE BESTIE, EIN 82
Koontz, Walter 186
KOPFGELD 182
Kotto, Yaphet 162
Kristeva, Julia 145
Kubrick, Stanley 62
Kurosawa, Akira 22

L

Labro, Philippe 91
LADY FROM SHANGHAI 85
Lancaster, Burt 191
Landau, Martin 177
Lane, Stewart 170
Lange, Jessica 177
Last Resort, The (Videospiel) 183
LAST TEMPTATION OF CHRIST, THE 91
LAST TYCOON, THE 110
Lawton, John 176
Le Fanu, Mark 8
Lean, David 102
Lennon, John 12, 18
Leoncavallo, Ruggero 40
Leondopoulos, Jordan 22
Leone, Sergio 57, 58, 66, 69, 70, 98, 123, 124, 211

LeRoy, Mervyn 41, 68
Lester, Richard 11, 12
LETZTE SPIEL, DAS s. BANG THE DRUM SLOWLY
LETZTE TYCOON, DER s. LAST TYCOON, THE
LETZTE VERSUCHUNG CHRISTI, DIE 91
Levinson, Barry 9, 101, 163, 182, 184, 211, 214
Levitt, Helen 120
Lewinsky, Monica 184
Lewis, Juliette 82, 133
LIEBE IST KÄLTER ALS DER TOD 11
LIEBE VERFALLEN, DER s. FALLING IN LOVE
Light, Warren 179
Linson, Art 173
Liotta, Ray 47, 74
LITTLE CAESAR 41, 68
Löhndorf, Marion 99, 111, 195, 204
Long Day's Journey into Night, A (Eugene O'Neill) 15
Losey, Joseph 113
Lubitsch, Ernst 104
Lucas, George 11
Lynch, David 228

M

MAD DOG AND GLORY 100, 109, 114, 116, 118, 122, 126, 140, 141, 211, 214
MAKELLOS s. FLAWLESS
Malcolm X 20
Malkovich, John 211
Maltin, Leonard 102
Mamet, David 172, 184
MAN ON THE MOON 230
Mangold, James 212
MANN FÜR GEWISSE STUNDEN, EIN 51
Mann, Michael 57, 58, 76, 95, 114, 124, 161
Marshall, Garry 176
Marshall, Penny 94, 156, 171, 173
Martin, George 105
Martin, Mardik 61
Marvin, Lee 24
MARVIN'S ROOM 182, 183
Marx Brothers 182
MARY SHELLEY'S FRANKENSTEIN 90, 154, 204
Mazursky, Paul 182

McAlpine, Donald 109
McAnuff, Des 188, 222
McCarthy, Joseph 110
McGovern, Elizabeth 68, 69, 130
McNaughton, John 126, 211
McPherson, Scott 182
MEAN STREETS 12, 26, 28, 30, 41, 45, 46, 52, 58, 60, 61, 72, 96, 151, 156, 195, 199, 200, 211
MEET THE FOCKERS 190
MEET THE PARENTS 9, 154, 190
MEIN GROSSER FREUND SHANE 120
MEINE BRAUT, IHR VATER UND ICH s. MEET THE PARENTS
Melville, Jean-Pierre 77, 218
MEN OF HONOR 126, 237
MIDNIGHT COWBOY 27
MIDNIGHT RUN 91, 100, 114, 156, 162, 163
Miller, Penelope Ann 157
Minnelli, Liza 139, 146
MISSION, THE 90, 150, 165, 171
MISTRESS 175-177
Mitchum, Robert 83, 154, 178, 191
MONDMANN, DER 230
Monroe, Marilyn 225
Moore, Demi 7
Moriarty, Cathy 50, 127, 160
Moriarty, Michael 28
Moss, Stanley 184, 185
Mr. Hitchcock, wie haben Sie das gemacht? (François Truffaut) 16
MRS. DOUBTFIRE 241
Müller, Gerd 92
Muni, Paul 41, 57
Murray, Bill 116, 126, 171
Myrick, Daniel 34

N

NACHT MIT MEINEM TRAUMMANN, DIE s. NIGHT WE NEVER MET, THE
NACHT VON SOHO, DIE s. NIGHT AND THE CITY
NARBENHAND, DIE 77
Ness, Eliot 35, 38, 40
9 (Videospiel) 183
1900 s. NOVECENTO
NEW YORK, NEW YORK 94, 106, 139, 146, 195, 210
Nicholson, Jack 92, 240

NIGHT AND THE CITY 176-178, 214
NIGHT WE NEVER MET, THE 179
Nolte, Nick 82, 130, 177
Norton, Edward 222
NOVECENTO 50-54, 137
NUR SAMSTAG NACHT 45

O
ÖFFENTLICHE FEIND, DER 41, 68
Olivier, Laurence 225
ONCE UPON A TIME IN AMERICA 57, 63, 66, 68, 98, 123, 124, 130, 131, 133, 142, 146, 211
O'Neal, Ryan 182
Oz, Frank 57, 114

P
Pacino, Al 9, 64, 66, 76, 77, 80, 124, 126, 237
Pakula, Alan J. 233
Palminteri, Chazz 38, 39, 118, 121, 127, 179-182
PANTHER 181, 182
Parker, Alan 90, 149, 204
Parker, John 169, 175, 180
Passer, Ivan 30
PATE – TEIL II, DER s. GODFATHER: PART II, THE
PATE, DER 27, 54, 64
PATE-Trilogie 61, 63, 66
Paul VI 44
Peck, Gregory 83, 191
Peckinpah, Sam 26
Penman, Ian 8
Penn, Arthur 31
Penn, Chris 14
Penn, Sean 171, 226, 239, 240
Perry, Joe 183
Pesci, Joe 46, 48-50, 54, 55, 72-74, 160
PFORTE ZUR HÖLLE s. BORN TO WIN
Pickford, Mary 169
Pileggi, Nicholas 72
Pitt, Brad 222
POINT BLANK 22
Pollack, Sydney 182, 241
Polonsky, Abraham 111
Power, Tyrone 191
PRETTY WOMAN 176
Price, Richard 122
Primo, Louis 141
Primus, Barry 175, 176, 178

PRIZZI'S HONOR 179
Prothero, David 66
PUBLIC ENEMY, THE 41, 68

R
Raft, George 68
RAGING BULL 8, 50, 52, 55, 90, 99, 136, 141, 145, 147, 149, 159, 163, 192, 195, 202, 210, 221, 222, 227, 231, 238
Ramis, Harold 9, 122, 136, 154
RANI RADOVI 11
RANSOM 182
RASHOMON 22
Ravetch, Irving 110
Ray, Aldo 173
Ray, Satyajit 11
REAR WINDOW 19, 77
Reeve, Christopher 183
Reeves, Dianne 122
Reeves, Keanu 236
REINE NERVENSACHE s. ANALYZE THIS
RESERVOIR DOGS 76
Rhames, Ving 187
Ritt, Martin 92, 100, 109, 110, 130, 160, 214
Roach, Jay 9, 154, 190
Robinson, Edward G. 41, 57
Rockwell, Norman 120
ROMEO MUST DIE 51
RONIN 80, 95, 114, 212, 216
Rooney, Mickey 7
Rosenthal, Frank »Lefty« 72
Rosenthal, Jane 170, 178, 179, 181, 182, 186, 187
Ross, Diana 187
Rowlands, Gena 226, 233
Rudin, Scott 182
Ryden, Mark 183

S
Salt, Jennifer 20
Salt, Waldo 26
SAM'S SONG 22, 24, 26
Samaha, Elie 186
SAMOURAI, LE 77
Sánchez, Eduardo 34
Sanda, Dominique 50
SATURDAY NIGHT FEVER 45
Sayles, John 241
SCARFACE 41
Schlesinger, John 11, 27
Schrader, Paul 51, 159, 200, 201

SCHULDIG BEI VERDACHT s. GUILTY BY SUSPICION
Schumacher, Joel 158, 186, 187
SCORE, THE 57, 80, 114, 122
Scorsese, Martin 8, 9, 11, 12, 17, 30, 37, 41, 44-47, 50, 51, 58, 60, 71-73, 82, 90-96, 98-100, 106, 113, 118, 126, 127, 129, 130, 136, 139, 141, 145, 147, 148, 150, 151, 159, 160, 163, 169, 175, 176, 181, 188, 192, 195, 198, 201, 202, 204, 211, 212, 221, 227, 230, 231, 235, 236
Scott, Ridley 82
Scott, Tony 17, 88, 148, 214
Segal, George 30
SEIN NAME IST MAD DOG s. MAD DOG AND GLORY
SEX, LIES, AND VIDEOTAPE 174
SHANE 120
Shepard, Sam 174
Shepherd, Cybill 142, 160
SHOWTIME 190
Siegel, Don 22
Simpsons, The 188
SLEEPERS 101, 121, 182, 211, 214
Smith, Toukie 177
Snipes, Wesley 156
Soderbergh, Steven 174
Solondz, Todd 186
Sontag, Susan 77
SOPHIE'S CHOICE 232
SOPHIES ENTSCHEIDUNG 232
SPAGHETTI-KILLER s. GANG THAT COULDN'T SHOOT STRAIGHT, THE
Spielberg, Steven 175
Spilotro, Jimmy »The Ant« 72
Stallone, Sylvester 7
Stamp, Terence 19
Stanislawski, Konstantin Sergejewitsch 83
STANLEY & IRIS 92, 94, 100, 106, 107, 117, 130, 137, 160, 165, 166, 214
Stark, Ray 184
Stern, Lesley 133, 138
Stevens, George 120
Stewart, James 19, 77, 191
Stiller, Ben 154, 166
Stone, Sharon 49, 126, 128, 142, 160, 227
Strasberg, Lee 63, 64

Index

Streep, Meryl 7, 102, 104, 105, 124, 137, 142, 183, 232
Streets of Laredo, The (Song) 30
Supremes 138
Sutherland, Donald 54
SWAP, THE s. SAM'S SONG

T

Tarantino, Quentin 9, 71, 76, 94, 137, 214
Tavernier, Bertrand 111
TAXI DRIVER 8, 17, 90, 118, 141, 145-147, 150-152, 156, 160, 188, 192, 198, 200, 201, 210, 212, 227
Temple, Shirley 7
TERMS OF ENDEARMENT 182
THIS BOY'S LIFE 90, 179, 182, 234, 240
THIS GUN FOR HIRE 77
Thompson, J. Lee 82, 175
Thomson, David 100
THUNDERHEART 174
Thurman, Uma 116, 126, 140
Tillman Jr., George 126, 237
Toback, James 96
TOD EINES KILLERS, DER 22
TOD KOMMT ZWEIMAL, DER 17
TOOTSIE 241
Tracy, Spencer 7
Travolta, John 45
Tribeca (TV-Serie)
Trintignant, Jean-Louis 91
TRUE CONFESSIONS 165, 166, 211
Truffaut, François 16
Tschechow, Anton Pawlowitsch 15
Tuttle, Frank 77
Tyler, Steven 183

U

UNTOUCHABLES, THE 35, 38, 40, 41, 70, 90, 95, 147, 151, 163, 172, 173, 204
Ustinov, Peter 173

V

Van Peebles, Mario 181, 182
VERSCHOLLEN 238

W

Waden, Jonathan 12
WAG THE DOG 9, 163, 166, 184, 185

Walken, Christopher 171, 177
Wallace, Paul 170
Wallach, Eli 177, 178
Ward, Jay 188
Warhol, Andy 15
Wayne, John 71, 191, 225
WE'RE NO ANGELS 172, 173, 175
WEDDING PARTY, THE 14
Weisz, Rachel 190
Weitz, Chris 190
Welles, Orson 85
Wellman, William A. 41, 68
WESPENNEST 91
Wettig, Patricia 122
What is Cinema (André Bazin) 24
Widmark, Richard 178
WIE EIN WILDER STIER s. RAGING BULL
Wiest, Dianne 102
WILD AT HEART 228
Wilder, Billy 104
Willis, Bruce 227
Winkler, Irwin 93, 100, 110, 111, 122, 177, 178, 214
Winters, Shelley 31, 32, 201
WIR SIND KEINE ENGEL s. WE'RE NO ANGELS
Wiseguy (Nicholas Pileggi) 72
Witt, Katharina 216
WO GANGSTER UM DIE ECKE KNALLEN s. GANG THAT COULDN'T SHOOT STRAIGHT, THE
Wolfe, Tom 173, 200
WOMAN UNDER THE INFLUENCE, A 233
WOTAN'S WAKE 14

Z

Zaks, Jerry 182
ZEIT DER UNSCHULD 212
ZEIT DER ZÄRTLICHKEIT 182
ZEIT DES ERWACHENS s. AWAKENINGS
Zilnik, Zelimir 11
Zinneman, Fred 114
ZWÖLF UHR MITTAGS 114

Die neue Reihe: Stars!
»Ebenso ernsthaft wie liebevoll gemacht«
Focus

Christian Lukas /
Sascha Westphal
Russell Crowe. Stars! 1
ISBN 3-929470-31-4

Lars Penning
Cameron Diaz. Stars! 2
ISBN 3-929470-32-2

Harald Keller
Angelina Jolie. Stars! 3
ISBN 3-929470-33-0

Georg Seeßlen
Drew Barrymore. Stars! 4
ISBN 3-929470-34-9

jeweils 160 Seiten
ca. 250 Fotos/Bildsequenzen
Hardcover, 15 x 20 cm
EUR 9,90 / SFr 18,20

Wir informieren Sie gerne laufend über unsere neuen Bücher.
Bertz Verlag, Wrangelstr. 67, 10997 Berlin
Tel. 030 / 6128 67 41, Fax 030 / 6128 67 51
E-Mail: mail@bertz-verlag.de
Homepage: www.bertz-verlag.de

»Die erste und beste Adresse für Filmbücher ist der BERTZ Verlag«
SFB/ORB Inforadio

R. Fischer / P. Körte / G. Seeßlen
QUENTIN TARANTINO. film : 1
17 x 22 cm, 304 S., 630 Fotos
ISBN 3-929470-99-3 / 3., akt. Auflage

Peter Körte / Georg Seeßlen (Hg.)
JOEL & ETHAN COEN. film : 2
17 x 22 cm, 320 S., 617 Fotos
ISBN 3-929470-98-5 / 2., akt. Auflage

Lars-Olav Beier / Robert Müller (Hg.)
ARTHUR PENN. film : 3
17 x 22 cm, 320 S., 570 Fotos
ISBN 3-929470-73-X

Annette Kilzer (Hg.)
BRUCE WILLIS. film : 4
17 x 22 cm, 304 S., 943 Fotos
ISBN 3-929470-70-5

Helmut Merschmann
TIM BURTON. film : 5
17 x 22 cm, 192 S., 424 Fotos
ISBN 3-929470-75-6

Georg Seeßlen
MARTIN SCORSESE. film : 6
17 x 22 cm, ca. 400 S., ca. 1000 Fotos
ISBN 3-929470-72-1 / In Vorbereitung

Lars-Olav Beier / Georg Seeßlen (Hg.)
ALFRED HITCHCOCK. film : 7
17 x 22 cm, 480 S., 1678 Fotos
ISBN 3-929470-76-4

Andreas Kilb / Rainer Rother u.a.
STANLEY KUBRICK. film : 8
17 x 22 cm, 320 S., 806 Fotos
ISBN 3-929470-78-0

Thomas Elsaesser
RAINER WERNER FASSBINDER. film : 9
ARTE EDITION, 17 x 22 cm, 536 S., 282 Fotos
ISBN 3-929470-79-9

Rolf Aurich / Stefan Reinecke (Hg.)
JIM JARMUSCH. film : 10
17 x 22 cm, 304 S., 511 Fotos
ISBN 3-929470-80-2

Enno Patalas
Metropolis in/aus Trümmern
176 S., 158 Fotos
ISBN 3-929470-19-5

Helmut G. Asper
Max Ophüls. Eine Biographie
ARTE EDITION, 17 x 23 cm, 800 S.
ISBN 3-929470-85-3

Wir informieren Sie gerne laufend über unsere neuen Bücher.
Bertz Verlag, Wrangelstr. 67, 10997 Berlin
Tel. 030 / 6128 67 41, Fax 030 / 6128 67 51
E-Mail: mail@bertz-verlag.de
Homepage: www.bertz-verlag.de